Frances Hodgson Burnett
Der geheime Garten

Frances Hodgson Burnett

DER GEHEIME GARTEN

Illustriert von Graham Rust

Gerstenberg Verlag

Aus dem Englischen übersetzt von
Friedel Hömke

CIP-Kurztitelaufnahme der Deutschen Bibliothek

Burnett, Frances Hodgson:
Der geheime Garten/Frances Hodgson Burnett
Ill. von Graham Rust
2. Aufl. - Hildesheim: Gerstenberg, 1987
Einheitssacht.: The secret garden ‹dt.›
ISBN 3-8067-4066-6

1. Auflage 1987
2. Auflage 1987

Deutschsprachige illustrierte Ausgabe 1987 Gerstenberg Verlag, Hildesheim
Printed in Belgium
ISBN 3-8067-4066-6

INHALT

Zum Gedenken
an meine Mutter

1. KAPITEL

Keiner ist übriggeblieben

Als Mary Lennox in das Herrenhaus Misselthwaite geschickt wurde, um dort bei ihrem Onkel zu leben, sagten die Leute, einem so unangenehm aussehenden Kind seien sie noch nie begegnet. Es war auch wirklich so. Mary hatte ein kleines, spitzes Gesicht und einen mageren Körper, ihr Haar war dünn, und sie sah mürrisch aus. Ihre Haarfarbe war gelb, und ihr Gesicht war gelb, weil sie in Indien geboren und immerfort aus diesem oder jenem Grund krank gewesen war. Ihr Vater hatte als englischer Regierungsbeamter in Indien gewohnt. Er war fleißig, aber leider auch oft krank. Marys Mutter, die eine große Schönheit gewesen war, hatte nichts anderes im Sinn gehabt, als auf Gesellschaften zu gehen und sich dort mit lustigen Leuten zu unterhalten.

Sie hatte gar kein kleines Mädchen bekommen wollen. Als Mary zur Welt kam, überließ sie daher das Kind einer indischen Kinderfrau, einer Ayah. Man gab dieser zu verstehen, daß sie Mem Sahib, wie Marys Mutter genannt wurde, am besten gefallen würde, wenn sie ihr den Anblick des Kindes nach Möglichkeit ersparte. Darum wurde Mary, solange sie ein kränkliches, mißgelauntes, häßliches Baby war, von ihrer Mutter ferngehalten; und als aus ihr ein schwächliches, verzogenes, tapsiges Ding geworden war, wurde sie immer noch ferngehalten. Mary konnte sich nur an die dunklen Gesichter ihrer Ayah und anderer eingeborener Dienstboten erinnern. Die Diener gehorchten ihr stets. Aus Furcht davor, daß Mary schreien und dadurch ihre Mutter stören könnte, taten sie ihr immer alles zu Gefallen. So war Mary im Alter von sechs Jahren ein tyrannisches und selbstsüchtiges kleines Geschöpf.

Eine junge englische Erzieherin, die ihr Lesen und Schreiben beibringen sollte, fand das Kind so unausstehlich, daß sie ihre Stellung nach drei Monaten aufgab. Ihre Nachfolgerinnen verließen den Posten in noch kürzerer Zeit. Hätte Mary nicht selbst gern gewußt, wie man Bücher liest, sie würde wohl kaum je das Alphabet gelernt haben.

Als sie ungefähr neun Jahre alt war, erwachte sie an einem schrecklich heißen Morgen und ärgerte sich. Sie wurde noch ärgerlicher, als sie sah, daß die Dienerin, die vor ihrem Bett stand, nicht ihre Ayah war.

»Warum bist du hier?« sagte sie zu der fremden Frau. »Dich will ich nicht haben. Schick meine Ayah her.«

Die Frau sah erschrocken aus. Sie stammelte, daß Ayah nicht kommen könne. Als sich Mary in Wut steigerte, sah die Frau noch erschrokkener aus, wiederholte aber, es sei nicht möglich, daß Ayah zu Missie Sahib käme.

Irgendein Geheimnis lag an diesem Morgen in der Luft. Nichts wurde so gemacht wie an jedem anderen Tag. Niemand wollte Mary erzählen, was los war und warum ihre Ayah nicht kam. Man ließ sie allein. Der Morgen verging. Schließlich schlich Mary in den Garten und spielte unter dem Baum nahe bei der großen Veranda. Sie tat so, als machte sie ein Blumenbeet, steckte scharlachrote Hibiskusblüten in angehäufte Erde, wurde aber, während sie sich so beschäftigte, immer ärgerlicher und murmelte ungezogene Worte vor sich hin, mit denen sie die Kinderfrau beschimpfen wollte, wenn sie käme.

Sie knirschte noch mit den Zähnen und sagte böse Worte vor sich hin, als sie ihre Mutter auf die Veranda kommen hörte. Ein junger blonder Mann war bei ihr. Mary kannte den Mann, der noch fast wie ein Junge aussah. Sie hatte gehört, daß er Offizier wäre, der eben erst aus England gekommen sei. Mary schaute ihn an, aber vor allem starrte sie ihre Mutter an. Das tat Mary immer, wenn sie Gelegenheit bekam, Mem Sahib zu sehen. Mem Sahib nannte sie in Gedanken ihre Mutter, so wie es die Dienstboten taten. Mem Sahib war hochgewachsen, schlank und hübsch und trug entzückende Kleider. Ihre Haare waren wie lockige Seide, sie hatte eine kleine, zarte Nase, die sie immer ein wenig verächtlich zu rümpfen schien, und große lachende Augen. Ihre Kleider waren weich und fließend. Mary dachte, sie seien alle aus Spitze. An diesem Morgen sahen sie besonders duftig aus, aber die Augen lachten überhaupt nicht. Sie waren weit aufgerissen, schauten besorgt und blickten den jungen Offizier beschwörend an.

»Ist es so schrecklich? Ist es das wirklich?« hörte Mary sie sagen.

»Entsetzlich«, antwortete der junge Mann mit zitternder Stimme. »Entsetzlich, Mrs. Lennox. Sie hätten schon vor zwei Wochen ins Gebirge fliehen müssen.«

Mem Sahib rang die Hände. »Oh, ich wußte, daß ich es hätte tun müssen«, weinte sie. »Ich bin bloß hier geblieben, weil ich zu dem dummen Fest wollte. Wie töricht war ich doch!«

In diesem Augenblick drang aus den Hütten der Dienerschaft ein so lautes, entsetzliches Wehklagen, daß Mrs. Lennox den Arm des jungen Mannes ergriff. Mary stand von Kopf bis Fuß zitternd da. Das Heulen wurde wilder und wilder.

»Was ist das? Was ist das?« keuchte Mrs. Lennox.

»Da ist jemand gestorben«, antwortete der Offizier. »Sie hatten mir nicht gesagt, daß die Seuche auch bei Ihren Dienern ausgebrochen ist.«

»Ich wußte es nicht!« weinte Mem Sahib. »Kommen Sie mit! Kommen Sie mit!« Sie wandte sich um und rannte ins Haus. Danach ereigneten sich schreckliche Dinge. Das Geheimnis dieses Morgens war enthüllt. Die Cholera war in aller Heftigkeit ausgebrochen. Menschen starben wie Fliegen. Ayah war in der Nacht krank geworden. Und weil sie nun gestorben war, hatte sich jenes Wehklagen erhoben. Bis zum nächsten Morgen starben noch drei Dienstboten, andere rannten fort. Panik brach aus, in allen Bungalows lagen Menschen im Sterben.

In der Aufregung und Verwirrung des folgenden Tages versteckte sich Mary im Kinderzimmer und wurde dort einfach vergessen. Keiner dachte an sie, keiner verlangte nach ihr. Um sie herum geschahen Sachen, die sie nicht begriff. Mary verbrachte die Zeit abwechselnd mit Weinen oder mit Schlafen. Einmal schlich sie in das Eßzimmer und fand es menschenleer. Das Essen stand kaum berührt auf dem Tisch. Teller und Stühle sahen aus, als wären sie hastig beiseite geschoben worden. Das Kind aß ein paar Früchte und etwas Gebäck, und da es durstig war, trank es von dem Wein, der in einer noch fast gefüllten Flasche stand. Er war süß. Mary wußte nicht, wie stark er war. Bald darauf machte er sie schrecklich schläfrig. Sie schlich zurück in ihr Kinderzimmer, legte sich auf ihr Bett und schlief ein.

Vielerlei ereignete sich in den Stunden, da sie fest schlief. Sie wurde nicht mehr gestört durch die Wehrufe und den Lärm, der entstand, als irgendwelche Dinge in dem Bungalow hin und her und hinausgetragen wurden. Nachdem sie aufgewacht war, lag sie stumm da und starrte die Wände an. Im Hause war es totenstill. So still war es ihr noch nie vorgekommen.

Wenn Menschen die Cholera hatten, dachten sie wohl nur an sich selbst, überlegte Mary. Aber wenn nun alle wieder auf dem Posten wären, würden sie sich sicher wieder an sie erinnern. Und sie würden kommen, um nach ihr zu sehen.

Niemand kam. Während Mary wartend lag, schien das Haus stiller und immer stiller zu werden. Sie hörte etwas über die Matten auf dem Fußboden rascheln, und als sie hinuntersah, entdeckte sie eine kleine

Schlange. Das Tier kroch heran und beobachtete Mary mit Augen, die wie Juwelen glitzerten. Mary fürchtete sich nicht. Sie wußte, daß das Tier harmlos war. Es würde ihr nichts antun. Es schien bemüht zu sein, das Zimmer möglichst schnell zu verlassen. Die Schlange schlüpfte unter die Tür. Mary beobachtete sie.

»Wie seltsam ruhig es hier ist«, sagte sie. »Als wäre außer mir und der Schlange niemand in diesem Bungalow.«

Im selben Augenblick hörte sie Schritte im Hof und wenig später auf der Veranda. Es waren männliche Schritte. Männer betraten den Bungalow und redeten mit leiser Stimme.

»Was für eine Trostlosigkeit«, hörte Mary den einen sagen. »Diese hübsche, hübsche Frau! Ich denke, das Kind wird auch tot sein. Ich hörte wenigstens, daß sie ein Kind gehabt hätte. Ich habe es freilich nie gesehen.« Mary stand mitten im Kinderzimmer, als die Herren ein paar Minuten später die Tür öffneten. Sie sah mürrisch aus, ein häßliches kleines Ding, das die Stirn in Falten legte und sich hungrig und vernachlässigt fühlte. Der erste Herr, der das Zimmer betrat, war ein hochgewachsener Offizier, den Mary schon einmal gesehen hatte, als er mit ihrem Vater sprach. Er sah müde und erregt aus, aber als er sie erblickte, schreckte er überrascht zusammen. »Barney«, rief er, »hier ist ein Kind! Ein Kind allein! In einem solchen Haus! Der Himmel sei uns gnädig, wer ist das?«

»Ich bin Mary Lennox«, sagte das kleine Mädchen und richtete sich kerzengerade auf. Sie fand den Mann unverschämt, weil er ihres Vaters Bungalow »ein solches Haus« genannt hatte. »Ich bin eingeschlafen, als alle die Cholera hatten, und ich bin gerade erst aufgewacht. Warum kommt niemand zu mir?«

»Das ist das Kind, das keiner je gesehen hat«, rief der Mann. Er wandte sich an seinen Begleiter. »Es ist tatsächlich vergessen worden.«

»Warum bin ich vergessen worden?« fragte Mary und stampfte mit dem Fuß auf. »Warum kommt niemand zu mir?«

Der junge Mann mit Namen Barney sah sie sehr traurig an.

»Armes, kleines Lämmchen«, sagte er. »Es ist keiner übriggeblieben. Sie sind alle tot.«

Auf diese seltsame und jähe Weise erfuhr Mary, daß sie keinen Vater und keine Mutter mehr hatte, daß ihre Eltern gestorben und während der Nacht fortgebracht worden waren, daß die wenigen eingeborenen Diener, die nicht gestorben waren, das Haus in aller Eile verlassen hatten, ohne sich an die kleine Missie Sahib zu erinnern. Es war tatsächlich niemand mehr da, außer Mary und der kleinen raschelnden Schlange.

2. KAPITEL

Trotzige Mary

Mary hatte ihre Mutter immer gern angeschaut, wenn sie sie aus der Entfernung sah. Sie fand sie sehr hübsch. Aber da sie sie kaum kannte, war nicht zu erwarten, daß sie ihre Mutter lieb gehabt und sie nun, da sie für immer gegangen war, vermißt hätte. Sie fehlte ihr in der Tat überhaupt nicht; und weil Mary immer sich selbst überlassen gewesen war, dachte sie auch jetzt nur an sich selbst, wie sie es immer getan hatte. Wäre sie älter gewesen, sie hätte wohl besorgt darüber nachgedacht, daß sie nun allein in dieser Welt zurückgeblieben war. Sie war aber sehr jung, und da sich immer jemand um sie gekümmert hatte, meinte sie, das müßte auch jetzt noch so sein. Nur hätte sie gern gewußt, ob die Menschen, die sich nun mit ihr beschäftigen müssen, nette Leute sind, die sie höflich behandeln und ihr genau wie ihre Ayah und ihre eingeborenen Diener stets ihren eigenen Willen lassen werden.

Sie wußte, daß sie nicht in dem Haus des englischen Pfarrers bleiben konnte, in dem sie zunächst einmal aufgenommen worden war. Sie wollte auch nicht dort bleiben. Der Pfarrer war arm und hatte fünf Kinder, alle ungefähr im gleichen Alter wie Mary. Sie waren ärmlich angezogen, zankten sich dauernd und nahmen sich gegenseitig die Spielsachen weg. Mary haßte den unordentlichen Bungalow und war so unausstehlich zu den Kindern, daß schon nach ein oder zwei Tagen niemand mehr mit ihr spielen wollte. Am zweiten Tag gaben sie ihr einen Spitznamen, der sie ganz wütend machte. Basil hatte ihn erfunden. Basil war ein Junge mit frechen blauen Augen und einer Stupsnase. Mary verabscheute ihn. Sie spielte allein unter einem Baum, genauso, wie sie an dem Tag gespielt hatte, als die Cholera ausbrach. Sie häufelte Erde auf, machte kleine Beete und Gartenwege. Basil stand in der Nähe und beobachtete sie. Plötzlich war er mit dabei und machte einen Vorschlag.

»Warum legst du dort nicht ein paar Steine aufeinander und tust, als ob das eine Felsengruppe wäre?« sagte er. »Da in der Mitte vielleicht.«

Er beugte sich über sie und zeigte auf die Stelle.

»Mach, daß du wegkommst«, schrie Mary. »Ich mag nicht mit Jungen spielen. Geh weg!« Einen Augenblick sah Basil zornig aus, dann begann er sie zu ärgern. Er zog seine Schwestern auch immer auf. Er tanzte um Mary herum, schnitt Gesichter, tanzte, lachte und sang: »Trotzige Mary, törichte Mary, lange sollst du warten, bis Glockenblumen und roter Mohn blüh'n in deinem Garten.«

Er sang so lange, bis die anderen Kinder es hörten. Und von diesem Augenblick an nannten sie Mary nur noch trotzige Mary, wenn sie untereinander von ihr sprachen, und oft auch dann, wenn sie mit ihr redeten.

»Du wirst am Ende der Woche in die Heimat geschickt«, sagte Basil zu ihr. »Und darüber sind wir sehr froh.«

»Ich bin auch froh«, antwortete Mary. »Wo ist die Heimat?«

»Sie weiß nicht, was die Heimat ist«, sagte Basil mit dem ganzen Zorn seiner sieben Jahre. »England natürlich. Unsere Großmutter wohnt da, und unsere Schwester Mabel ist im vorigen Jahr zu ihr geschickt worden. Du kannst nicht zu deiner Großmutter. Du hast keine. Du gehst zu deinem Onkel. Er heißt Mr. Archibald Craven.«

»Ich kenne ihn ja gar nicht«, fauchte Mary.

»Das weiß ich. Du kennst überhaupt nichts. Mädchen wissen nie etwas. Ich habe Vater und Mutter davon reden hören. Er wohnt in einem vornehmen, großen, einsamen Haus auf dem Land, und keiner mag ihn. Er hat einen Buckel. Er ist abscheulich.«

»Ich glaube es nicht«, sagte Mary.

Sie drehte ihm den Rücken zu und stopfte die Finger in die Ohren, denn sie wollte nichts mehr hören.

Hinterher dachte sie lange über die Sache nach. Als Mrs. Crawford ihr an diesem Abend erzählte, daß sie in ein paar Tagen mit dem Schiff nach England zu ihrem Onkel, Mr. Archibald Craven, der in dem Herrenhaus Misselthwaite wohnte, fahren würde, wirkte Marys Gesicht wie versteinert. Sie schaute wortlos vor sich hin. Mrs. Crawford versuchte freundlich zu sein und wollte Mary küssen. Mary drehte ihr Gesicht weg und blieb abweisend, auch als Mrs. Crawford ihr wohlwollend auf die Schulter klopfte.

»Sie ist noch schrecklich kindlich und hilflos«, sagte Mrs. Crawford nachher voll Mitleid. »Und dabei war ihre Mutter so ein hübsches Geschöpf; sie hatte eine reizende Wesensart. Mary dagegen hat eine unfreundliche Art, wie ich es noch nie bei einem Kind erlebt habe. Die Kinder nennen sie *trotzige Mary.* Das ist natürlich sehr ungezogen von ihnen, aber ich kann es verstehen.«

»Vielleicht wäre Mary liebenswürdiger geworden, wenn ihre Mutter ihr reizendes Gesicht und ihre reizende Art häufiger im Kinderzimmer gezeigt hätte«, sagte Mr. Crawford.

»Ich glaube, sie hat das Kind kaum jemals richtig angeschaut«, seufzte Mrs. Crawford. »Nachdem ihre Ayah tot war, hat sich keiner um das kleine Ding gekümmert. Denk nur, die Diener liefen weg, und Mary blieb allein in dem verlassenen Bungalow zurück. Oberst McGrew sagte, er sei vor Schreck fast umgefallen, als er die Tür öffnete und das Kind mitten im Raum stehen sah.«

Mary machte die lange Reise nach England unter der Obhut der Frau eines Leutnants, die ihre Kinder in ein Internat bringen wollte. Die Dame war sehr mit ihren eigenen Kindern, einem Jungen und einem Mädchen, beschäftigt und froh, als sie das ihr anvertraute Kind einer Frau übergeben konnte, die Mr. Archibald Craven nach London geschickt hatte, um sie dort zu treffen. Die Frau hieß Mrs. Medlock und war Haushälterin im Herrenhaus Misselthwaite. Sie war eine kräftige Frau mit sehr roten Backen und scharfen blauen Augen. Sie trug ein rotes Kleid und einen schwarzen Seidenmantel mit Jettfransen, dazu eine schwarze Haube mit purpurnen Samtblumen, die aufrecht standen und zitterten, sobald Mrs. Medlock den Kopf bewegte. Mary mochte sie überhaupt nicht leiden, aber da sie eigentlich nie jemand leiden konnte, war das weiter nicht bemerkenswert. Außerdem war es ziemlich klar, daß Mrs. Medlock ihrerseits nicht viel von Mary hielt.

»Du meine Güte! Was für ein jämmerliches kleines Ding«, sagte sie, »und dabei soll ihre Mutter eine solche Schönheit gewesen sein. Sie hat nicht viel davon abbekommen, nicht wahr, Madam?«

»Vielleicht wird es besser, wenn sie älter ist«, sagte gutherzig die Frau des Leutnants. »Wenn sie nur nicht so gelb aussähe und so unfreundlich dreinschaute! Ihre Gesichtszüge sind eigentlich fein. Kinder ändern sich oft schnell.« »Da müßte sie sich allerdings sehr verändern«, sagte Mrs. Medlock. »Ich könnte nicht sagen, wie sich ein Kind ausgerechnet in unserem Herrenhaus zum Guten ändern sollte.«

Die Frauen dachten, daß Mary nicht zuhörte, weil sie in dem Hotelzimmer, in dem sie sich trafen, ein wenig abseits am Fenster stand. Sie beobachtete die vorbeifahrenden Autobusse und Droschken und besah die Menschen. Trotzdem hörte sie gut zu und überlegte, wie ihr Onkel und das Herrenhaus, das dazu gehörte, wohl sein mochten. Was für ein Haus war das, und was für ein Mensch war er? Was war das eigentlich — ein Buckel? Sie hatte noch nie einen gesehen. Vielleicht gab es das nicht in Indien.

Seit sie bei fremden Leuten lebte und ihre Ayah nicht mehr hatte, fühlte sie sich einsam und hegte seltsame Gedanken, die sie früher nie gehabt hatte. Sie begann sich darüber zu wundern, warum sie nie wirklich zu jemand gehört hatte, auch als ihre Mutter und ihr Vater noch lebten. Andere Kinder hatten Vater und Mutter. Sie selbst war eigentlich nie irgendeines Menschen kleines Mädchen gewesen. Sie hatte Diener gehabt und Nahrung und Kleidung, aber niemand hatte sich etwas aus ihr gemacht. Sie wußte nicht, daß sie ein unsympathisches Kind war. Sie meinte, daß die anderen Leute unangenehm waren.

Sie fand, Mrs. Medlock mit ihrem hochroten Gesicht und ihrer schwarzen Haube sei die unangenehmste Person, die sie je gesehen hatte.

Als sie am nächsten Tag zu ihrer Reise nach Yorkshire aufbrachen, ging Mary mit hocherhobenem Kopf über den Bahnsteig und hielt sich so weit wie möglich von Mrs. Medlock entfernt. Sie wollte nicht, daß man glaubte, sie gehöre zu dieser Frau. Der Gedanke, jemand könnte annehmen, sie wäre Mrs. Medlocks Töchterchen, machte sie wütend.

Aber Mrs. Medlock ließ sich durch Marys Benehmen und ihre Gedanken durchaus nicht stören. Sie gehörte zu den Frauen, die Albernheit bei Kindern nicht durchgehen lassen. So jedenfalls hätte sie es selbst ausgedrückt, wenn man sie um ihre Meinung gefragt hätte. Sie hatte nicht nach London reisen wollen, noch dazu gerade jetzt, da die Tochter ihrer Schwester Marie Hochzeit feierte. Aber sie hatte eine angenehme, gutbezahlte Stellung als Haushälterin im Herrenhaus Misselthwaite, und wenn sie diese Stelle behalten wollte, mußte sie die Aufträge, die Mr. Craven ihr gab, unverzüglich ausführen. »Captain Lennox und seine Frau sind an Cholera gestorben«, hatte Mr. Craven in seiner kurzen Art zu ihr gesagt. »Captain Lennox war der Bruder meiner Frau, und ich bin der Vormund seiner Tochter. Das Kind muß hierhergebracht werden. Sie müssen nach London fahren und es abholen.«

So hatte sie ihr Köfferchen gepackt und sich auf die Reise gemacht.

Mary saß in der Ecke des Eisenbahnabteils und sah stumpf und ärgerlich aus. Ihr schwarzes Kleid machte sie noch gelber, und ihr dünnes Haar guckte unter einem schwarzen Krepphut hervor. Nie in meinem Leben habe ich ein so häßliches Kind gesehen, dachte Mrs. Medlock. Schließlich wurde sie es müde, Mary zu beobachten, und sie fing mit heller, harter Stimme an zu reden.

»Ich glaube, ich sollte dir etwas erzählen über das, was dir bevorsteht. Weißt du irgend etwas von deinem Onkel?«

»Nein«, sagte Mary.

»Hast du deinen Vater und deine Mutter nie von ihm reden hören?«

»Nein«, sagte Mary und runzelte die Stirn, weil sie sich überhaupt nicht erinnern konnte, daß ihr Vater und ihre Mutter über irgend etwas eine besondere Unterhaltung mit ihr geführt hatten.

»Hm«, machte Mrs. Medlock, und sie beobachtete wieder Marys undurchdringliches kleines Gesicht. Eine kurze Zeit saß die Frau schweigend, dann nahm sie die Unterhaltung wieder auf.

»Ich denke, es wäre vielleicht doch ganz gut, dich ein bißchen vorzubereiten. Du kommst in ein merkwürdiges Haus.«

Mary sagte nichts. Sie wirkte so völlig unbeteiligt, daß Mrs. Medlock aus der Fassung geriet und erst tief Atem holen mußte, ehe sie fortfuhr.

»Es ist ein großes Gutshaus, das einen düsteren Eindruck macht. Mr. Craven ist sehr stolz darauf, auf seine besondere Weise — und die ist nicht weniger düster. Das Haus ist sechshundert Jahre alt und steht am Rande des Moores. Es hat ungefähr hundert Zimmer, wenn auch die meisten davon immer verschlossen sind. Es gibt da Bilder und schöne alte Möbel und andere Sachen, die schon jahrhundertelang dort sind. Rund um das Haus ist ein großer Park mit Bäumen, deren Zweige manchmal bis auf den Boden hängen.«

Gegen ihren Willen hatte Mary zugehört. Das klang alles so ganz anders als in Indien. Das Neue zog sie an. Aber sie wollte ihr Interesse nicht zeigen. Das gehörte zu ihren Unarten.

»Nun«, sagte Mrs. Medlock, »was hältst du davon?«

»Nichts«, sagte Mary. »Solche Häuser kenne ich nicht.«

Mrs. Medlock lachte kurz auf.

»He«, sagte sie, »du redest wie eine alte Frau. Ist dir alles gleichgültig?«

»Es spielt keine Rolle, ob es mir gleichgültig ist oder nicht«, sagte Mary.

»Da hast du recht«, sagte Mrs. Medlock. »Es spielt in der Tat keine Rolle. Warum du im Herrenhaus Misselthwaite wohnen sollst, weiß ich nicht. Vermutlich ist es so am einfachsten. Er will deinetwegen keine Mühe haben. Das steht fest. Er kümmert sich nie um irgend jemand.« Sie machte eine Pause, als ob ihr noch im richtigen Augenblick etwas eingefallen wäre.

»Er hat einen krummen Rücken«, sagte sie. »Das hat ihn verdorben. Er ist ein verdrießlicher junger Mann und hatte nichts von dem vielen Geld und dem großen Besitz, bis er dann geheiratet hat.«

Unwillkürlich schaute Mary sie an und vergaß, uninteressiert auszusehen. Sie hatte sich nicht vorgestellt, daß der Bucklige verheiratet sein könnte, und war ein bißchen erstaunt. Mrs. Medlock bemerkte es wohl, und da sie eine redselige Frau war, fuhr sie mit größerem Eifer fort. Schließlich war dies der beste Zeitvertreib.

»Sie war ein süßes, hübsches Ding, und er wäre durch die ganze Welt gereist, um den Grashalm zu finden, nach dem sie verlangte. Niemand hätte geglaubt, daß sie ihn heiraten würde, aber sie tat es. Die Leute sagten, sie hätte ihn wegen seines vielen Geldes geheiratet. Aber so war es nicht, o nein, wirklich nicht! — Als sie starb...«

Mary fuhr unwillkürlich hoch.

»Oh, sie ist gestorben?«, rief sie, ohne es zu wollen. Sie hatte sich gerade an eine französische Geschichte erinnert, die sie einmal gelesen hatte. Diese hieß »Riquet à la Houppe«, und darin war die Rede von einem armen Buckligen und einer schönen Prinzessin. Sie hatte plötzlich Mitleid mit Mr. Archibald Craven.

»Ja, sie starb«, antwortete Mrs. Medlock. »Und er wurde wunderlicher als je zuvor. Er liebt niemanden. Er möchte keinen Menschen sehen. Meist ist er fort, aber wenn er in Misselthwaite ist, schließt er sich im Westflügel ein, und außer Pitcher darf niemand zu ihm. Pitcher ist ein alter Diener, der schon lange für ihn sorgt und seine Eigenheiten kennt.«

Es klang wie eine Erzählung aus einem Buch, und sie machte Mary nicht froh. Mit zusammengepreßten Lippen starrte sie aus dem Fenster, und es paßte gut zu ihrer Stimmung, daß es zu regnen begonnen hatte.

»Du brauchst nicht zu denken, daß du ihn jemals sehen wirst«, sagte Mrs. Medlock. »Und du mußt nicht erwarten, daß da Leute sind, die mit dir sprechen. Du kannst spielen und auf dich selbst achtgeben. Man wird dir sagen, in welche Zimmer du gehen darfst und in welche nicht. Gärten gibt es genug. Aber wenn du im Hause bist, wirst du nicht herumlaufen und neugierig herumschnüffeln. Das wünscht Mr. Craven nicht.«

»Ich habe nicht vor, neugierig herumzuschnüffeln«, sagte Mary trotzig. Und so plötzlich wie sie Mitleid mit Mr. Craven empfunden hatte, gab sie das Gefühl wieder auf. Wenn er ein so unangenehmer Mann war, verdiente er sicher alles Böse, das ihm zugestoßen war.

Sie wandte ihr Gesicht wieder der nassen Scheibe des Eisenbahnwagens zu und starrte in den grauen, stürmischen Regen hinaus, der so aussah, als wolle er niemals aufhören. Sie starrte so lange, bis die graue Leere vor ihren Augen schwerer und immer schwerer wurde und sie einschlief.

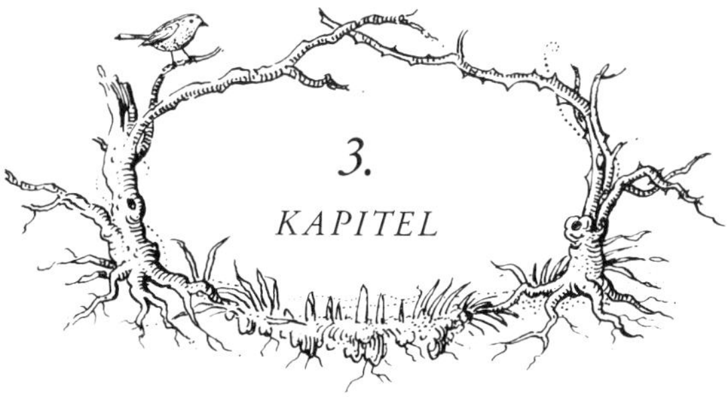

3. KAPITEL

Quer durch das Moor

Sie schlief lange, und nachdem sie aufgewacht war, kaufte Mrs. Medlock auf einer Station heißen Tee, Hähnchen, Aufschnitt, Brot und Butter. Der Regen schien noch heftiger geworden zu sein. Alle Leute auf dem Bahnhof liefen in nassen, glänzenden Regenmänteln umher. Der Schaffner kam ins Abteil und zündete die Lampen an. Mrs. Medlock freute sich sichtlich über den Tee, das Hähnchen und den kalten Aufschnitt. Sie aß eine Menge davon und schlief dann gleich ein. Mary saß und starrte die Frau an. Sie beobachtete, wie die Haube langsam auf ein Ohr hinunterrutschte. Schließlich schlief sie, durch das monotone Rattern des Zuges eingelullt, auch wieder ein. Als sie erwachte, war es draußen sehr dunkel. Mrs. Medlock rüttelte sie wach.

»Du hast aber fest geschlafen«, sagte sie. »Es ist Zeit, wir sind in Thwaite und haben noch eine lange Wagenfahrt vor uns.« Mary stand auf und bemühte sich, ihre Augen offenzuhalten, während Mrs. Medlock die Gepäckstücke zusammenraffte. Mary versuchte nicht, ihr dabei zu helfen. In Indien war es ganz selbstverständlich gewesen, daß die eingeborenen Diener alles zusammensuchten und selber trugen.

Der Bahnhof war klein. Der Stationsvorsteher sprach mit Mrs. Medlock. Es klang rauh, aber gutmütig. Er dehnte die Worte seltsam breit. Mary lernte später, daß er so sprach wie alle Leute in Yorkshire.

»Da sind Sie ja wieder«, sagte er. »Und die Kleine haben Sie mitgebracht.«

»Ja, das ist sie«, antwortete Mrs. Medlock und deutete mit dem Kopf auf Mary. Auch Mrs. Medlock sprach jetzt Yorkshire-Mundart.

»Wie geht es Ihrer Frau?«

»Nicht schlecht! Der Wagen wartet draußen auf Sie.«

Eine Kutsche stand vor dem Bahnhof. Mary sah, daß es ein eleganter Wagen war, und ein fein gekleideter Kutscher half ihr hinauf. Sein langer Regenmantel glitzerte vor Nässe, ebenso sein Regenhut.

Der Kutscher schloß die Wagentür, kletterte auf den Kutschbock, und die Fahrt begann. Mary fand sich, gemütlich in Kissen verpackt, in den Polstern des Wagens wieder, aber sie dachte nicht länger ans Schlafen. Sie saß und schaute auf den Weg, der zu dem seltsamen Haus führte, von dem Mrs. Medlock gesprochen hatte.

Sie war durchaus kein ängstliches Kind, aber sie mußte doch daran denken, was wohl alles in einem Haus geschehen mochte, das hundert Zimmer hatte, von denen die meisten verschlossen waren. Dazu lag es noch am Rande des Moores.

»Was ist das — ein Moor?« sagte sie zu Mrs. Medlock.

»Schau aus dem Fenster, nach zehn Minuten wirst du es sehen«, antwortete die Frau. »Wir müssen ungefähr fünf Meilen durch Misselmoor fahren, ehe wir zum Herrenhaus kommen. Du wirst allerdings nicht viel erkennen können, weil es dunkel ist.«

Mary fragte nichts mehr. Sie wartete in ihrem dunklen Winkel und schaute hinaus. Die Wagenlaternen warfen rechts und links ein wenig Licht auf ihren Weg, und sie bekam einen flüchtigen Eindruck von den Dingen, an denen sie vorbeifuhren. Nachdem sie den Bahnhof verlassen hatten, waren sie durch ein winziges Dorf gefahren. Sie sah weißgestrichene Hütten und Licht in einem Wirtshaus. Dann kamen sie an einer Kirche und dem Pfarrhaus vorbei. In einem Häuschen war ein winziges Schaufenster mit Spielsachen und Süßigkeiten und allerlei seltsamem Krimskrams. Jetzt waren sie auf der Landstraße. Sie sah Hecken und Bäume. So ging es eine ganze Weile. Sie fand, daß sich nichts veränderte.

Schließlich zogen die Pferde langsamer, so als ob sie einen Hügel hinaufgingen. Und plötzlich waren keine Hecken und keine Bäume mehr da. Sie lehnte sich vor und preßte ihr Gesicht gegen die Scheibe. Gerade in diesem Augenblick rüttelte der Wagen heftig.

»Jetzt sind wir bestimmt im Moor«, sagte Mrs. Medlock.

Die Wagenlaternen warfen ihr gelbes Licht auf einen holperigen Weg, der durch Sträucher und Gebüsch gebahnt war. Ein Wind erhob sich. Er blies mit wildem, tiefem, eigenartigem Ton.

»Ist das — oder nein, das ist nicht das Meer, oder doch?« sagte Mary und blickte ihre Begleiterin an.

»O nein, das nicht«, antwortete Mrs. Medlock. »Auch nicht Feld oder Gebirge. Nein, da ist meilenweit nur wildes Land, auf dem nichts wächst außer Heidekraut und Ginster. Und nichts lebt darauf, nur wilde Ponys und Schafe.«

»Es sieht ähnlich aus wie das Meer; als wenn das Wasser wäre«, sagte Mary. »Gerade jetzt klingt es auch so!«

»Das ist der Wind in den Sträuchern«, sagte Mrs. Medlock.

»Oh, es ist ein wildes, ödes Stück Erde, aber manche Leute lieben es — besonders, wenn die Heide blüht.«

Sie fuhren weiter und weiter durch die Dunkelheit, und obwohl der Regen aufhörte, rauschte der Wind ohne Unterlaß. Er pfiff und stöhnte seltsam. Mary kam es vor, als dauerte die Fahrt endlos und als sei das weite finstere Moor ein riesiger schwarzer Ozean, den sie auf einem schmalen Streifen Land durchquerte.

»Ich kann es nicht leiden«, sagte sie zu sich selbst. »Es gefällt mir nicht.« Und sie preßte ihre Lippen fest aufeinander. Die Pferde gingen jetzt ein hügeliges Stück Weges hinauf.

Plötzlich sah Mary ein Licht. Mrs. Medlock erblickte es zur gleichen Zeit und seufzte tief auf. »Das ist das Pförtnerhaus. Jetzt werden wir bald eine gute Tasse Tee bekommen!«

»Bald«, hatte sie gesagt, und doch fuhr der Wagen, nachdem er durch das Parktor des Herrenhauses hindurch war, noch zwei Meilen weiter eine Allee entlang. Große Bäume zu beiden Seiten neigten ihre Äste gegeneinander und bildeten ein langes, dunkles Gewölbe.

Das Gewölbe war durchfahren, und nun kamen sie auf einen freien Platz. Sie hielten vor einem ungeheuer großen, tief geduckten Haus, das um einen gepflasterten Hof herum gebaut zu sein schien. Zuerst entdeckte Mary überhaupt kein Licht in all den vielen Fenstern. Aber als sie aus dem Wagen gestiegen war, sah sie einen trüben Lichtschimmer in einem der Fenster an der Ecke des ersten Stockwerkes.

Die Eingangstür des Hauses war aus massivem Eichenholz, mit seltsam geformten Balken verziert und mit dicken Ziernägeln beschlagen. Schwere eiserne Beschläge hielten die Tür zusammen. Sie öffnete sich, und Mary trat in eine große Halle. Sie war so matt beleuchtet, daß die Gesichter der Ahnenbilder an den Wänden und die Figuren in kriegerischen Gewändern, die in den Winkeln umherstanden, Mary schaudern machten. Sie sah sie lieber gar nicht an. Da stand sie nun auf dem Steinfußboden, ein winziges, hilfloses Wesen. Und sie fühlte sich so klein und hilflos und verloren, wie sie aussah.

Ein dunkel gekleideter, schlanker Mann stand nah bei dem Diener, der die Tür geöffnet hatte.

»Bringen Sie sie bitte in ihr Zimmer«, sagte er mit gedämpfter Stimme. »Er möchte sie nicht sehen. Morgen fährt er nach London.«

»Sehr gut, Mr. Pitcher«, antwortete Mrs. Medlock. »Solange ich weiß, was er von mir erwartet, werde ich es schon entsprechend einrichten.«

»Was von Ihnen erwartet wird, Mrs. Medlock, ist dies: Sie sorgen dafür, daß er nicht gestört wird und daß er nicht zu sehen braucht, was er nicht zu sehen wünscht.«

Mary wurde eine breite Treppe hinaufgeführt. Danach ging es zuerst einen langen Korridor entlang, ein paar Stufen hinauf und wieder einen Korridor entlang und noch einen, bis sich eine Tür öffnete und schloß und Mary in einem Zimmer war, in dem ein offenes Feuer brannte und ein Abendbrot auf dem Tisch stand. Mrs. Medlock sagte: »Nun, da sind wir. Dieses Zimmer und das anschließende sind für dich. Hier sollst du sein und dich nur hier aufhalten. Du wirst es nicht vergessen, hoffe ich.«

Auf diese Weise kam Mary Lennox in das Herrenhaus Misselthwaite. Nie im Leben hatte sie soviel Trotz in sich gefühlt wie an diesem Abend.

4.

KAPITEL

Martha

Als sie am anderen Morgen die Augen öffnete, sah sie ein junges Hausmädchen, das in ihr Zimmer gekommen war, um das Kaminfeuer anzuzünden. Es kniete auf der Matte vor dem Kamin und versuchte, möglichst geräuschlos die Asche zusammenzuscharren. Mary lag und beobachtete eine Weile das Mädchen. Dann sah sie sich im Zimmer um. Sie hatte noch nie einen solchen Raum gesehen und fand ihn seltsam und düster. Die Wände waren mit einer Seidentapete bespannt, auf die Jagdbilder gestickt waren. Phantastisch angezogene Leute sah man da unter Bäumen wandeln und im Hintergrund die Türme einer Burg. Jäger und Pferde gab es da und Hunde und Damen. Mary hatte das Gefühl, sie befinde sich zwischen allen diesen Gestalten in einem Wald. Aber durch das Fenster sah sie eine karge Landschaft. Sie sah aus wie ein großer, einförmiger purpurfarbener See.

»Was ist das?« sagte sie und zeigte auf das Fenster.

Martha, das junge Hausmädchen, richtete sich auf und zeigte in dieselbe Richtung. »Das da?«

»Ja.«

»Das ist das Moor«, sagte sie gutmütig lachend. »Magst du es gern?«

»Nein«, sagte Mary, »ich hasse es.«

»Das kommt nur davon, weil du es nicht kennst«, sagte Martha und kümmerte sich wieder um das Kaminfeuer. »Du meinst, es sei zu groß und zu kahl. Aber du wirst es bald gern haben.«

»Magst du es denn gern?« fragte Mary.

»O ja, ich —«, sagte Martha und polierte eifrig das Kamingitter, »ich liebe es. Es ist gar nicht kahl. Es ist voll von Pflanzen, die süß duften. Es ist wunderschön im Frühling und im Sommer, wenn der Ginster blüht und die Heide. Es duftet nach Honig, und die Luft ist frisch. Der Himmel ist so hoch! Bienen und Lerchen summen und singen ein schönes Lied. Um nichts auf der Welt möchte ich vom Moor wegziehen.«

Mary hörte ernst zu, und ihr Gesicht straffte sich erstaunt. Die eingeborenen Dienerinnen in Indien waren ganz anders gewesen. Die machten tiefe Verbeugungen und nannten sie »Beschützer der Armen« und dergleichen. Den Dienern in Indien gab man Befehle, sie wurden nicht gebeten. »Danke« und »bitte« sagte man nicht zu ihnen, und wenn sie ärgerlich gewesen war, hatte Mary ihrer Ayah ins Gesicht geschlagen. Mary überlegte, was dieses Hausmädchen wohl tun würde, wenn sie ihr eine Ohrfeige gäbe. Das Mädchen war rund und rosig und sah gutmütig aus, aber es wirkte handfest. Mary überlegte, daß es vielleicht zurückschlagen würde, wenn ein Kind ihm Ohrfeigen gäbe.

»Du bist eine seltsame Dienerin«, sagte sie hochmütig aus ihren Kissen heraus.

Martha kam wieder auf die Füße. Sie hielt die Messingbürste in der Hand und lachte. Sie schien nicht im geringsten verärgert zu sein.

»Das weiß ich selber«, sagte sie. »Wenn im Herrenhaus eine große Dame regiert, dürfte ich sicher nicht einmal als kleine Küchenhilfe hier arbeiten. Vielleicht hätte ich in der Spülküche Dienst tun dürfen. Aber auf der Etage wäre ich dann sicher nicht. Ich bin zu einfach und spreche Yorkshire-Mundart. Aber dies ist ein besonderes Haus und vor allem schrecklich groß. Man hat das Gefühl, hier gäbe es keinen Herrn und keine Herrin, nur Mr. Pitcher und Mrs. Medlock. Mr. Craven kümmert sich eigentlich um nichts, wenn er hier ist. Aber abgesehen davon, ist er ja fast nie da. Mrs. Medlock hat mir aus Freundlichkeit diese Stelle gegeben. Sie sagte mir, in anderen herrschaftlichen Häusern wäre es nicht möglich gewesen.«

»Sollst du meine Dienerin sein?« Mary fragte es in ihrer hoheitsvollen indischen Art. Martha fing wieder an, das Messing zu putzen.

»Ich bin Hausmädchen bei Mrs. Medlock«, sagte sie tapfer. »Sie ist bei Mr. Craven angestellt — aber ich tue hier die Hausarbeit und soll ein bißchen auf dich achten. Aber du wirst mich ja kaum nötig haben.«

»Und wer soll mich ankleiden?« fragte Mary.

Martha staunte. »Ja, kannst du dich denn nicht selbst anziehen?«

»Nein«, antwortete Mary in verächtlichem Ton. »Das habe ich in meinem ganzen Leben noch nicht getan. Meine Ayah mußte mich natürlich anziehen.«

»Na, dann wird's aber höchste Zeit, daß du es lernst.« Martha hatte nicht das Gefühl, unverschämt zu sein. »Je eher du damit anfängst, desto besser für dich. Meine Mutter sagt immer, es sei ein Wunder, daß reicher Leute Kinder nicht zu Narren würden. Kinderfrauen müßten sie waschen und anziehen und wie junge Hunde spazieren führen.«

»In Indien ist das etwas ganz anderes«, sagte Mary mit großer Verachtung. Sie fand Marthas Bemerkung fast unerträglich, kaum auszuhalten.

Aber Martha ließ sich nicht aus der Fassung bringen. »Ich sehe schon«, sagte sie fast sanft, »es ist wirklich alles anders in Indien.«

»Jetzt wird es aber Zeit, daß du aufstehst«, sagte sie. »Mrs. Medlock hat angeordnet, daß ich dein Frühstück und Tee und Mittagessen im Zimmer nebenan auftragen soll. Es ist als Spielzimmer für dich ausgesucht worden. Ich helf' dir auch beim Anziehen, wenn du jetzt schön aufstehst. Wenn hinten Knöpfe sind, kannst du sie ja gar nicht selbst zumachen.«

Als Mary sich schließlich aufzustehen bemühte, holte Martha andere Kleider aus dem Schrank als die, die Mary am vergangenen Abend getragen hatte.

»Die gehören nicht mir«, sagte Mary. »Meine sind schwarz.« Sie sah den warmen weißen Wollmantel an und das helle Kleid und urteilte kühl: »Die da sind schöner als meine.«

»Die sollst du auch anziehen«, antwortete Martha. »Mr. Craven hat Mrs. Medlock beauftragt, sie in London für dich zu kaufen. Er hat gesagt, er möchte nicht, daß ein Kind in seinem Hause in schwarzen Trauerkleidern herumläuft wie eine arme, verlorene Seele. Es würde das Haus noch trauriger machen, als es schon wäre. *Sie soll frische Farben tragen*, sagte er. Meine Mutter hat gemeint, sie verstände gut, was er fühlt. Meine Mutter versteht immer, was andere empfinden. Sie selbst hält nichts von schwarzen Sachen.«

»Ich hasse schwarze Kleider«, sagte Mary.

Beim Ankleiden lernten sie beide etwas. Martha hatte zu Hause ihren kleinen Schwestern und Brüdern beim Zuknöpfen geholfen. Aber sie hatte noch nie ein Kind gesehen, das sich hinstellte und wartete, daß jemand sie anzöge, so, als hätte es selber weder Hände noch Füße.

»Warum ziehst du die Schuhe nicht selber an?« fragte sie, als sie sah, daß Mary nur ihren Fuß ausstreckte.

»Das hat immer meine Ayah gemacht«, sagte Mary gleichmütig. »Das war so Sitte.«

Sie sagte sehr oft: »So ist es Sitte.« Die indischen Eingeborenen selber hatten auch so geredet. Wenn jemand irgend etwas Ungewohntes von ihnen erwartete, etwas, das ihre Vorfahren Tausende von Jahren vor ihnen nicht getan hatten, sagten sie: »Das ist nicht Sitte.« Und damit war der Fall für sie erledigt. Es hätte nicht zur Sitte gepaßt, wenn Mary beim Ankleiden irgend etwas anderes getan hätte als stillzustehen und zu dulden, daß sie wie eine Puppe angekleidet wurde. Aber noch ehe sie dazu kam, ihr Frühstück zu essen, begann sie zu ahnen, daß ihr Leben im Herrenhaus Misselthwaite sie eine Menge Dinge lehren würde. Wenn Martha die Jungfer einer wohlerzogenen jungen Dame gewesen wäre, würde sie vielleicht unterwürfiger und respektvoller gewesen sein und würde gewußt haben, daß es zu ihren Pflichten gehört hätte, Haare zu bürsten, Schuhe zuzuknöpfen und Ordnung zu schaffen. Martha war aber nur ein einfaches Landmädchen aus Yorkshire, das in einer Moorhütte aufgewachsen war, umgeben von einem Schwarm kleiner Brüder und Schwestern, die selbstverständlich auf sich selber aufpaßten. Die Kleinen wurden auf dem Arm getragen; sobald sie jedoch etwas größer wurden, tappelten sie selbständig herum und stolperten über alle möglichen Dinge.

Wäre Mary Lennox ein Kind gewesen, das sich über ein bißchen Unterhaltung freute, so hätte sie vielleicht ihre Zufriedenheit über Marthas

Erzählerfreude gezeigt, aber Mary hörte nur kühl zu und wunderte sich über die freie Art des Mädchens. Zuerst war Mary wirklich nicht interessiert. Aber als Martha nicht aufhörte, in ihrer fröhlichen, anheimelnden Art zu plappern, hörte sie schließlich doch zu.

»Ja, du solltest sie alle einmal sehen«, sagte Martha. »Wir sind zu Hause zwölf Kinder, und mein Vater verdient nur sechzehn Shilling die Woche. Ich sage dir, meine Mutter muß gut aufpassen, damit sie für alle Kinder Haferbrei hat. Sie tummeln sich den ganzen Tag draußen umher, und Mutter sagt, das Moor macht sie satt. Sie meint, die äßen vielleicht Gras wie die wilden Ponys. Unser Dickon ist zwölf Jahre alt und hat ein Pony.«

»Wo hat er das her?« fragte Mary.

»Er hat es auf dem Moor gefunden, neben seiner Mutter. Und er hat mit ihm Freundschaft geschlossen. Er hat ihm Brotbrocken und Grasbüschel gegeben. Das Fohlen liebt ihn und folgt ihm überall hin, und es läßt Dickon auf seinem Rücken reiten. Dickon ist ein guter Junge, und die Tiere lieben ihn.«

Mary hatte nie ein kleines Tier gehabt und hätte schon immer gern eines besessen. Daher fing sie an, sich ein bißchen für Dickon zu interessieren. Als sie in das Zimmer ging, das man für sie zurechtgemacht hatte, fand sie, daß es so ähnlich aussah wie das, in dem sie geschlafen hatte. Es war eigentlich kein Zimmer für ein Kind; es paßte besser für einen Erwachsenen. Auf dem Tisch in der Mitte des Raumes stand ein kräftiges Frühstück. Aber Mary hatte nie viel Appetit gehabt und blickte mit Unbehagen auf den ersten Teller, den Martha vor sie hinstellte.

»Ich mag das nicht«, sagte sie.

»Du magst deinen Haferbrei nicht?« rief Martha ungläubig aus.

»Nein.«

»Du weißt nicht, wie gut er ist. Tu ein bißchen Sirup drauf oder ein wenig Zucker.«

»Ich will ihn nicht«, wiederholte Mary.

»Oh«, sagte Martha, »ich kann nicht mit ansehen, wie gute Dinge vergeudet werden. Wenn unsere Kinder hier am Tisch säßen, die wären in fünf Minuten mit dem Brei fertig.«

»Warum?« fragte Mary kalt.

»Warum?« wiederholte Martha. »Weil sie in ihrem ganzen Leben selten ihren Magen richtig füllen konnten. Sie sind hungrig wie junge Falken und Füchse.«

»Ich weiß nicht, was das ist, hungrig zu sein.« Mary sagte es mit der Gleichgültigkeit der Nichtwissenden.

Martha blickte sie entrüstet an.

»Dir würde es gut tun, wenn du mal spürtest, wie es ist. Das sehe ich ganz klar.« Sie sagte es sehr offen. »Ich habe keine Geduld mit Leuten, die dasitzen und gutes Brot und gute Speisen unzufrieden anstarren. Mein Wort darauf, ich möchte, Dickon und Phil und Jane und die übrigen könnten das, was hier steht, in ihren Schürzen wegtragen.«

»Warum nimmst du es nicht für sie mit?« schlug Mary vor.

»Es gehört nicht mir«, sagte Martha standhaft. »Außerdem habe ich heute nicht frei. Ich habe einmal im Monat frei wie die anderen Hausangestellten. Dann gehe ich nach Hause und helfe Mutter, damit sie auch mal einen halben Tag frei hat.«

Mary trank ein bißchen Tee, aß ein kleines Stück geröstetes Brot und ein wenig Marmelade.

»Jetzt ziehst du dich warm an und gehst draußen spielen. Das wird dir gut tun, und du bekommst Appetit.«

Mary ging zum Fenster. Draußen sah sie Gärten und Wege und große Bäume. Aber alles sah düster und winterlich aus. »Draußen? Warum soll ich an einem solchen Tag hinausgehen?«

»Wenn du nicht hinausgehen willst, dann bleibst du eben hier. Mir ist es egal.«

Mary blickte umher. Da war nichts, womit sie sich hätte beschäftigen können. Mrs. Medlock hatte das Kinderzimmer zwar eingerichtet, aber dabei nicht an irgendeinen Zeitvertreib für ein Kind gedacht. Vielleicht ist es doch besser, hinauszugehen und zu sehen, was sich da anfangen läßt, dachte Mary.

»Wer begleitet mich?« sagte sie zu Martha. Martha starrte sie an.

»Du gehst gefälligst allein«, antwortete sie. »Du mußt spielen lernen wie andere Kinder, die auch allein sind und sich selbst beschäftigen müssen. Mein Bruder Dickon geht immer allein ins Moor und spielt da stundenlang. Auf diese Weise hat er ja auch Freundschaft mit dem Pony geschlossen. Da ist auch noch ein Schaf im Moor, das er gut kennt. Und die Vögel fressen ihm aus der Hand. Wenn es auch noch so wenig bei uns zu essen gibt, er hat immer noch ein bißchen übrig, um seine kleinen Freunde damit zu füttern.«

Mary wußte es nicht, aber tatsächlich bewirkte der Name Dickon, daß sie sich entschloß, in den Garten zu gehen. Sicher waren Vögel draußen; Ponys oder Schafe wohl kaum. Die Vögel würden anders sein als in Indien, vielleicht machte es Spaß, sie zu beobachten.

Martha zog ihr Mantel und Hut an, auch ein Paar kräftige Stiefelchen, und zeigte ihr den Weg die Treppe hinunter nach draußen.

»Wenn du diesen Weg hinuntergehst, kommst du in den Garten«, sagte sie und zeigte auf ein Tor in einer Hecke. »Da gibt es im Sommer viele Blumen, aber jetzt blüht natürlich nichts.«

Sie zögerte eine Sekunde, ehe sie fortfuhr. »Einer von den Gärten ist verschlossen. Darin ist seit zehn Jahren kein Mensch mehr gewesen.«

»Warum?« fragte Mary, gegen ihren Willen neugierig. Da gab es also neben den hundert verschlossenen Türen im Hause auch noch ein verschlossenes Gartentor.

»Mr. Craven hat ihn abgeschlossen, als seine Frau so plötzlich starb. Es war ihr Garten. Er verschloß das Tor, machte ein Loch in den Boden und vergrub den Schlüssel. Aber — ich höre Mrs. Medlock läuten, ich muß laufen.«

Als sie weg war, ging Mary auf das Tor in der Hecke zu. Sie mußte an den Garten denken, in dem zehn Jahre lang kein Mensch mehr gewesen war. Sie überlegte, wie es wohl darin aussehen mochte und ob die Blumen dort noch am Leben waren. Als sie durch das Tor hindurch war, befand sie sich in einem riesengroßen Garten mit weiten Rasenflächen und gewundenen Wegen, die am Rande sauber abgestochen waren. Da gab es Bäume und Blumenbeete und immergrüne Pflanzen und einen großen Teich mit einer alten Springbrunnenfigur in der Mitte. Aber die Blumenbeete lagen kahl und winterlich da, und der Springbrunnen zeigte kein Leben. Dies war bestimmt nicht der geheimnisvolle Garten. Wie konnte man einen Garten überhaupt verschließen? In Gärten hinein kann man doch immer!

Während Mary so überlegte, sah sie am Ende des Gartenweges eine lange Mauer, die ganz mit Efeu bewachsen war. Sie kannte englische Verhältnisse nicht und wußte daher auch nicht, daß sie auf den Küchengarten zuging, in dem Gemüse und Obst gezogen wurden. Sie näherte sich der Mauer und entdeckte ein offenes Tor. Dieser Garten hier war sicher nicht der geheime Garten, sie durfte ihn also betreten.

Mary schritt durch das Tor und sah, daß der Garten rundherum von einer Mauer umgeben und nur einer von mehreren Gärten war, die alle Mauern hatten und miteinander durch Tore verbunden waren. Sie bemerkte ein anderes, offenstehendes Tor und dahinter wieder Wege, die zwischen kleinen Hügeln lagen, in denen Wintergemüse eingebettet war. Obstbäume waren der Mauer entlang auf Spalier gezogen, und manche Beete waren mit Glas zugedeckt. Dieser Garten ist nur nützlich und nicht schön, dachte Mary. Im Sommer, wenn alles grün wäre, mochte er wohl auch hübscher wirken. Aber jetzt gab es nichts zu bewundern darin.

Plötzlich kam ein alter Mann, der einen Spaten auf der Schulter trug, aus dem Tor des nächsten Gartens. Er sah überrascht auf, als er Mary entdeckte, und tippte dann zur Begrüßung mit einem Finger an seine Mütze. Er hatte ein bärbeißiges, altes Gesicht und schien sich keineswegs zu freuen, Mary zu sehen. Darum wollte sie ihm zeigen, daß sie seinen Garten nicht schön fand. Sie setzte ihr trotziges Gesicht auf. Sie bemühte sich zu zeigen, daß ihr auch nichts an dieser Begegnung lag.

»Was ist das hier für ein Garten?« fragte sie.

»Einer von den Gemüsegärten«, sagte er.

»Und da?« fragte sie und zeigte auf das nächste grüne Tor.

»Ein anderer Gemüsegarten«, sagte er kurz.

»Darf ich da hineingehen?« fragte Mary.

»Wenn du Lust hast. Aber da gibt's nichts zu sehen.«

Mary antwortete nicht. Wieder ging sie durch das nächste grüne Tor. Dort fand sie erneut Mauern und Wintergemüse und Treibhausglas. Aber dann kam sie schließlich zu einer Mauer, und darin war ein Tor, das nicht offenstand.

Vielleicht führte dieses Tor in den Garten, den zehn Jahre lang kein Mensch mehr betreten hatte. Da Mary durchaus kein schüchternes Kind war und außerdem gewohnt, immer zu tun, was ihr gerade einfiel, ging sie auf das grüne Tor zu und drehte am Griff. Sie hoffte, das Tor würde nicht aufgehen, denn dann würde sie sicher sein, daß es in den geheimnisvollen Garten führte, aber es öffnete sich ganz leicht. Sie schritt hindurch und befand sich nun in einem Obstgarten. Er war auch von Mauern umgeben, die mit Zweigen von Spalierobst überzogen waren. In der Mitte des Gartens wuchsen Obstbäume aus dem winterbraunen Gras, aber es war kein weiteres grünes Tor zu sehen. Mary schaute sich um. Als sie zum Ende des Gartens kam, sah sie, daß die Mauer weiterging und daß ein anderer Garten sich anzuschließen schien. Sie sah Baumkronen jenseits der Mauer, und während sie still stand und überlegte, sah sie einen Vogel mit einer roten Brust auf einem der höchsten Zweige jenseits der Mauer sitzen. Plötzlich sang er — ein Winterlied. Es war, als wollte er zeigen, daß er Mary entdeckt hatte. Sie blieb stehen und lauschte. Sein heiteres, freundliches Pfeifen weckte ein wohliges Gefühl in ihr. Auch ein unsympathisches kleines Mädchen fühlt sich manchmal einsam. Ein großes Haus mit vielen verschlossenen Türen, ein riesiges nacktes Moor, weite kahle Gärten — der Gedanke daran hatte Mary spüren lassen, wie einsam sie war. Sie hatte das Gefühl, außer ihr lebte niemand auf der Welt. Wenn sie ein zärtliches Kind gewesen wäre und an Liebe gewöhnt, es hätte ihr Herz gebrochen. Aber selbst so war sie verzweifelt. Das Vögelchen mit der leuchtenden Brust zauberte ein Lächeln in ihr mürrisches Gesicht. Sie hörte ihm zu, bis er fortflog. Der Vogel hatte keine Ähnlichkeit mit den Vögeln in Indien. Sie liebte ihn und fragte sich, ob sie ihn wohl jemals wiedersehen würde. Am Ende lebte er in dem geheimen Garten und kannte sich darin aus.

Vielleicht dachte sie deswegen so viel über den verlassenen Garten nach, weil es sonst nichts gab, worüber sie hätte nachdenken können. Sie war neugierig und hätte gern gewußt, wie er aussah. Warum hatte Mr. Archibald Craven den Schlüssel vergraben? Wenn er seine Frau so sehr geliebt hatte, warum haßte er dann ihren Garten? Sie fragte sich, ob sie wohl je ihren Onkel zu Gesicht bekommen würde. Aber sie war sicher, daß sie ihn nicht leiden mochte. Und er würde sie auch nicht gernhaben.

»Die Leute mögen mich nicht«, dachte sie, »und ich mag sie auch nicht. Und ich kann nicht reden, wie es die Crawford-Kinder konnten. Sie hatten immer geschwatzt und gelacht und gelärmt.«

Sie dachte an das Vögelchen, wie es für sie gesungen und in dem hohen Zweig gesessen hatte. Plötzlich durchzuckte sie ein Gedanke.

»Ich glaube, der Baum war in dem geheimen Garten — ich bin sicher, daß es so ist«, sagte sie. »Eine Mauer war rundherum, und da war kein Tor.«

Sie lief in den Gemüsegarten zurück und fand den alten Mann bei der Arbeit. Er beachtete sie nicht, und so sprach sie ihn schließlich an.

»Ich bin in den anderen Gärten gewesen«, sagte sie.

»Warum solltest du nicht dort gewesen sein?« antwortete er mürrisch.

»Ich bin in den Obstgarten gegangen.«

»Da ist kein Hund am Tor, der dich beißt«, antwortete er.

»Zu dem anderen Garten gibt es kein Tor«, sagte Mary.

»Zu welchem Garten?« sagte er mit belegter Stimme und hörte einen Augenblick zu graben auf.

»Der Garten auf der anderen Seite der Mauer. Da wachsen Bäume. Ich habe die Äste gesehen. Ein Vogel mit einer roten Brust saß in der Baumspitze und sang.«

Zu ihrer Überraschung veränderte sich plötzlich das sauer dreinblikkende Gesicht des Alten. Ein Lächeln breitete sich langsam darauf aus, und mit einemmal sah der Gärtner ganz verändert aus. Sie dachte, wieviel netter ein Mensch doch aussieht, wenn er lächelt. Sie hatte das vorher nicht gewußt. Er wandte sich nach der Seite, wo der Obstgarten lag, und begann zu pfeifen — ein sanftes, leises Pfeifen. Sie war überrascht, daß ein so mürrisch blickender Mann so zärtlich pfeifen konnte. Fast im gleichen Augenblick ereignete sich etwas Wunderbares. Sie hörte ein zartes Rauschen in der Luft, und da flog der kleine Vogel mit der roten Brust auf sie zu und setzte sich doch tatsächlich auf einen Klumpen Erde vor die Füße des Gärtners.

»Da ist er«, kicherte der alte Mann, und dann sprach er mit dem Vogel, als hätte er ein Kind vor sich.

»Wo bist du gewesen, du drolliger, kleiner Herumtreiber?« fragte er. »Ich habe dich heute überhaupt noch nicht gesehen. Fängst du schon an, den Vogeldamen den Hof zu machen? Das ist zu früh für die Jahreszeit.«

Der Vogel legte seinen winzigen Kopf zur Seite und sah den alten Mann mit seinen klaren Äuglein an, die wie dunkle Tautropfen waren. Er schien ganz zutraulich zu sein und kein bißchen ängstlich. Er hüpfte herum und hackte nach Körnern und Insekten. Mary wurde ganz wunderlich zumute, weil er so hübsch und lustig war, ein richtiger Kamerad. Er hatte einen winzigen rundlichen Körper, einen zierlichen Schnabel und schlanke, zarte Beine.

»Kommt er immer, wenn du ihn rufst?« fragte sie fast atemlos.

»Na ja, das tut er. Ich kenne ihn, seit er flügge wurde. Er kam aus dem Nest jenseits der Mauer. Dann war er zu schwach, um zurückzufliegen, und blieb ein paar Tage bei mir. Von daher kennen wir uns und sind befreundet. Als er ins Nest zurückkehrte, waren seine Geschwister ausgeflogen. Drum fühlt er sich drüben einsam und kommt oft zu mir.«

»Was für ein Vogel ist das?«

»Weißt du das nicht? Es ist ein Rotkehlchen. Das sind die freundlichsten und neugierigsten Vögel, die es gibt. Sieh mal, wie er herumhüpft und zwischendurch nach uns sieht. Er weiß genau, daß wir von ihm sprechen.«

Es war interessant, den alten Mann zu beobachten. Er blickte voll Liebe und Stolz auf den kleinen Vogel mit der roten Brust. »Er ist eingebildet«, sagte er; er hat es gern, wenn man über ihn redet. Und neugierig! Meine Güte, ich habe nie einen so neugierigen Vogel gesehen! Immer kommt er, um zu sehen, was ich pflanze. Er kümmert sich um alle Dinge, um die sich Mr. Craven eigentlich kümmern sollte. Er ist der Obstgärtner, jawohl, das ist er.«

Das Rotkehlchen hüpfte eifrig hin und her, pickte dann und wann etwas vom Boden auf, hielt dann wieder still und sah die beiden Menschen an.

Mary glaubte, daß die schwarzen Tautropfenaugen sie mit besonderer Neugier betrachteten. Es sah so aus, als wollte der Vogel herausfinden, wer sie ist. Das seltsame Gefühl in ihrem Herzen wurde stärker.

»Wohin sind seine Geschwister geflogen?« fragte sie.

»Das weiß man nicht. Die Alten werfen sie aus dem Nest, wenn sie groß genug sind, und dann fliegen sie los und sind überall verstreut, ehe man sich's versieht. Dieser hier hat mehr Verstand; drum wußte er, daß er einsam war.«

Mary machte einen Schritt auf das Rotkehlchen zu und sah es fest an.

»Ich bin auch einsam«, sagte sie. Bis zu diesem Augenblick hatte sie nicht gewußt, was sie unzufrieden und trotzig machte. Während sie das Rotkehlchen ansah und dieses zu ihr zurückblickte, ahnte sie, was es war.

Der alte Gärtner schob seine Mütze über seine Glatze zurück und starrte Mary an. »Bist du das kleine Mädchen aus Indien?« fragte er.

Mary nickte.

»Dann wundere ich mich nicht, daß du einsam bist.«

Er fing wieder an zu graben. Er stieß seinen Spaten tief in den reichen, schwarzen Boden, während das Rotkehlchen fleißig umherhüpfte und sehr beschäftigt tat.

»Wie heißt du?« fragte Mary den Gärtner.

Er richtete sich auf. »Ben Weatherstaff«, antwortete er und fügte mit einem bitteren Lächeln hinzu: »Ich bin auch einsam. Nur dann nicht, wenn er bei mir ist«, und er deutete auf das Rotkehlchen.

»Ich habe keine Freunde«, sagte Mary. »Ich habe nie welche gehabt. Meine Ayah mochte mich nicht, und ich habe nie mit jemandem gespielt.«

Die Menschen in Yorkshire haben die Gewohnheit, frei zu sagen, was sie denken. Und Ben Weatherstaff war ein Mann aus dem Moor.

»Du und ich, wir haben manches gemeinsam«, sagte er. »Wir sind aus dem selben Stoff gewebt. Wir sehen beide nicht hübsch aus, und wir blicken beide so mürrisch drein, wie wir sind. Wir haben dasselbe unfreundliche Wesen, beide dasselbe, möcht' ich wetten.«

Das war sehr offen gesagt. Und Mary Lennox hatte noch nie im Leben die Wahrheit über sich selbst gehört. Sie hatte auch niemals darüber nachgedacht, wie sie wohl aussähe, aber sie war doch erstaunt zu hören, daß sie äußerlich so wenig anziehend war wie Ben Weatherstaff, und es verwunderte sie, daß sie so verdrießlich aussehen sollte, wie er es getan hatte, ehe das Rotkehlchen kam.

Sie fragte sich auch, ob sie wirklich eine so unfreundliche Art habe. Sie fühlte sich etwas ungemütlich. Plötzlich hörte sie ein Rascheln, und sie wandte sich um. Sie stand in der Nähe eines jungen Apfelbaumes. Das Rotkehlchen flog auf dessen Zweige und sang aus voller Kehle. Ben Weatherstaff lachte.

»Warum macht er das?« fragte Mary.

»Er hat sich entschieden, mit dir Freundschaft zu schließen«, antwortete Ben. »Der ist in dich vernarrt.«

»In mich?« fragte Mary. Sie bewegte sich leise auf den Baum zu und schaute hoch.

»Willst du mein Freund sein?« sagte sie zu dem Rotkehlchen, als spräche sie zu einem Menschen. »Willst du?« Und sie sagte es weder mit harter Stimme noch in ihrer hochmütigen indischen Art, sondern zärtlich und eifrig und lockend, so daß Ben Weatherstaff ebenso erstaunt war wie sie, als sie ihn hatte pfeifen hören.

»Nun«, meinte er, »das hast du richtig nett gesagt, wie ein liebes Kind, nicht wie eine mürrische alte Tante. Du hast es gesagt, wie Dickon mit den Tieren spricht, wenn er ihnen im Moor begegnet.«

»Kennst du denn Dickon?« fragte Mary erstaunt.

»Dickon kennt jeder. Er ist überall bekannt. Sogar die Waldbeeren und die Heideblumen kennen ihn. Ich wette, daß sogar die Füchse ihm erzählen, wo sie ihre Jungen verwahren, und die Lerchen verstecken ihre Nester nicht vor ihm.«

Mary hätte gern noch mehr Fragen gestellt. Sie war fast so neugierig auf Dickon wie auf den verlassenen Garten. Aber gerade in diesem Augenblick beendete das Rotkehlchen sein Lied, schüttelte seine Flügel, breitete sie aus und flog davon. Es hatte seinen Besuch gemacht und hatte nun andere Dinge zu tun.

»Es ist über die Mauer geflogen«, rief Mary, »in den Obstgarten und dann über die andere Mauer in den Garten, der kein Tor hat!«

»Dort lebt er«, sagte der alte Ben. »Dort ist er aus dem Nest geschlüpft. Wenn er auf Freiersfüßen ist, dann geht er zu den jungen Rotkehlchenfräulein, die da in den Rosenbüschen wohnen.«

»Rosenbüschen?« sagte Mary. »Sind dort Rosenbüsche?«

Ben Weatherstaff nahm seinen Spaten wieder zur Hand und begann zu graben. »Es ist zehn Jahre her«, murmelte er.

»Ich möchte die Rosen sehen«, sagte Mary. »Wo ist das grüne Tor? Irgendwo muß doch ein Tor sein.«

Ben fuhr mit dem Spaten tief ins Erdreich und sah so böse aus wie am Anfang. »Vor zehn Jahren gab es ein Tor, jetzt nicht«, sagte er.

»Kein Tor?« sagte Mary. »Aber es muß ein Tor geben!«

»Kein Tor, das man finden könnte, und kein Tor, das irgend jemand etwas anginge. Sei du kein vorwitziges Mädchen und steck deine Nase nicht in Dinge, die dich nichts angehen. So, ich muß jetzt weitermachen. Geh spielen! Ich hab' keine Zeit mehr für dich.«

Und tatsächlich hörte er auf zu graben, schulterte den Spaten und schritt davon, ohne sie anzusehen und ohne »Auf Wiedersehen« zu sagen.

5.

KAPITEL

Der Schrei im Korridor

In der ersten Zeit war für Mary Lennox ein Tag genau wie der andere. Jeden Morgen erwachte sie in ihrem tapezierten Zimmer und sah Martha, vor dem Kamin kniend, das Feuer anzünden. Jeden Morgen aß sie ihr Frühstück im Kinderzimmer, ohne sich daran zu freuen. Jedesmal schaute sie nach dem Frühstück aus dem Fenster über das weite Moor, das sich nach allen Seiten auszubreiten schien und bis zum Himmel reichte. Wenn sie eine Weile hinausgeschaut hatte, wurde ihr klar, daß sie hinauslaufen mußte, denn drinnen wußte sie einfach nichts anzufangen. So entschloß sie sich jeweils, in die Gärten zu gehen. Sie wußte nicht, daß dies für sie das Beste war, was sie tun konnte. Sie ahnte nicht, daß sie ihr träges Blut in Bewegung setzte, wenn sie die Wege und Alleen entlangging oder gar lief, und daß es sie stärker machte, wenn sie gegen den Wind ankämpfte, der vom Moor herüberwehte. Sie rannte nur, um sich zu erwärmen; sie haßte den Wind, der über ihr Gesicht fegte. Aber die rauhe, frische Heideluft, die sie tief in die Lungen sog, tat ihrem ganzen Körper wohl und trieb, ohne daß Mary es wußte, ein wenig Röte in ihre Wangen. Ihre trüben Augen wurden klarer.

Nach einigen Tagen, die sie draußen verbracht hatte, wachte sie eines Morgens auf und wußte plötzlich, was es heißt, hungrig zu sein. Sie setzte sich an den Frühstückstisch und starrte nicht verächtlich auf den Haferbrei. Sie schob ihn auch nicht beiseite, sondern nahm einen Löffel, begann den Brei zu essen und hörte nicht auf, bis die Schüssel leer war.

»Das hast du heute aber gut gemacht«, sagte Martha.

»Heute schmeckt der Brei gut«, sagte Mary.

»Die Moorluft macht hungrig«, antwortete Martha. »Wie gut, daß du nicht nur Appetit hast, sondern auch etwas Gutes zu essen. Geh nur fleißig ins Freie, um zu spielen, dann kriegst du auch ein bißchen Fleisch auf deine Knochen und siehst nicht mehr so gelb aus.«

»Ich spiele nicht. Ich habe nichts, um damit zu spielen.«

»Nichts zum Spielen!« rief Martha. »Unsere Kinder spielen mit Stökken und Steinen. Sie rennen herum und schreien und finden immer etwas.«

Mary schrie nicht, wenn sie draußen war, aber sie schaute sich um. Weiter gab es nichts zu tun. Sie wanderte die Gärten entlang und immer rundherum durch den Park. Manchmal schaute sie nach Ben Weatherstaff. Sie sah ihn hin und wieder bei der Arbeit, aber er war zu fleißig, sich um sie zu kümmern.

Vielleicht war er aber auch nur übellaunig. Als sie einmal auf ihn zugehen wollte, nahm er seinen Spaten und ging fort.

Auf dem langen Weg, der an den vielen ummauerten Gärten entlangführte, spazierte sie oft. Es gab dort überall Blumenbeete, und schwerer Efeu rankte an den Mauern hoch. An einer Stelle in der Mauer war der Efeu besonders dicht. Es sah so aus, als ob dieser Teil lange Zeit vernachlässigt worden wäre. An den anderen Mauern war der Efeu beschnitten und ordentlich gehalten, doch an der letzten Mauer wirkte er ganz unberührt und wild.

Mary war das aufgefallen, wenige Tage nachdem sie mit Ben Weatherstaff gesprochen hatte. Sie wunderte sich darüber. Sie stand und betrachtete eine besonders lange Efeuranke, die sich im Wind wiegte. Plötzlich

sah sie einen roten Schimmer und hörte ein feines Zirpen. Und richtig, da oben auf dem höchsten Ast war Ben Weatherstaffs Rotkehlchen. Es neigte sich vor, legte seinen kleinen Kopf auf die Seite und sah sie an.

»Oh«, rief sie, »du bist es — tatsächlich, du bist es!« Und sie sprach mit ihm, als wäre sie sicher, daß er sie verstehen und auch antworten konnte.

Der Vogel antwortete wirklich. Er zwitscherte und piepste und hopste die Mauer entlang, als wenn er ihr alles mögliche zu erzählen hätte. Mary schien ihn zu verstehen, obwohl er nicht mit Worten sprach. Ihr war, als hätte er gesagt:

»Guten Morgen! Ist der Wind nicht schön? Ist die Sonne nicht strahlend? Ist nicht alles wundervoll? Laß uns beide zwitschern und zirpen und hopsen! Los! Los!«

Mary fing zu lachen an. Und sie hüpfte und tat, als ob sie fliege, immer der Mauer entlang hin und her. Die arme, kleine, magere, häßliche Mary — einen Augenblick lang sah sie fast hübsch aus.

»Ich liebe dich! Ich liebe dich!« rief sie und trällerte und versuchte zu pfeifen, was ihr allerdings nicht recht gelang. Aber das Rotkehlchen schien mit ihr zufrieden zu sein und flötete und piepste mit ihr um die Wette. Schließlich breitete es seine Flügel aus, schwang sich auf die höchste Spitze des Baumes, setzte sich dort nieder und sang aus voller Kehle.

Das erinnerte Mary an ihre erste Begegnung mit ihm. Auch damals hatte sich der Vogel auf den höchsten Zweig gesetzt, während sie im Obstgarten stand. Diesmal war sie auf der anderen Seite, sie befand sich auf dem Weg außerhalb der Gartenmauer, aber es war derselbe Baum.

»Er ist im Garten, den keiner betreten darf«, sagte sie zu sich selbst. »Es ist der Garten ohne Tor. Dort lebt er! Wie gerne möchte ich mir den Garten ansehen!«

Sie rannte den Weg entlang zu dem grünen Tor, durch das sie am ersten Morgen gegangen war. Dann rannte sie den Gartenpfad entlang durch das nächste Tor und betrat den Obstgarten. Sie stand und suchte mit ihren Blicken den Baum auf der anderen Seite der Mauer. Und richtig, da war das Rotkehlchen und beendete eben seinen Gesang. Es fing an, sein Gefieder mit dem Schnabel zu putzen. »Das ist der Garten«, sagte sie. »Ich bin sicher, daß er es ist.«

Sie ging umher und betrachtete sorgfältig die Mauer zwischen dem Obstgarten und dem anderen, dem unbekannten Garten. Aber sie fand nur das heraus, was sie schon vorher ermittelte — es gab kein Tor in dieser Mauer.

Dann rannte sie wieder durch die Gemüsegärten zurück und befand sich nun wieder außerhalb der langen, efeubewachsenen Mauer, welche die Gärten umschloß. Sie ging bis zum Ende und prüfte sorgfältig. Aber auch da war kein Tor zu sehen.

Das ist seltsam, dachte sie. Ben Weatherstaff behauptete, es gäbe kein Tor, und es ist auch tatsächlich keins da. Aber vor zehn Jahren muß es doch eins gegeben haben, weil ja Mr. Craven den Schlüssel vergraben hat.

Über diese Sache mußte sie viel nachdenken. Es interessierte sie so sehr, daß es ihr nicht mehr leid tat, nach Misselthwaite gekommen zu sein.

In Indien war es immer so heiß, und Mary war dort zu matt gewesen, um sich für irgend etwas zu begeistern. Tatsächlich war es der frische Wind vom Moor, der sie belebte und ihr die Flausen aus dem Kopf vertrieb. Sie war fast den ganzen Tag draußen, und wenn sie abends zum Essen hereinkam, fühlte sie sich hungrig und schläfrig und wohl. Dann hörte sie Martha gerne zu beim Schwatzen. Und eines Abends fragte sie das Mädchen: »Warum haßt Mr. Craven den Garten?«

»Hör mal, wie der Wind um das Haus rumort«, entgegnete Martha. »Im Moor könntest du dich in dieser Nacht nicht auf den Füßen halten.«

Mary wußte nicht, was rumoren bedeuten sollte, aber als sie genauer hinhörte, verstand sie, was Martha meinte. Um das Haus herum heulte es, als ob ein unsichtbarer Riese es rüttelte, an die Mauer schlüge und die Fenster zu zertrümmern versuchte. Aber da man wußte, daß er nicht hereinkommen konnte, fühlte man sich seltsam wohlig, sicher und warm in einem Zimmer mit einem offenen roten Feuer.

»Aber warum haßt er den Garten?« fragte sie wieder, nachdem sie auf den Wind gelauscht hatte. Sie wollte herausfinden, ob Martha es wußte.

»Paß auf«, sagte Martha. »Mrs. Medlock verbot, darüber zu sprechen. Hier gibt es viele Dinge, über die nicht gesprochen werden darf. Mr. Craven hat es angeordnet. Seine Sorgen seien nicht Sache seiner Dienstboten, hat er gesagt. Aber was nun den Garten betrifft, so hat er wirklich seiner Frau gehört. Sie hat ihn angelegt, als sie heirateten, und sie liebten den Garten. Sie und Mr. Craven pflegten die Blumen selbst. Kaum ein Gärtner durfte hinein. Er und sie gingen in den Garten, schlossen das Tor hinter sich zu, und dann blieben sie stundenlang drinnen und redeten und lasen. Sie war wie ein junges Mädchen. Da gab es einen alten Baum. Sie zog Kletterrosen an ihm hoch und machte sich in den Ästen einen Sitzplatz zurecht. Aber eines Tages brach der Ast. Sie fiel hinunter und verletzte sich so, daß sie am nächsten Tag starb. Die Ärzte befürchteten, Mr. Craven würde vor Kummer wahnsinnig und müßte auch sterben. Deshalb haßt er den Garten. Seither ist niemand mehr hineingegangen. Und er erlaubt keinem Menschen, darüber zu sprechen.«

Mary fragte nichts mehr. Sie lauschte auf das Getöse des Windes. Er schien lauter zu heulen als vorher. In diesem Augenblick wurde ihr etwas geschenkt. Es war das vierte Geschenk, das ihr zuteil wurde, seit sie nach Misselthwaite gekommen war. Mary hatte gefühlt, daß sie das Rotkehlchen verstand und daß der Vogel sich mit ihr befreunden wollte. Dann war sie dem Wind entgegengerannt, bis ihr warm wurde davon. Sie hatte endlich einmal einen gesunden Hunger gehabt. Und jetzt hatte sie zum erstenmal Mitleid mit einem Menschen empfunden.

Aber als sie nun dem Wind lauschte, hörte sie plötzlich etwas anderes. Sie wußte nicht, was es war, denn zunächst konnte sie das Geräusch nicht recht vom Wind unterscheiden. Es war ein seltsamer Ton — es hörte sich fast an, als ob irgendwo ein Kind weinte. Manchmal hörte sich der Wind selber so an, als klagte ein Kind, aber dann war Mary plötzlich ganz sicher, daß das Klagen aus dem Innern des Hauses kam und nicht von draußen. Es war nicht ganz nah, aber es kam aus dem Haus. Sie wandte sich Martha zu und schaute sie an.

»Hörst du jemand weinen?« fragte sie. Martha schaute plötzlich verwirrt drein.

»Nein«, antwortete sie, »das ist der Wind. Manchmal hört es sich an, als hätte sich jemand im Moor verirrt und weinte. Es gibt da viele Töne.«

»Aber hör doch«, sagte Mary. »Es ist im Hause, unten, in einem von den langen Korridoren.«

In diesem Augenblick mußte unten irgendwo eine Tür aufgegangen sein. Ein scharfer Luftzug drang durch den Flur. Die Tür des Zimmers, in dem sie saßen, flog jäh auf. Beide Mädchen sprangen auf. Den Korridor entlang kam das Weinen, ganz deutlich war es zu hören.

»Da«, sagte Mary. »Habe ich es dir nicht gesagt? Da weint jemand — aber es ist kein erwachsener Mensch.«

Martha lief und schlug die Tür zu. Sie drehte den Schlüssel um. Doch bevor sie es tat, hörten beide, daß irgendwo unten im Haus eine andere Tür ebenfalls mit heftigem Knall zugeschlagen wurde. Danach war es still. Selbst der Wind beruhigte sich für einen Augenblick.

»Es war der Wind«, sagte Martha hartnäckig. »Und wenn nicht, dann war es Betty Butterworth, das Mädchen in der Spülküche. Sie hatte den ganzen Tag Zahnschmerzen.«

Aber irgendwie schien Martha verändert zu sein. Mary schaute sie kritisch an. Sie glaubte nicht, daß Martha die Wahrheit sagte.

»Jemand hat geweint, ganz bestimmt.«

6.

KAPITEL

Da hat doch jemand geweint

Am nächsten Tag regnete es in Strömen. Als Mary aus dem Fenster schaute, lag das Moor hinter Nebel und Wolken fast verborgen.

»Was tut ihr in eurer Hütte, wenn es so regnet wie jetzt?« fragte sie Martha.

»Wir versuchen, uns gegenseitig möglichst wenig auf die Füße zu treten«, antwortete Martha. »Wir sind dann wirklich ein paar zu viel. Mutter hat viel Geduld, aber sie schickt die großen in den Kuhstall, dort können sie spielen. Dickon macht sich nichts daraus, wenn er naß wird. Er geht hinaus, gerade als ob die Sonne schiene. Er sagt, bei Regenwetter sieht er Dinge, die er bei schönem Wetter nicht findet. Einmal hat er ein winziges Fuchsjunges halb ertrunken in seiner Höhle gefunden. Er hat es in seine Bluse gesteckt und dort gewärmt, und dann hat er es mit nach Hause gebracht. Die Fuchsmutter war getötet worden, und die Höhle stand voll Wasser. Die anderen Jungen waren tot. Wir haben den kleinen Fuchs nun zu Hause. Einmal hat Dickon eine halbertrunkene Krähe gefunden, die hat er auch mit nach Hause gebracht und gezähmt. Er hat ihr den Namen Ruß gegeben, weil sie so schwarz ist. Jetzt hopst und fliegt sie überall dort herum, wo Dickon gerade ist.«

Die Zeiten waren vorbei, da Mary das zutrauliche Gerede von Martha unpassend gefunden hatte. Die Geschichten, die Ayah ihr in Indien erzählt hatte, waren ganz anders als die, die ihr Martha erzählte – nämlich von der Hütte im Moor, in der in vier Zimmern vierzehn Menschen lebten, die niemals genug zu essen hatten. Die Kinder schienen herumzutummeln und sich zu vergnügen wie ein Wurf junger Hunde. Mary interessierte sich hauptsächlich für die Mutter und für Dickon. Wenn Martha erzählte, was Mutter gesagt oder getan hatte, fühlte sich Mary immer behaglich.

»Wenn ich einen Raben oder einen jungen Fuchs hätte, könnte ich damit spielen«, sagte Mary. »Aber ich habe überhaupt nichts.«

Martha sah sie bestürzt an. »Kannst du stricken?« fragte sie.

»Nein«, antwortete Mary.

»Kannst du nähen?«

»Nein.«

»Kannst du lesen?«

»Ja.«

»Warum liest du dann nicht? Und lernst Rechtschreibung? Du bist alt genug, um selbst daran zu denken.«

»Aber ich habe keine Bücher. Die, die ich hatte, sind in Indien geblieben.«

»Das ist schade«, sagte Martha. »Wenn Mrs. Medlock dich bloß in die Bibliothek ließe. Da sind Tausende von Büchern.«

Mary fragte nicht, wo die Bibliothek sei. Sie wollte die Bibliothek selbst finden. Vor Mrs. Medlock hatte sie keine Angst. Mrs. Medlock schien immer unten zu sein, in dem behaglichen Zimmer, das ihr als Hausdame zustand. In diesem seltsamen Haus begegnete man überhaupt selten einem Menschen. Manchmal sah Mary einen von den Dienstboten. Aber meist hielten sich die wohl unten in der großen Küche auf, wo das blitzende Zinn und Geschirr hing. Da gab es außerdem ein großes Zimmer für die Diener. Viermal am Tag bekamen sie zu essen. Sie waren besonders munter, wenn Mrs. Medlock nicht in der Nähe war. Marys Mahlzeiten wurden pünktlich von Martha serviert. Sonst kümmerte sich keiner um das Kind. Mrs. Medlock kam jeden zweiten Tag, um nach Mary zu sehen, doch niemand fragte, womit sie sich beschäftigte oder was man für sie tun könnte. Mary dachte schließlich, dies wäre die englische Art, Kinder zu behandeln. Als Martha an einem Morgen den Kamin saubergefegt hatte und fortgegangen war, stand Mary zehn Minuten lang am Fenster. Sie überlegte den Plan, der ihr in den Sinn gekommen war, als sie das Wort Bibliothek hörte. Eigentlich machte sie sich nichts aus einer Bibliothek, weil sie sehr selten Bücher las, aber der Gedanke daran brachte ihr die hundert Zimmer mit ihren verschlossenen Türen, die in diesem Hause sein sollten, wieder in Erinnerung. Sie überlegte, ob wohl wirklich alle verschlossen wären und was sie darin finden würde, falls sie hineinginge. Und ob es tatsächlich hundert gab? Warum sollte sie nicht hineingehen und nachzählen, wieviel es sind? Es war ihr nie beigebracht worden, daß sie um Erlaubnis fragen mußte, wenn sie irgend etwas zu tun beabsichtigte. Sie kannte überhaupt keinen Respekt. Deshalb hätte sie Mrs. Medlock nicht gefragt, ob sie einen Rundgang durch das Haus machen dürfe, selbst wenn Mr. Medlock zufällig in der Nähe gewesen wäre.

So öffnete sie also die Zimmertür, gelangte in den Flur und begann ihren Rundgang. Der Korridor war lang und mündete in einen anderen Flur. Dann ging es ein paar Stufen hinauf, und wieder fing ein Korridor an. Da waren Türen und nochmals Türen. An den Wänden hingen Bilder. Manchmal zeigten die Gemälde düstere, seltsame Landschaften, aber meist handelte es sich um Darstellungen von Menschen, Männern und Frauen in merkwürdigen, kostbaren Kostümen aus Seide und Samt. Mary befand sich jetzt in einer Galerie, in der die Wände nur mit Porträts bedeckt waren. Sie hatte sich niemals vorgestellt, daß so viele in einem einzigen Haus sein könnten. Sie ging langsam umher und starrte auf die Gesichter, die sie ebenfalls anzustarren schienen. Sie hatte das Gefühl, daß sie sich wunderten, was ein kleines Mädchen aus Indien in ihrem Haus zu suchen hatte. Manche waren Bildnisse von Kindern: kleine Mädchen in schweren seidenen Röcken, die bis auf die Füße reichten und steif abstanden, und Jungen mit Puffärmeln, Spitzenkragen und langem Haar oder mit großen Krausen um den Hals. Bei den Kinderbildern hielt Mary an und überlegte, wie die Kinder wohl hießen und wo sie jetzt wohl sein mochten und warum sie so seltsame Kleider trugen. Da war ein kleines steifes Mädchen, etwa so alt wie sie selbst. Es trug ein grünes Kleid aus Brokat und einen grünen Papagei auf der Hand. Ihre Augen hatten einen scharfen, neugierigen Ausdruck.

»Wo lebst du jetzt?« sagte Mary laut zu ihr. »Ich wünschte, du wärst hier.«

Bestimmt hatte kein anderes kleines Mädchen vor ihr jemals einen so seltsamen Vormittag erlebt. Sie hatte den Eindruck, daß in dem ganzen, weiten, altmodischen Haus kein lebendes Wesen war außer ihr selbst, die hier treppauf, treppab lief, durch schmale und wieder weite Flure, die aussahen, als hätte niemand sie je betreten. Da man aber so viele Zimmer gebaut hatte, mußte einst jemand darin gelebt haben. Doch alles wirkte so leer, daß Mary es kaum glauben konnte.

Erst als sie im zweiten Stockwerk angelangt war, dachte sie daran, eine Türklinke hinunterzudrücken. Alle Türen sind verschlossen, hatte Mrs. Medlock ihr gesagt. Dennoch faßte sie nun nach einem Türgriff und versuchte daran zu drehen. Sie war einen Augenblick fast erschrocken, als sie fühlte, daß er sich ohne Schwierigkeit bewegte und daß die Tür, als sie ein wenig drückte, sich langsam und schwerfällig öffnete. Es war eine massive Tür, die in ein großes Schlafzimmer führte. Gestickte Teppiche hingen an der Wand und Möbel mit Einlegearbeiten, wie sie sie in Indien gesehen hatte, standen im Raum. Ein breites Fenster mit Butzenscheiben gab den Blick auf das Moor frei. Über dem Kamin hing ein Bild desselben Mädchens, das sie schon in der Galerie gesehen hatte. Es schien sie noch neugieriger anzustarren als vorher.

»Vielleicht hat sie hier geschlafen«, sagte Mary.

Danach öffnete sie Tür um Tür. Sie sah so viele Zimmer, daß sie ganz müde wurde und überlegte, daß es sicher hundert waren, wiewohl sie sie nicht gezählt hatte. In allen Räumen sah sie alte Gemälde und Wandteppiche mit seltsamen Darstellungen und merkwürdige Möbel mit reichen Verzierungen. In einem Zimmer, das so aussah wie das Wohnzimmer einer Dame, waren die Vorhänge aus besticktem Samt, und in einer Vitrine entdeckte Mary etwa hundert kleine, aus Elfenbein geschnitzte Elefanten. Sie waren von verschiedener Größe, und einige trugen Elefantentreiber auf dem Rücken. Manche waren schwerer als die übrigen, und andere waren ganz klein. Sie sahen aus wie Babys. Mary hatte in Indien viele Elefantenschnitzereien gesehen, und sie wußte über Elefanten Bescheid. Sie stellte sich auf eine Fußbank und spielte eine Weile mit den Tieren. Als sie genug davon hatte, ordnete sie die Elefanten wieder und schloß die Tür der Vitrine.

Auf ihrer Wanderung durch die langen Korridore und die leeren Zimmer war sie keinem Lebewesen begegnet. Aber jetzt sah sie plötzlich etwas. Eben hatte sie die Tür der Vitrine geschlossen, da hörte sie ein seltsames Geräusch. Sie fuhr herum und starrte auf das Sofa neben dem Kamin. In der Sofaecke lag ein Kissen, und in dem Samt, mit dem dieses bezogen war, war ein Loch. Aus diesem Loch hervor guckte ein Köpfchen mit einem Paar erschrockener Augen.

Mary ging langsam durch den Raum darauf zu. Die großen, ängstlichen Augen gehörten einer Maus, die das Loch in das Kissen geknabbert und sich hier ein bequemes Nest eingerichtet hatte. Sechs kleine Junge lagen friedlich an die Mäusemutter geschmiegt. Wenn auch sonst nichts Lebendiges in den hundert Räumen sein mochte, die sechs Mäuse fühlten sich wohl und sahen nicht so aus, als ob sie sich einsam fühlten.

»Wenn sie nicht Angst bekämen, nähme ich sie mit in mein Zimmer«, dachte Mary. Inzwischen war sie vom Herumwandern so müde geworden, daß sie umzukehren beschloß. Zwei- oder dreimal verfehlte sie die Richtung und mußte versuchen, den richtigen Korridor zu finden. Schließlich glaubte sie, daß sie den Flur, der zu ihrem Zimmer führte, wieder erreicht hatte. Allerdings war er lang, und Mary mußte aufpassen, damit sie das richtige Zimmer fand. Sie wußte wirklich nicht mehr, wo sie war.

»Ich glaube, ich bin in der falschen Richtung gegangen«, sagte sie laut. Sie blieb stehen und starrte auf einen Wandteppich am Ende des Ganges.

»Ich weiß wahrhaftig nicht, wo ich bin. Wie still es hier überall ist.«
Kaum hatte sie das gedacht, da wurde die Stille jäh durch einen Laut unterbrochen. Ein Schrei! Es klang nicht genauso wie in der vergangenen Nacht. Nur ein kurzer Schrei, und dann das erbärmliche Weinen eines Kindes, durch die Wände gedämpft.

»Es ist näher als vorher«, sagte Mary. Ihr Herz begann laut zu pochen. »Und da weint doch wirklich jemand.«

Sie legte ihre Hand auf den Wandteppich, vor dem sie stand.

Erschrocken fuhr sie zurück! Der Teppich verdeckte eine Tür, die offenstand und einen Korridor freigab. Durch diesen Korridor kam Mrs. Medlock mit finsterem Gesicht auf Mary zu. Sie trug ein großes Schlüsselbund in der Hand.

»Was tust du hier?« rief sie. Sie nahm Mary beim Arm und schob sie fort. »Was habe ich dir gesagt?«

»Ich bin falsch eingebogen«, sagte Mary. »Ich konnte den richtigen Weg zu meinem Zimmer nicht finden. Und ich habe jemand weinen hören.« Sie haßte Mrs. Medlock schon in diesem Augenblick, aber im nächsten haßte sie sie noch viel mehr.

»Nichts Derartiges hast du gehört!« fuhr die Hausdame sie an. »Du gehst jetzt sofort zurück in dein Zimmer!«

Sie packte Mary fester beim Arm. Halb stieß, halb zerrte sie das Mädchen den Gang entlang und weiter durch den nächsten Korridor bis in ihr Zimmer.

»Jetzt bleibst du hier, wie es dir befohlen worden ist. Wenn du nicht gehorchen kannst, werde ich dich einschließen. Der Herr hätte besser eine Erzieherin für dich besorgen sollen, was er ja eigentlich tun wollte. Du brauchst jemand, der scharf auf dich aufpaßt. Ich habe ohnehin genug zu tun.«

Sie verließ das Zimmer und schlug die Tür hinter sich zu.

Mary hockte auf dem Teppich vor dem Kamin. Sie war bleich vor Wut. Sie weinte nicht, aber sie knirschte mit den Zähnen. »Jemand hat geweint! — Doch! — Doch!« sagte sie vor sich hin.

Sie hatte es nun schon zweimal gehört! Und sie würde herausfinden, was es war. An diesem Morgen hatte sie schon eine ganze Menge entdeckt. Sie hatte ein Gefühl wie nach einer langen Reise. Auf alle Fälle hatte sie etwas gefunden, womit sie fein spielen konnte, die elfenbeinernen Elefanten. Und sie hatte auch die graue Maus gesehen mit ihren Kinderchen — in einem Nest aus Samt.

7. KAPITEL

Der Schlüssel

Zwei Tage später, als Mary erwachte, richtete sie sich sofort auf und rief Martha zu:

»Sieh dir das Moor an! Sieh doch das Moor!«

Der Regen hatte aufgehört. Nebel und graue Wolken waren wie weggefegt. Das hatte der Wind in der Nacht besorgt. Jetzt ruhte der Wind, und ein strahlender, tiefblauer Himmel wölbte sich über dem Moor. Nie, nie hatte Mary von einem so blauen Himmel auch nur geträumt. In Indien war der Himmel heiß und gleißend gewesen. Dieser hier war von einem kühlen Blau, das zu glänzen schien wie das Wasser eines unendlich tiefen Sees. Und da und dort, hoch, ganz hoch in der unendlichen Bläue, segelten winzige, schneeweiße Wölkchen. Die weite Welt des Moores lag in sanftem Blau und wirkte nicht mehr düster und schwarz oder trostlos grau.

»Ja«, sagte Martha fröhlich lachend, »der Sturm ist für eine Weile weg. So ist das immer um diese Jahreszeit. Er geht in der Nacht auf und davon und tut, als wäre er nie dagewesen und als wollte er niemals wiederkommen. Das kommt daher, weil der Frühling unterwegs ist. Er ist noch weit, aber er kommt.«

»Ich dachte, es regne vielleicht immer in England«, meinte Mary.

»Aber nein«, sagte Martha und erhob sich aus ihrem Haufen von dunklem Brennholz. »Ganz und gar nicht. Yorkshire ist der sonnigste Platz auf der Welt. Ich hab' dir schon einmal gesagt, daß ich das Moor gern mag. Natürlich mußt du warten, bis du den goldenen Ginster blühen siehst und die Heide und die Glockenblumen — wenn Schmetterlinge herumflattern und die Lerchen hochsteigen und singen. Du möchtest dann sicher auch bei Sonnenaufgang hinauslaufen und den ganzen Tag draußen bleiben wie Dickon.«

»Kann ich das?« fragte Mary besorgt und schaute durch das Fenster in die ferne Bläue. »Es ist so neu für mich. So weit entfernt!«

»Ich weiß nicht«, sagte Martha. »Ich glaube, du hast, seit du auf der Welt bist, deine Beine nie richtig benutzt. Du kannst bestimmt nicht fünf Meilen weit laufen. Bis zu unserer Hütte sind es fünf Meilen.«

»Eure Hütte möchte ich zu gern einmal sehen.«

Martha stand eine Weile und schaute Mary prüfend an, ehe sie wieder zu putzen anfing und das Kamingitter sorgfältig abrieb. Sie dachte, daß das kleine Gesicht in diesem Augenblick gar nicht mehr so mürrisch dreinschaute.

»Ich will meine Mutter mal fragen«, überlegte sie. »Mutter gehört zu den Leuten, die eigentlich immer einen Ausweg wissen. Heute habe ich meinen freien Tag, und ich gehe nach Hause. Ach, bin ich froh! Mrs. Medlock hält sehr viel von meiner Mutter. Vielleicht könnte sie mit ihr reden.«

»Ich liebe deine Mutter«, sagte Mary.

»Das kann ich mir wohl denken«, sagte Martha und putzte eifrig.

»Ich habe sie nie gesehen«, sagte Mary.

»Nein, das hast du nicht«, antwortete Martha. »Aber selbstverständlich muß man sie lieben, auch wenn man sie nie gesehen hat. Heute geh' ich nach Hause, und ich springe übers Moor vor Freude.«

»Ich liebe Dickon«, fuhr Mary fort. »Ihn habe ich auch nie gesehen.«

»Nun ja«, sagte Martha voll Stolz, »ich hab' dir gesagt, daß sogar die Vögel ihn lieben und die Kaninchen und die wilden Schafe und Ponys. Und sogar die Füchse. Ich möchte ganz gern wissen«, sagte sie und starrte Mary prüfend an, »was Dickon wohl von dir halten würde.«

»Mich mag er bestimmt nicht«, sagte Mary in ihrer alten mürrischen Art. »Niemand mag mich.«

»Magst du dich denn selbst leiden?« fragte Martha nachdrucksvoll, als wolle sie es wirklich wissen.

Mary zögerte einen Augenblick und dachte nach.

»Nun — eigentlich nicht«, antwortete sie.

Martha lächelte ein bißchen. Auch sie schien nachzudenken.

»Mutter hat das mal zu mir gesagt«, gestand sie. »Sie arbeitete gerade an ihrem Waschfaß. Ich war schlecht gelaunt und redete böse über andere. Mutter drehte sich zu mir herum und sagte: *Du kleine, dumme Hexe, du! Da stehst du nun und sagst, den magst du nicht und jenen magst du nicht. Sag mal, magst du dich eigentlich selbst leiden?* Ich mußte lachen, und auf einmal war ich wieder ein gutes Kind.«

Martha ging fort, nachdem sie Mary das Frühstück gebracht hatte. Sie ging fünf Meilen über das Moor zu der Hütte, um ihrer Mutter beim Waschen und Brotbacken zu helfen und um sich tüchtig zu freuen. Mary fühlte sich einsamer als sonst, weil sie wußte, daß Martha nicht im Hause war. Sie ging, so schnell sie konnte, in den Garten. Zuerst rannte sie zehnmal um den Springbrunnen im Blumengarten. Sie zählte sorgfältig, und als sie zu rennen aufhörte, fühlte sie sich schon besser. Der Sonnenschein schien alles verwandelt zu haben. Der tiefblaue Himmel lag nicht nur über dem Moor, sondern auch über Misselthwaite. Sie hob ihr Gesicht und schaute empor. Sie stellte sich vor, wie es wäre, wenn sie sich auf eines dieser kleinen, schneeweißen Wölkchen legte und fortschweben würde. Dann ging sie in den ersten Gemüsegarten. Dort fand sie Ben Weatherstaff, der mit zwei anderen Gärtnern arbeitete. Auch ihm schien das veränderte Wetter gutzutun. Er sprach Mary freiwillig an. »Der Frühling kommt«, sagte er. »Riechst du ihn?«

Mary schnüffelte. »Ich rieche was! Es ist kräftig, frisch und feucht.«

»Das ist die gute Erde«, nickte er und grub weiter. »Es macht mich glücklich, den Boden vorzubereiten, damit alles wachsen kann. Fein ist das, wenn die Zeit zum Pflanzen kommt. Im Blumengarten regt es sich in der dunklen Erde. Die Sonne weckt Leben. Nach kurzer Zeit wirst du sehen, daß die Triebe herauskommen.«

»Was kommt denn aus der Erde heraus?« fragte Mary.

»Krokusse und Schneeglöckchen und Osterblumen. Hast du die noch nie gesehen?«

»Nein«, sagte Mary. »Nach einem Regen ist in Indien gleich alles heiß und feucht und grün. In einer Nacht ist alles ganz groß gewachsen.«

»Hier geht das nicht in einer Nacht«, sagte Ben Weatherstaff. »Hier muß man warten können. Zuerst kommt eine kleine grüne Spitze aus der Erde, und am nächsten Tag vielleicht eine andere. An dem einen Tag entfaltet sich ein Blättchen und vielleicht am nächsten Tag ein anderes. Du mußt das beobachten.«

»Das werde ich tun«, versicherte Mary.

Kurz darauf hörte sie wieder das leichte Rascheln von Flügeln, und sie wußte gleich, daß das Rotkehlchen wieder da war. Es war erregt und lebhaft und hopste ganz nah an Marys Füße heran. Es legte das Köpfchen auf die Seite und sah sie so eindringlich an, daß Mary Ben Weatherstaff fragte:

»Glaubst du, daß das Vögelchen sich an mich erinnert?«

»Natürlich erinnert es sich an dich«, sagte Ben Weatherstaff fast beleidigt. »Es kennt jeden Kohlkopf im Garten und erst recht die Menschen. Es hat hier noch nie ein kleines Mädchen gesehen, und jetzt möchte es alles über dich herausfinden. Du brauchst schon gar nicht zu versuchen, irgend etwas vor ihm zu verbergen.«

»In dem Garten, in dem es lebt, sind da auch im dunklen Boden die Pflanzen am Leben?«

»Welcher Garten?« fragte Ben Weatherstaff, und sein Gesicht wurde verschlossen.

»Der Garten, wo die alten Rosensträucher stehen.« Sie konnte es nicht lassen, danach zu fragen, denn sie wollte so brennend gern etwas darüber erfahren. »Sind dort alle Blumen tot, oder erwachen sie im Sommer auch? Sind da noch immer Rosen?«

»Frag ihn«, sagte Ben Weatherstaff und deutete mit der Schulter auf das Rotkehlchen. Robin, so nenne ich den Vogel, ist der einzige, der etwas weiß. Außer ihm war seit zehn Jahren kein lebendes Wesen mehr dort.«

Zehn Jahre, dachte Mary, das ist eine lange Zeit. Sie war vor zehn Jahren geboren worden.

In tiefen Gedanken ging sie weiter. Sie hatte angefangen, den Garten zu lieben, so wie sie Robin liebte und Dickon und Marthas Mutter. Sie mochte auch Martha gern. Für den Anfang war das eine ganze Menge für jemand, der bisher nicht gewohnt gewesen war, irgend jemand gern zu haben. Mary ging außen herum die Efeumauer entlang, die von den Spitzen der Bäume im geheimen Garten überragt wurde. Beim zweiten Rundgang ereignete sich etwas Aufregendes, und das lag an Robin.

Sie hörte ein Zirpen und Zwitschern, und als sie auf das kahle Blumenbeet sah, hopste das Rotkehlchen dort herum, tat so, als ob es eifrig Krumen aus dem Boden pickte und als ob es nicht zugeben wollte, daß es Mary gefolgt war. Doch Mary fühlte, daß Robin ihr nachgekommen war. Der Gedanke erfüllte sie mit Entzücken, sie zitterte vor Freude.

»Erinnerst du dich wirklich an mich?« flüsterte sie. »Wahrhaftig, du bist hübscher als alle anderen Vögel auf der Welt.«

Sie pfiff leise und bettelte und lockte. Das Rotkehlchen hüpfte umher, spreizte seine Federn und machte sich wichtig. Es war, als ob Robin redete. Seine rote Weste schimmerte wie Seide, er streckte die Brust heraus und war so fein und vornehm und betulich, als wollte er zeigen, wie bedeutend und tatsächlich beachtenswert ein kleines Rotkehlchen sein konnte. Unser Fräulein Mary vergaß, daß es je in seinem Leben mürrisch gewesen war. Robin ließ sie näher und näher herankommen. Sie beugte sich zu ihm hinab und versuchte, wie ein Rotkehlchen zu zwitschern. Ach, wie wunderbar, daß sie so nah an ihn kommen durfte! Sicher wußte Robin, daß sie ihn nicht berühren und nicht erschrecken würde. Er war eine so wichtige Persönlichkeit und viel, viel netter als die meisten Menschen auf dieser Welt. Mary war so glücklich, daß sie kaum zu atmen wagte. Das Blumenbeet war nicht ganz kahl. Da gab es größere und kleinere Büsche, und als Robin darüber hinwegflatterte, sah Mary, daß er sich auf einem kleinen Erdhügel niederließ. Das Häufchen Erde sah so aus, als wäre es frisch aufgeworfen worden. Robin schaute, ob sich vielleicht ein Würmchen finden ließe. Tatsächlich war der Boden frisch aufgewühlt, weil vermutlich ein Hund nach einem Maulwurf gescharrt hatte. Er hatte ein ziemlich tiefes Loch gegraben.

Mary sah interessiert hin, weil sie nicht recht wußte, wo die Erde herkam. Als sie so hinschaute, sah sie plötzlich etwas Eigenartiges in der frisch aufgeworfenen Erde. Es schien ein rostiger Ring aus Eisen oder Stahl zu sein. Als das Rotkehlchen auf einen Zweig in der Nähe flog, streckte Mary die Hand aus und hob den Ring auf.

Es war jedoch mehr als ein Ring, es war ein alter Schlüssel, der so aussah, als wäre er schon längere Zeit begraben.

Mary richtete sich auf und schaute mit fast erschrockenem Gesicht auf den Schlüssel in ihren Fingern.

»Vielleicht ist er viele Jahre lang vergraben gewesen«, sagte sie flüsternd. »Vielleicht ist es der Schlüssel zum Garten.«

8. KAPITEL

Robin zeigt den Weg

Mary schaute den Schlüssel lange an. Sie wendete ihn hin und her und überlegte. Wie wir schon wissen, ist Mary ein Kind, das nicht gewohnt war, um Erlaubnis zu fragen und ältere Menschen um Rat zu bitten. Daher dachte sie, falls dies der Schlüssel zu dem geheimnisvollen Garten sein sollte und sie das Tor finden konnte, daß sie in diesen Garten gehen und nachsehen wollte, was es dort gab und was mit den Rosensträuchern geschehen war. Gerade weil er so lange verschlossen gewesen war, wollte sie den Garten sehen. Er würde sicher ganz anders sein als andere Gärten. Irgend etwas Seltsames mußte sich in einer so langen Zeit darin ereignet haben. Außerdem würde sie bestimmt jeden Tag gern hineingehen, das Tor hinter sich zuschließen, und dann konnte sie dort ein Plätzchen für sich allein haben und ganz für sich spielen. Niemand würde wissen, wo sie war. Alle würden denken, der Garten sei noch immer verschlossen und der Schlüssel liege in der Erde vergraben. Der Gedanke gefiel ihr sehr.

Da sie ganz auf sich selber angewiesen, in einem Haus mit hundert verbotenen Zimmern lebte und es nichts gab, womit sie sich beschäftigen konnte, begann sich ihre Einbildungskraft mit dem Garten zu befassen. Gewiß hatte die scharfe, reine Luft, die vom Moor herüberwehte, auch etwas damit zu tun. Der Kampf mit dem Wind machte sie hungrig und regte ihre Phantasie an.

Sie steckte den Schlüssel in die Tasche und ging den Weg auf und ab. Außer ihr schien niemals jemand hierherzukommen. Daher konnte sie ganz langsam immer wieder an der Mauer entlanggehen und die Efeuranken, mit denen sie bewachsen war, eingehend betrachten. Der Efeu war verwirrend. Wie sorgfältig sie auch hinschauen mochte, sie sah nichts als schwere Ranken und glänzende, dunkelgrüne Blätter. Sie war sehr enttäuscht. Es war lächerlich, dachte sie, so nah dran zu sein und doch nicht imstande, einzudringen. Sie behielt den Schlüssel in der Tasche, als sie ins

Haus zurückging, und sie nahm sich vor, ihn immer bei sich zu tragen, wenn sie ausging, damit sie, falls sie doch gelegentlich das Tor fände, gleich hineingehen konnte.

Mrs. Medlock hatte Martha erlaubt, die Nacht über zu Hause zu bleiben. Aber am anderen Morgen war sie schon wieder bei der Arbeit. Ihre Backen waren röter als zuvor, und sie war in bester Stimmung.

»Ich bin um vier Uhr aufgestanden«, sagte sie. »Es war hübsch im Moor. Die Vögel wachten gerade erst auf, und die Kaninchen huschten umher im ersten Morgenlicht. Ich brauchte nicht den ganzen Weg zu gehen. Ein Mann hat mich auf seinem Ackerwagen mitgenommen, und auch das war schön.«

Sie war voll von Geschichten über ihren freien Tag. Ihre Mutter hatte sich gefreut, sie zu sehen, und sie waren zusammen mit dem Waschen und dem Backen gut fertig geworden. Sie hatte sogar für alle Geschwister einen kleinen Kuchen mit braunem Zucker gebacken.

»Sie waren noch ganz heiß, als die Kinder vom Spielen hereinkamen. Die ganze Hütte roch nach heißen Kuchen. Ein schönes Feuer brannte. Die Kleinen schrien vor Freude. Dickon sagte, unsere Küche wäre sogar für einen König gut genug.«

Am Abend saßen sie alle um das offene Feuer. Martha und ihre Mutter hatten zerrissene Kleidchen geflickt und Strümpfe gestopft. Martha erzählte ihren Geschwistern von dem kleinen Mädchen, das aus Indien gekommen war und das von den Eingeborenen, die Martha kurzweg »die Schwarzen« nannte, so bedient worden war, daß es sich nicht einmal die eigenen Strümpfe anziehen konnte.

»Sie hörten gerne, was ich von dir erzählte«, sagte Martha. »Sie wollten alles über die *Schwarzen* wissen und über das Schiff, mit dem du gekommen bist.«

Mary überlegte ein bißchen. »Bevor du nächstes Mal hingehst, werde ich dir eine Menge erzählen, damit du noch mehr sagen kannst. Sicher würden sie gern von Elefanten hören, auf denen man reiten kann, und von den Männern, die auf die Tierjagd gehen.«

»Worauf du dich verlassen kannst!« rief Martha. »Willst du mir wirklich davon erzählen? Das wäre so interessant wie die wilden Tiere, die wir mal in York gesehen haben.«

»Indien ist ganz, ganz anders als Yorkshire«, sagte Mary sinnend. »Haben deine Mutter und Dickon auch gern zugehört, als du von mir erzählt hast?«

»Dickon fielen die Augen aus dem Kopf, sie wurden ganz rund«, sagte Martha. »Aber Mutter war ganz außer sich darüber, daß du so allein bist.

Sie sagte: *Hat denn Mr. Craven keine Erzieherin oder ein Kindermädchen für sie bestellt?* Und ich sagte: *Nein, das nicht, obwohl Mrs. Medlock gesagt hat, er wollte eine bestellen, wenn er dran dächte.* Aber in den nächsten zwei oder drei Jahren wird er wohl nicht dazu kommen.«

»Ich möchte keine Gouvernante«, sagte Mary scharf.

»Mutter sagte, lesen könntest du sicher schon, aber du brauchtest eine Frau, die sich um dich kümmert. *Denk mal, Martha,* sagte sie zu mir, *wie würde dir wohl zumute sein in dem großen Haus, ganz allein. Und du hättest keine Mutter. Tu dein Bestes, um die Kleine aufzuheitern.* Ja, das sagte sie, und ich will es auch tun.«

Mary sah sie lange abwägend an. »Du heiterst mich auf. Ich höre dich gern erzählen.«

»Was glaubst du?« sagte Martha schmunzelnd. »Ich hab' dir ein Geschenk mitgebracht.«

»Ein Geschenk?« rief Mary. Wie konnte aus einer Hütte mit vierzehn hungrigen Leuten ein Geschenk kommen!

»Der Mann mit dem Karren, der Sachen verkauft, kam gerade bei unserem Haus vorbei. Er hatte Töpfe und Pfannen und allerlei Kram, den wir nicht kaufen können, weil wir kein Geld haben. Er wollte schon wegfahren, da rief Lisa-Ellen: *Mutter, er hat ein Springseil mit rot-blauen Griffen!* Mutter rief: *Halt, Mann, halt! Wieviel kostet es?*

Er sagte: Ein Twopence. Und Mutter kramte in ihrer Schürze und sagte zu mir: *Martha, du hast mir deinen Lohn gegeben. Du bist ein gutes Mädchen. Ich weiß, du hast nichts dagegen, wenn ich einen Twopence von deinem Verdienst nehme und dem Kind ein Seil kaufe.* Das sagte Mutter, und hier ist es.«

Sie hatte es unter ihrer Schürze versteckt und brachte es stolz zum Vorschein. Es war ein starkes, geschmeidiges Seil mit Griffen, die mit roten und blauen Streifen verziert waren. Aber Mary Lennox hatte noch nie in ihrem Leben ein Springseil gesehen. Sie betrachtete es erstaunt.

»Wozu ist das?« fragte sie neugierig.

»Wozu?« lachte Martha. »Soll das heißen, daß man in Indien vor lauter Elefanten und Tigern und Kamelen nicht weiß, was ein Springseil ist? Paß mal auf!«

Sie lief in die Mitte des Zimmers, nahm in jede Hand einen Griff und sprang, sprang, sprang, während Mary sie verständnislos anstarrte. Was dem Mädchen aus der Moorhütte wohl einfiel, solche Dinge vor ihrer Nase zu tun! Das Interesse und die Neugier in Marys Gesicht machten Martha Spaß, und sie sprang und sprang und zählte und zählte — bis hundert! Dann machte sie Schluß.

»Ich könnte noch länger springen«, sagte sie. »Bis fünfhundert konnte ich springen, als ich zwölf war. Da war ich noch nicht so dick wie jetzt. Und ich hatte viel Übung.«

Mary erhob sich von ihrem Stuhl. »Es sieht wundervoll aus«, sagte sie. »Deine Mutter ist eine nette Frau. Meinst du, ich könnte eines Tages auch so gut springen?«

»Du mußt es versuchen«, sagte Martha und drückte ihr die Griffe in die Hand. »Zuerst kannst du nur bis hundert springen. Aber wenn du übst, kommst du höher. Das hat Mutter auch gesagt. *Nichts wird ihr besser tun als Seilspringen. Es ist das vernünftigste Spielzeug für ein Kind. Laß*

sie in den Garten laufen und Seilspringen. Das wird ihre Arme und Beine strecken und kräftiger machen.«

Es stellte sich heraus, daß Marys Arme und Beine nicht besonders stark waren, als sie nun den ersten Versuch mit dem Seil machte. Sie war auch nicht besonders geschickt. Aber sie war so begeistert, daß sie gar nicht mehr aufhören wollte.

»Zieh deinen Mantel an und spring draußen weiter«, sagte Martha. »Mutter meinte, du müßtest soviel wie möglich draußen sein, auch wenn es ein bißchen regnen sollte. Natürlich mußt du dich warm anziehen.«

Mary nahm Mantel und Mütze und das Seil. Sie öffnete schon die Tür, um hinauszugehen, als ihr plötzlich etwas einfiel. Langsam drehte sie sich um.

»Martha«, sagte sie, »es war dein Lohn. Eigentlich war das Geld von dir. Ich danke dir.« Sie sagte es steif, weil sie nicht gewohnt war, einem Menschen zu danken oder auch nur zu bemerken, daß jemand etwas für sie getan hatte. »Danke«, flüsterte sie und streckte ihre Hand aus, weil sie nicht wußte, was sie sonst tun sollte.

Martha schüttelte ihr ein bißchen unbeholfen die Hand. Dann lachte sie. »Du bist ein drolliges, steifes Ding! Lisa-Ellen hätte mir bestimmt einen Kuß gegeben.«

Mary stand steifer da als je zuvor. »Willst du, daß ich dich küsse?«

Martha lachte wieder. »Nein, das nicht! Geh jetzt raus und spiel mit deinem Seil.«

Mary fühlte sich ein wenig verlegen, als sie aus dem Zimmer ging. Die Leute aus Yorkshire kamen ihr seltsam vor. Martha würde wohl immer ein Rätsel für sie bleiben. Zuerst hatte sie sie nicht gemocht, aber jetzt war alles ganz anders.

Das Seil war etwas Wundervolles. Sie zählte und sprang und sprang und zählte, bis ihre Wangen rot wurden. Die Sonne schien, ein weicher Wind wehte. Er nahte mit kleinen sanften Stößen und brachte den Duft von frisch gepflügter Erde mit. Sie sprang um den Springbrunnen, dann einen Gartenweg hinauf und einen anderen zurück. Schließlich hüpfte sie in den Gemüsegarten und sah Ben Weatherstaff. Er grub mit seinem Spaten und unterhielt sich mit Robin, der um ihn herumtanzte. Sie sprang den Gartenweg entlang auf Weatherstaff zu. Mary wollte, daß er sah, wie schön sie Seilspringen konnte.

»Nun«, rief er, »du bist ja tatsächlich ein richtiges Kind mit Blut und nicht mit Buttermilch in den Adern. Du hast rote Backen gekriegt, so wahr ich Ben Weatherstaff heiße. Ich hätte nicht geglaubt, daß du so etwas fertigbringst.«

»Ich habe noch nie vorher Seil gesprungen«, sagte Mary. »Ich fange gerade erst an. Ich komme bloß bis zwanzig, mehr schaffe ich noch nicht.«

»Mach nur weiter«, sagte Ben Weatherstaff. »Du kannst es schon sehr gut für ein Kind, das bei den Heiden aufgewachsen ist. Sieh mal, wie er dich beobachtet«, sagte er und deutete mit dem Kopf auf Robin. »Gestern ist er hinter dir her gewesen. Heute wird es wieder so sein. Jetzt will er unbedingt herausfinden, was ein Springseil ist. Er hat noch nie eins gesehen. He«, wandte er sich an das Rotkehlchen und schüttelte den Kopf, »eines Tages wird dir deine Neugier den Tod bringen, wenn du nicht vorsichtig bist.«

Mary wippte und sprang durch den ganzen Gemüsegarten, dann rund um den Obstgarten. Alle paar Minuten mußte sie sich ein wenig ausruhen. Schließlich ging sie zu dem Weg, der den geheimen Garten entlangführte. Sie versuchte das Stück ganz ohne Pause zu schaffen. Es war ein gutes Stück Wegs, und sie begann langsam. Aber noch ehe sie die Hälfte der Strecke hinter sich gebracht hatte war sie so erhitzt und atemlos, daß sie einhalten mußte. Sie war nicht sehr böse darüber, denn sie hatte schon bis dreißig gezählt. Mit einem vergnügten Auflachen hielt sie an, und da saß wahrhaftig das Rotkehlchen auf der Mauer. Es war Mary gefolgt und begrüßte sie zwitschernd. Mary lachte Robin an.

»Gestern hast du mir gezeigt, wo der Schlüssel lag«, sagte sie. »Heute müßtest du mir eigentlich das Tor zeigen, aber ich glaube nicht, daß du weißt, wo es ist!«

Das Rotkehlchen flog auf die höchste Kante der Mauer. Es öffnete seinen Schnabel und sang und trillerte lieblich, um sich hervorzutun.

Mary Lennox hatte in den Geschichten, die Ayah ihr in Indien erzählt hatte, viel von Zauberei gehört. Was sich hier in diesem Garten nun ereignete, erschien ihr — wie sie später immer wieder erzählte — wie reinste Zauberei. Ein kleiner sanfter Windstoß wehte durch den Gartenweg, ein bißchen kräftiger als gewöhnlich. Er war aber stark genug, um heftig in die Baumkronen zu fahren und die ungeschnittenen Efeuzweige, die die Mauer hinunterhingen, zu zerzausen. Mary stand nahe bei Robin. Plötzlich riß der Windstoß ein paar hängende Efeuranken gerade vor ihr zur Seite. Und ebenso plötzlich packte Mary blitzschnell zu und hielt die Zweige fest. Sie hatte unter den Ranken etwas gesehen — einen runden Knauf, der von den darüberhängenden Zweigen verdeckt gewesen war. Es war eine Türklinke.

9.

KAPITEL

Das merkwürdige Haus

Das süßeste, geheimnisvollste Fleckchen Erde, das man sich vorstellen kann, war dieser Garten. Die hohen Mauern, die ihn umgaben, waren mit blattlosen Stämmen von Kletterrosen bedeckt, die ganz ineinander verflochten waren. Mary Lennox wußte, daß es Rosen waren, denn sie hatte in Indien viele Rosen gesehen. Der Boden des Gartens war mit winterlich braunem Gras bedeckt, in dem kleine Büsche standen — sicher Rosenbüsche. Aber ob sie noch Leben in sich hatten? Da waren auch hochstämmige Rosen, so hoch gewachsen, daß sie wie kleine Bäume aussahen. Es gab auch andere Bäume im Garten. Das besondere daran war, daß die Kletterrosen auch an ihnen emporgerankt waren und nun wie sanfte Vorhänge herniederwehten. Hier und da hatten sie sich von einem Baum zum anderen verfangen, so daß sie kleine Hängebrücken bildeten. Augenblicklich trugen die Ranken weder Blätter noch Rosen, und Mary zweifelte wieder, ob noch Leben in ihnen sein mochte. Das feine Grau der Zweige und Zweiglein wirkte wie ein nebelhaftes Gewebe, das sich über alles legte, über Mauern und Bäume. Es kroch sogar über das braune Gras. Dort, wo die Zweige ihren Halt verloren hatten und heruntergefallen waren, wucherten sie auf dem Boden weiter. Dieser Rosenteppich gab dem Garten ein geheimnisvolles Aussehen. Mary hatte gewußt, daß dieser Garten anders sein würde als die übrigen Gärten, schon weil er so lange sich selbst überlassen geblieben war. Er war nun aber überhaupt ganz anders als alles, was sie in ihrem Leben jemals gesehen hatte.

»Wie still es ist«, flüsterte sie. »So still!«

Sie horchte auf die Stille. Das Rotkehlchen, das jetzt auf der Spitze eines Baumes saß, schwieg wie alles andere ringsherum. Es bewegte nicht einmal seine Flügel, es saß unbeweglich und schaute auf Mary hinab.

»Kein Wunder, daß es so still ist«, flüsterte sie wieder. »Ich bin seit zehn Jahren der erste Mensch, der hier spricht.«

Sie bewegte sich langsam vorwärts und trat dabei so sachte auf, als fürchtete sie, jemanden aufzuwecken. Sie war froh, Gras unter ihren Füßen zu haben, so wurde ihr Gang lautlos. Sie ging auf eine Schaukel zu, die, aus Rosenzweigen gebildet, zwischen den Bäumen hing, und schaute hinauf, den Zweigen und Ranken entlang, aus denen sie bestand.

»Ich glaube eigentlich nicht, daß sie ganz tot sind«, sagte sie. »Oder sollte hier alles abgestorben sein?«

Wäre sie Ben Weatherstaff gewesen, hätte sie feststellen können, in welchen Pflanzen noch Leben war. Sie sah nur graue und braune Zweige und keine Knospen. Jedenfalls aber war sie endlich in dem geheimen Garten. Und sie konnte das Tor unter dem Efeu wiederfinden und hereinkommen, so oft sie nur wollte. Sie hatte das Gefühl, eine ganze Welt, ihre eigene Welt gefunden zu haben.

Die Sonne leuchtete zwischen den vier Mauern. Der hohe Himmel wölbte sich blau darüber. Das Rotkehlchen flog herab und hüpfte hinter Mary her von einem Rosenbusch zum anderen. Sonst aber war alles sehr seltsam still. Sie schien meilenweit von allen Menschen entfernt zu sein, fühlte sich aber trotzdem nicht einsam. Wie gern hätte sie gewußt, ob die Rosen tot waren oder ob wenigstens einige von ihnen Blätter und Knospen tragen würden, sobald das Wetter wärmer wurde. Wie wunderbar mußte das sein. Tausende von Rosen würden an allen Ecken blühen!

Das Springseil hing über ihrem Arm, seit sie den Garten betreten hatte. Nachdem sie eine Weile hin und her gegangen war, entschloß sie sich, durch den ganzen Garten zu springen und immer dort anzuhalten, wo es etwas Besonderes zu sehen gab. Man konnte noch ein paar Gartenwege erkennen; in einigen Winkeln befanden sich Lauben mit steinernen Sitzen und hohen, moosbedeckten Blumentöpfen.

Als sie zu einer der Lauben kam, hielt sie an. In der Mitte mußte ein Blumenbeet gewesen sein. Sie bemerkte, daß etwas aus der schwarzen Erde hervorguckte — kleine, bleiche, hellgrüne Spitzen. Sie erinnerte sich an das, was Ben Weatherstaff gesagt hatte, und kniete nieder, um genauer hinzusehen.

»Ja, das sind Pflanzen, vielleicht Krokusse oder Schneeglöckchen oder Narzissen«, flüsterte sie. Sie beugte sich tief hinab und schnupperte an der feuchten Erde. Sie liebte den Geruch.

»Vielleicht kommen auch an anderen Stellen Blumen hervor«, sagte sie. »Ich will durch den ganzen Garten gehen und nachschauen.«

Sie sprang jetzt nicht, sie ging langsam und hielt die Augen auf den Boden geheftet. Sie suchte zwischen dem Gras nach Blumenbeeten. Als sie ihren Rundgang beendete, hatte sie eine ganze Menge lebender Stauden entdeckt und war ganz aufgeregt. »Der Garten ist nicht tot«, rief sie. »Selbst wenn die Rosen abgestorben sind, andere Blumen sind lebendig.«

Mary verstand nichts von Gartenarbeit, aber an einigen Stellen schien das Gras so dicht zu sein, daß die kleinen, grünen Triebe nicht Platz genug hatten, um sich zu entwickeln. Sie sah sich um, bis sie ein scharfes Stück Holz fand. Sie kniete nieder und grub und riß Gräser aus, damit die Stauden Platz genug hatten.

»So, jetzt können sie atmen«, sagte sie, als sie mit dem ersten Stück fertig war. »Ich will noch viel mehr machen. Was ich heute nicht fertig bekomme, will ich morgen tun.«

Sie ging von einer Stelle zur anderen, riß Unkraut aus und grub. Es machte ihr so viel Spaß, daß sie von einem Beet gleich zum nächsten hinüberwechselte. Dabei wurde ihr so warm, daß sie ihren Mantel ausziehen mußte.

Mary arbeitete in ihrem Garten, bis es Mittag wurde. Tatsächlich fiel ihr ziemlich spät ein, daß es Zeit zum Essen war. Sie nahm ihren Mantel und ihren Hut und konnte sich gar nicht vorstellen, daß sie zwei oder drei Stunden gearbeitet hatte. Sie war die ganze Zeit über glücklich gewesen. Viele winzige hellgrüne Blattspitzen reckten sich an den gesäuberten Stellen hoch; sie sahen viel kräftiger aus als zuvor, da sie noch von Gras und Unkraut bedrängt gewesen waren.

»Heute nachmittag komme ich wieder«, sagte sie zu den Bäumen und Rosensträuchern. Dann rannte sie leichtfüßig über das Gras, stieß das alte Tor auf und schlüpfte durch den Vorhang aus Efeu. Sie hatte so rote Backen und blitzende Augen, und sie aß so tüchtig zu Mittag, daß Martha ganz begeistert war. »Zwei Stück Fleisch und zwei Portionen Pudding!« rief sie in ihrem Eifer.

»Mutter wird sich freuen, wenn sie hört, wie gut dir das Seilspringen tut«, sagte Martha.

Während Mary mit ihrem spitzen Holz in der Gartenerde gestochert hatte, war ihr eine weiße Wurzel aufgefallen, die wie eine Zwiebel aussah. Sie hatte sie sorgfältig wieder mit Erde zugedeckt. Sie überlegte jetzt, ob Martha wohl wüßte, was es gewesen sein könnte.

»Martha«, fragte sie, »was sind das für weiße Wurzeln, die wie Zwiebeln aussehen?«

»Das sind Knollen«, antwortete Martha. »Viele Frühlingsblumen entwickeln sich aus Knollen. Die ganz kleinen sind Krokusse und Schneeglöckchen, und die großen sind Narzissen und Osterglocken. Die allergrößten sind Lilien. Die sind wunderschön! Dickon hat eine ganze Menge in unserem Garten gepflanzt.«

»Weiß Dickon viel über Blumen?« fragte Mary und hatte einen neuen Gedanken.

»Unser Dickon kann eine Blume aus einem gepflasterten Weg zaubern.«

»Leben solche Knollen eigentlich lange?« fragte Mary ängstlich.

»Die helfen sich selbst«, sagte Martha. »Darum können auch arme Leute sich so etwas leisten. Wenn man sich gar nicht um sie kümmert, wachsen sie im Boden weiter und vermehren sich. Hier im Park gibt es eine Stelle, da wachsen Tausende von Schneeglöckchen. Das ist der schönste Anblick in ganz Yorkshire, wenn der Frühling kommt. Und niemand weiß, wer sie dort hingepflanzt hat.«

»Ich wollte, es wäre schon Frühling«, sagte Mary. »Alles, was in England wächst, möchte ich sehen.«

Sie war mit Essen fertig und hockte auf dem Teppich vor dem Kamin. Das war jetzt ihr Lieblingsplätzchen.

»Ich wollte — ich wollte, ich hätt' einen Spaten«, sagte sie.

»Wofür brauchst du denn einen Spaten?« fragte Martha lachend. »Willst du zu graben anfangen? Das muß ich Mutter erzählen.«

Mary schaute ins Feuer und zögerte. Sie mußte vorsichtig sein, wenn sie das Geheimnis ihres kleinen Königreiches bewahren wollte. Eigentlich tat sie ja nichts Böses, aber wenn Mr. Craven herausfinden würde, daß sie das Tor geöffnet hatte, würde er furchtbar böse werden, einen neuen Schlüssel anfertigen lassen und den Garten für immer absperren. Das würde sie nicht ertragen.

»Es ist sehr einsam hier«, sagte sie langsam, als ob sie über irgend etwas nachdächte. »Das Haus ist einsam, der Park ist einsam, und die Gärten sind einsam. Viele Türen sind abgeschlossen. Ich hatte in Indien auch nie viel zu tun, aber es gab allerlei Leute, die man ansehen konnte, Eingeborene und Soldaten, die manchmal vorbeimarschierten. Und hin und wieder spielten Musikkapellen. Und meine Ayah erzählte mir Geschichten. Hier gibt es fast niemand, mit dem ich reden kann, nur dich und Ben Weatherstaff. Du hast deine Arbeit, und Ben Weatherstaff will nicht immer mit mir reden. Ich dachte, wenn ich einen kleinen Spaten hätte, könnte ich irgendwo graben, so wie er. Und ich könnte mir einen eigenen kleinen Garten machen, wenn Ben Weatherstaff mir ein bißchen Samen gäbe.«

Marthas Gesicht hellte sich auf. »Das ist ganz richtig. Genau das sagte Mutter auch. Sie meinte, *da ist doch soviel Platz, warum gibt man ihr nicht ein Stückchen Garten, mit dem sie machen kann, was sie will, wenn sie auch nur ein bißchen Petersilie und ein paar Radieschen anpflanzt. Sie kann graben und harken und hacken, und dabei wird sie glücklich sein!* Das war genau das, was sie sagte.«

»Wirklich?« fragte Mary. »Was sie doch alles weiß!«

»Nun ja«, sagte Martha. »Sie meint, eine Frau, die zwölf Kinder aufzieht, muß viel mehr wissen als nur das ABC.«

»Wieviel würde wohl so ein Spaten kosten, ein kleinerer?« fragte Mary.

»Ja«, überlegte Martha, »in Thwaite gibt es einen Laden; dort habe ich kleine Gartengeräte gesehen. Einen Spaten, eine Harke und eine Spitzhacke. Die waren zusammengebunden und kosteten zwei Shilling. Es war solides Werkzeug.«

»Ich habe mehr als zwei Shilling in meinem Portemonnaie«, sagte Mary. »Mrs. Morrison hat mir fünf Shilling gegeben, und Mrs. Medlock hat mir von Mr. Craven etwas Geld gegeben.«

»Hat er sich denn überhaupt an dich erinnert?«

»Mrs. Medlock sagte, ich sollte jede Woche einen Shilling haben und dürfte ihn ausgeben. Sie gibt mir jeden Sonnabend einen. Ich wußte bis jetzt nicht, wofür ich ihn ausgeben sollte.«

»Mein Wort«, sagte Martha, »das ist Reichtum. Du kannst alles in der Welt dafür kaufen, was du haben willst. Die Miete für unsere Hütte kostet nur einen Threepence. Jetzt denke ich aber gerade an etwas.« Sie legte ihre Hände auf die Hüften.

»Woran denn?« fragte Mary eifrig.

»In dem Laden in Thwaite verkaufen sie Päckchen mit Samen, Stück für Stück einen Penny. Und unser Dickon weiß ganz genau, welches die schönsten Samen sind. Er geht, nur zum Spaß, ziemlich oft nach Thwaite. Kannst du eigentlich einen Brief schreiben?« fragte sie plötzlich.

»Natürlich kann ich einen Brief schreiben«, antwortete Mary.

»Nein, nein«, Martha schüttelte den Kopf, »unser Dickon kann nur Druckbuchstaben lesen. Wenn du Druckbuchstaben schreiben kannst, könnten wir ihm einen Brief schreiben und ihn bitten, daß er für uns Gartengeräte und Samen kauft.«

»Oh, du bist großartig!« rief Mary. »Wirklich, das bist du. Erst dachte ich gar nicht, daß du so nett wärest. Ich kann bestimmt Druckbuchstaben schreiben, wenn ich es versuche. Wir wollen Mrs. Medlock fragen, ob sie uns Tinte, Feder und Papier geben will.«

»Habe ich selbst«, sagte Martha. »Ich habe es gekauft, um manchmal sonntags für Mutter ein paar Zeilen zu schreiben. Ich geh' und hole es.«

Sie rannte aus dem Zimmer, und Mary stand vor dem offenen Feuer und rieb sich ihre schlanken Finger vor Vergnügen.

»Wenn ich einen Spaten hätte, könnte ich den Boden viel besser bearbeiten und alles locker und weich machen. Wenn ich Samen hätte, könnte ich Blumen ziehen, und dann wäre der Garten bestimmt nicht tot — im Gegenteil, er würde ganz lebendig.«

Am Nachmittag ging sie nicht mehr hinaus, weil Martha, nachdem sie Tinte, Feder und Papier gebracht hatte, in die Küche gerufen wurde, wo sie Geschirr spülen mußte. Und nachher gab ihr Mrs. Medlock neue Aufträge. Es schien Mary, die auf Martha wartete, eine Ewigkeit, bis diese endlich zu ihr zurückkehrte. Dann kam das schwierige Stück Arbeit, an Dickon zu schreiben. Mary hatte ziemlich wenig gelernt, weil keine ihrer Erzieherinnen bei ihr hatte ausharren wollen. Im Rechtschreiben war sie nicht besonders gut, aber sie brachte es doch fertig, Druckbuchstaben zu schreiben. Der Brief, den Martha ihr diktierte, lautete so:

Mein lieber Dickon, dieses Schreiben erreicht Dich in der Hoffnung, daß du Dich wohl fühlst, so wie es bei mir zur Zeit der Fall ist. Miß Mary hat viel Geld und möchte, daß Du nach Thwaite gehst und Samen und Gartengeräte kaufst, um ein Blumenbeet zu machen. Suche die schönsten aus, und sie müssen sich leicht aufziehen lassen, denn sie hat es bis jetzt nie getan und hat in Indien gelebt, das ist verschieden. Grüß Mutter und die anderen alle. Miß Mary wird mir noch eine Menge von Indien erzählen, so daß ich Dir an meinem nächsten freien Tag viel mehr sagen kann über Elefanten und Kamele und von Herren, die auf Löwen- und Tigerjagd gehen.

Deine Dich liebende Schwester
Martha Phoebe Sowerby

»Wir stecken das Geld in den Briefumschlag, und ich gebe ihn dem Jungen vom Metzger. Der kann ihn auf seinem Karren mitnehmen. Er ist ein Freund von Dickon«, sagte Martha.

»Wie soll ich die Sachen denn herbekommen, wenn Dickon sie gekauft hat?«

»Die wird er selber bringen, er macht den Weg sehr gern.«

»Oh«, sagte Mary, »dann werde ich ihn ja sehen! Ich dachte, ich würde Dickon nie zu sehen bekommen!«

»Möchtest du ihn denn gern sehen?« fragte Martha plötzlich, denn Mary hatte so begeistert ausgesehen.

»O ja, ich habe noch nie einen Jungen gesehen, den Füchse und Krähen lieben. Ich möchte ihn schrecklich gern sehen.«

Martha gab sich einen Ruck, als erinnerte sie sich plötzlich an etwas.

»Nein«, sagte sie, »wie konnte ich denn das nur vergessen! Ich wollte es dir schon heute morgen sagen. Ich habe Mutter gefragt, und sie meinte, du solltest Mrs. Medlock selber darum bitten...«

»Ich verstehe nicht«, sagte Mary.

»Ich meine, was ich Dienstag sagte, du mußt sie fragen, ob du zu unserer Hütte fahren darfst. Du sollst Mutters heißen Haferkuchen mit Butter kosten und ein Glas frischer Milch dazu trinken.«

Es war, als ob alle interessanten Dinge sich an einem einzigen Tag ereignen sollten. Sich vorzustellen, daß sie am hellichten Tag über das Moor fahren würde, wenn der Himmel blau war! Sich auszudenken, daß sie in die Hütte ginge, in der zwölf Kinder waren!

»Glaubt deine Mutter, daß Mrs. Medlock es mir erlaubt?« fragte Mary ängstlich.

»Aber ja, sie meint, sie würde es tun. Mrs. Medlock weiß, was für eine ordentliche Frau meine Mutter ist und wie sauber sie unsere Hütte hält.«

»Wenn ich hinfahren dürfte, dann würde ich deine Mutter und Dikkon kennenlernen«, sagte Mary nachdenklich. Je mehr sie darüber nachdachte, desto besser gefiel ihr der Plan.

»Sie muß ganz anders sein als meine Mutter in Indien.«

Ihre Arbeit im Garten und der aufregende Nachmittag bewirkten, daß sie schließlich ganz still und nachdenklich wurde. Martha blieb bis zum Tee bei ihr, und sie saßen friedlich da und sprachen wenig. Aber gerade ehe Martha hinunterging, um das Teetablett zu holen, stellte Mary eine Frage.

»Martha«, sagte sie, »hat das Spülmädchen heute wieder Zahnschmerzen gehabt?«

Martha erschrak ein wenig. »Wie kommst du denn jetzt darauf?« fragte sie.

»Weil ich die Tür aufgemacht habe, als ich so lange auf dich wartete. Und dann bin ich durch den Korridor gegangen, um zu sehen, ob du kommst. Und da habe ich aus der Entfernung wieder das Schreien gehört, das wir in der Nacht vernommen hatten. Heute ist kein Wind. Der Wind kann es also nicht gewesen sein.«

»Hm«, sagte Martha unruhig, »du darfst nicht durch die Korridore laufen und lauschen. Wenn Mr. Craven das erfährt, wird er furchtbar zornig, und ich weiß nicht, was er mit dir machen wird.«

»Ich habe nicht gelauscht«, sagte Mary. »Ich habe nur auf dich gewartet — und da hörte ich es wieder. Jetzt schon zum drittenmal.«

»Meine Güte, da läutet Mrs. Medlock«, sagte Martha und rannte aus dem Zimmer.

»Es ist das merkwürdigste Haus, das man je gesehen hat«, sagte Mary schläfrig und legte ihren Kopf auf das Seidenkissen. Die frische Luft, das Graben, das Seilspringen, alles zusammen hatte sie so müde gemacht, daß sie einschlief.

10.

KAPITEL

Dickon

Die Sonne schien fast eine Woche lang täglich in den geheimen Garten. »Geheimer Garten« nannte Mary ihn in Gedanken. Sie liebte den Namen. Aber sie liebte noch mehr das Gefühl, daß wirklich niemand wußte, wo sie war, wenn seine schönen alten Mauern sie umschlossen. Es war, als lebte sie jenseits der Welt in einem Zauberreich. Die wenigen Bücher, die sie gelesen und geliebt hatte, waren Märchenbücher gewesen, und in manchen war von geheimnisvollen Gärten die Rede. Manchmal hatten Menschen hundert Jahre lang darin geschlafen, was sie ziemlich dumm fand. Sie wollte nicht im Garten schlafen, im Gegenteil, sie wurde mit jedem Tag, den sie in Misselthwaite verbrachte, wacher. Sie war jetzt sehr gern draußen; sie haßte den Wind nicht mehr, sie hatte ihn sogar recht gern. Sie konnte länger und schneller laufen, und beim Seilspringen gelangen ihr schon hundert Sprünge. Die Knollen im geheimen Garten mußten höchst erstaunt darüber sein, daß sie so schön gesäubert dastanden und Platz genug zum Atmen fanden. Wie Mary vermutet hatte, begannen sie sich unter der Erde zu regen und arbeiteten sich tüchtig aus dem Boden heraus. Die Sonne konnte sie nun erreichen und erwärmen, und wenn Regen fiel, konnte er sie gleich tränken. So fingen sie an, sich recht munter zu fühlen.

Mary war eigentlich ein energisches Persönchen, und da sie jetzt etwas entdeckt hatte, wofür es sich lohnt, energisch zu sein, war sie sehr beschäftigt. Sie arbeitete, grub und zupfte unentwegt Unkraut aus. Sie wurde von der Arbeit immer mehr besessen und konnte nicht genug bekommen davon. Ihr kam das alles wie ein herrliches Spiel vor. Sie fand viel mehr Blumentriebe, als sie zu entdecken gehofft hatte. Sie schienen überall zu sein, und jeden Morgen war sie sicher, daß sie neue entdecken würde. Manche waren so klein, daß sie kaum aus der Erde hervorguckten. Schließlich waren es so viele, daß Mary sich daran erinnerte, wie Martha einmal von Tausenden von Schneeglöckchen erzählt hatte und von Knollen, die sich ohne Hilfe weiter verbreiteten. Diese hier waren zehn Jahre lang sich selbst überlassen geblieben, und vielleicht hatten sie sich wie die Schneeglöckchen tausendfach vermehrt. Sie überlegte, wie lange es wohl noch dauern würde, bis sie blühten. Manchmal machte sie eine kleine Pause und überschaute den Garten, und sie träumte davon, wie er aussehen würde, wenn alle Blumen blühten.

In dieser sonnigen Woche wurde sie vertrauter mit Ben Weatherstaff. Sie überraschte ihn ein paarmal damit, indem sie plötzlich neben ihm auftauchte. Denn sie fürchtete, er würde, wenn er sie rechtzeitig bemerkte, seine Gartengeräte nehmen und sich aus dem Staube machen. Eigentlich war er gar nicht so sehr gegen sie, wie es anfangs schien. Vielleicht fühlte er sich sogar ein wenig geschmeichelt, daß sie immer wieder seine Nähe suchte. Jedenfalls war er ein bißchen zugänglicher geworden. Sie ahnte nicht, daß sie damals mit ihm geredet hatte, als hätte sie einen Eingeborenen vor sich. Sie hatte nicht gewußt, daß ein aufrechter, alter Mann aus Yorkshire nicht daran dachte, vor »Seiner Herrschaft« mit Verbeugungen zu dienern und Befehle entgegenzunehmen.

»Du bist wie das Rotkehlchen«, sagte er eines Morgens, als er den Kopf hob und sie neben sich stehen sah. »Ich weiß nie, wann ich dich sehe und von welcher Seite zu kommst.«

»Robin ist nun mein Freund«, sagte Mary.

»Das sieht ihm ähnlich«, schnauzte Ben Weatherstaff. »Aus Eitelkeit und Unbeständigkeit geht er zu dem Weibervolk.«

Ben richtete sich auf, stellte einen seiner nägelbeschlagenen Stiefel auf den Spaten und sah Mary prüfend an.

»Wie lange bist du jetzt hier?« brummte er.

»Ich glaube, einen Monat«, antwortete sie.

»Du stellst Misselthwaite ein gutes Zeugnis aus. Ein bißchen dicker bist du geworden, und du siehst nicht mehr so gelb aus. Als du zum erstenmal kamst, sahst du aus wie eine gerupfte Krähe. Ich dachte bei mir, daß ich noch nie ein junges Gesicht gesehen hatte, das so erbärmlich und mürrisch dreinschaute.«

»Ich weiß, daß ich dicker geworden bin, sagte sie. »Meine Strümpfe sitzen enger. Vorher warfen sie immer Falten. Da ist das Rotkehlchen, Ben Weatherstaff.«

Da war es tatsächlich, und Mary fand, es sehe schöner aus denn je. Es entfaltete seine Flügel, nickte mit dem Köpfchen und hüpfte umher. Es schien es darauf abgesehen zu haben, von Ben Weatherstaff bewundert zu werden. Aber Ben lächelte spöttisch. »Da bist du ja«, sagte er. »Bei mir erscheinst du nur, wenn du nichts Besseres vorhast!«

Das Rotkehlchen breitete seine Flügel aus und — Mary traute ihren Augen nicht — flog auf Ben Weatherstaff zu und setzte sich auf den Spatengriff. Das faltige Gesicht des Alten veränderte sich völlig. Er stand da, als wagte er nicht zu atmen, als fürchtete er, Robin zu erschrecken. Er flüsterte.

»Ich bin besiegt.«

Er stand still und hielt den Atem an, bis das Rotkehlchen seine Flügel wieder hob und davonflog. Dann starrte er auf den Spatengriff, als ob Zauberei im Spiel gewesen wäre. Er begann hastig zu graben und sagte eine ganze Weile überhaupt nichts.

Da er aber ein bißchen vor sich hin lächelte, wagte Mary ihn wieder anzusprechen.

»Hast du einen eigenen Garten?« fragte sie.

»Nein, ich bin Junggeselle und bin bei Martins in Pension.«

»Wenn du aber einen hättest, was würdest du pflanzen?«

»Kohl und Kartoffeln und Zwiebeln.«

»Aber wenn es ein Blumengarten wäre?« Mary blieb hartnäckig.

»Knollen, schöne duftende Blumen — vor allem aber Rosen«, antwortete er.

Marys Gesicht hellte sich auf. »Magst du Rosen?« fragte sie.

Ben Weatherstaff zog eine Unkrautwurzel aus der Erde und warf sie beiseite, ehe er antwortete.

»Nun ja, ich mag sie. Das habe ich gelernt von einer jungen Dame, bei der ich als Gärtner arbeitete. Sie hatte eine Menge Rosen in einem Garten, den sie liebte, und sie hatte sie so gern wie Kinder oder Rotkehlchen. Ich habe gesehen, wie sie sich über sie beugte und sie küßte.« Er zupfte noch mehr Unkraut aus und sah stirnrunzelnd darauf nieder. »Das ist jetzt zehn Jahre her.«

»Wo ist sie jetzt?« fragte Mary gespannt.

»Im Himmel«, erwiderte er und stieß seinen Spaten tief in die Erde. »Wenigstens sagt das der Pfarrer.«

»Was ist aus den Rosen geworden?« fragte Mary noch gespannter.

»Sie blieben sich selbst überlassen.«

Mary wurde ganz aufgeregt. »Sind sie gestorben? Sterben Rosen, wenn man sie sich selbst überläßt?«

»Nun, ich hatte die Rosen gern und — ich hatte die Dame gern — und sie hatte die Rosen gern —« Ben Weatherstaff stotterte. »Ein- oder zweimal im Jahr habe ich mich um sie gekümmert — ich habe sie beschnitten und die Wurzeln bearbeitet. Sie sind natürlich verwildert, aber der Boden war gut — na ja, manche von ihnen sind wohl am Leben geblieben.«

»Wenn sie keine Blätter haben und grau und braun aussehen, wie kann man da feststellen, ob noch Leben darin ist?« forschte Mary weiter.

»Warten, bis der Frühling kommt, warten, bis die Sonne kommt und Regen und wieder Sonne. Dann wirst du es herausfinden.«

»Wie denn aber — wie?« rief Mary und vergaß jede Vorsicht.

»Schau die Zweige an, und wenn du hier und da ein braunes Knötchen findest, dann beobachte, wie es nach einem warmen Regen aussieht.« Er hielt plötzlich inne und schaute verwundert in ihr eifriges Gesicht.

»Was kümmerst du dich plötzlich darum, wie das mit den Rosen ist?« fragte er.

Mary wurde rot.

»Ich möchte spielen, daß ich einen eigenen Garten habe«, stammelte sie. »Ich — ich habe ja nichts anderes zu tun. Ich habe nichts und niemanden.«

»Ja«, sagte Ben Weatherstaff langsam, »da hast du recht.«

Er sagte das so seltsam, als wäre er um ihretwillen ein bißchen traurig. Sie hatte nie Mitleid mit sich selbst gehabt. Sie hatte sich nur müde gefühlt oder schlechter Laune, weil sie die Menschen und ihre Umgebung nicht mochte. Aber allmählich schien die Welt sich zu verändern, sie wurde schöner. Wenn niemand ihr Geheimnis herausfinden würde, konnte sie sich in ihrem Garten immer wohl fühlen.

Mary blieb noch eine Viertelstunde und stellte viele Fragen. Er beantwortete jede in seiner brummigen Art. Aber er schien nicht ärgerlich zu sein. Ehe sie ihn verließ, sagte sie:

»Hast du dich in diesem Jahr schon um die Rosen der Dame gekümmert?«

»Noch nicht«, brummte er. »Mein Rheumatismus macht mich zu steif in den Gelenken.«

Plötzlich schien er ärgerlich zu werden. »He!« sagte er, »du sollst nicht zu viele Fragen stellen. So wie du hat mich noch nie ein kleines Mädchen ausgefragt. Geh jetzt und spiele. Für heute habe ich genug geredet.«

Und er sagte es so schroff, daß es keinen Sinn hatte, noch länger zu bleiben. Sie hüpfte mit ihrem Seil langsam den Steinpfad entlang und dachte verwundert, daß sie auch Ben Weatherstaff liebte, obwohl er so brummig war. Ja, sie mochte ihn. Und sie versuchte so gern, ihn zum Reden zu bringen. Sie war überzeugt, daß er alles wußte über die Blumen.

Ein Weg, der von Lorbeerbüschen umsäumt war, führte um ihren Garten herum und endete an einem großen Tor, und hinter dem Tor lag der Wald. Sie wollte auf diesem Weg Seilspringen und dann in den Wald hineinschauen. Vielleicht gab es dort Kaninchen. Das Springen gefiel ihr gut. Als sie an das große Tor kam, öffnete sie es und ging ein Stückchen weiter, weil sie ein seltsames Geräusch hörte. Es war ein ganz besonderes Pfeifen. Sie wollte herausfinden, was es war.

Plötzlich hielt sie den Atem an, stand still und staunte. Ein Junge saß unter einem Baum. Er lehnte sich mit dem Rücken an den Stamm und blies auf einer Holzflöte. Ein seltsam aussehender Junge! Vielleicht zwölf Jahre alt. Er sah sehr sauber aus, hatte eine Stupsnase, seine Backen waren so rot wie Äpfelchen. Nie zuvor hatte Mary so runde, blaue Augen gesehen. Am Baumstamm, an den sich der Junge lehnte, hing ein Eichhörnchen und beobachtete ihn. Und vor ihm, neben einem Busch, stand ein Fasan und streckte sanft den Kopf vor, um besser sehen zu können. Ganz dicht vor ihm saßen zwei Kaninchen und schnupperten eifrig mit bebenden Nasen – es sah wahrhaftig so aus, als wären sie alle herbeigekommen, um dem Flötenspieler zuzuhören.

Als der Junge Mary sah, hob er seine Hand und sprach zu ihr mit einer Stimme, die so sanft und zugleich so heiser klang wie seine Flöte.

»Rühr dich nicht«, sagte er, »sonst fliehen sie.«

Mary stand reglos. Er hörte auf zu pfeifen und erhob sich. Dabei bewegte er sich ganz langsam; man meinte, er rührte sich überhaupt nicht. Schließlich aber stand er auf den Füßen. Das Eichhörnchen kletterte in das Geäst zurück, der Fasan zog seinen Kopf ein, die Kaninchen hoppelten davon. Aber alle schienen kein bißchen erschrocken zu sein.

»Ich bin Dickon«, sagte der Junge. »Ich weiß, du bist Mary.«

Auch Mary hatte sofort gewußt, daß der Junge Dickon war. Wer anders konnte Kaninchen und Fasanen verzaubern, so wie die Eingeborenen in Indien Schlangen beschwörten! Er hatte einen breiten, geschwungenen Mund, und sein Lächeln erhellte sein ganzes Gesicht.

»Ich bin so langsam aufgestanden«, sagte er, »weil man sie erschreckt, wenn man sich hastig bewegt. Man muß ganz sanft umgehen mit Tieren, die nicht gezähmt sind, und immer sehr leise reden.«

Er sprach zu ihr, als hätte er sie nicht eben zum erstenmal gesehen, sondern als wären sie alte Bekannte. Mary kannte keine Jungen und sprach ein bißchen steif mit ihm, weil sie verlegen war.

»Hast du Marthas Brief bekommen?« fragte sie.

Er nickte mit seinem lockigen, rostroten Kopf. »Darum bin ich hier.«

Er hob etwas auf, das neben ihm gelegen hatte.

»Ich hab' die Gartengeräte mitgebracht. Das ist ein kleiner Spaten! Und dies ist eine kleine Harke. Und hier eine Spitzhacke. Sie sind in Ordnung. Dies ist eine Maurerkelle. Die Frau im Laden hat noch ein Tütchen dazugegeben, als ich den Samen kaufte.«

»Würdest du mir die Tüten zeigen?« fragte Mary eifrig.

»Setzen wir uns doch auf diesen Baumstumpf und schauen wir alles an.«

Sie setzten sich, und er nahm ein Paketchen, das in braunes Papier gewickelt war, aus seiner Jackentasche. Er löste die Bindfäden, und nun kamen Tüten zum Vorschein. Auf jeder Tüte war ein Blumenbild.

»Es ist viel Mohn dabei und Reseda, das so schön duftet. Beides wird überall wachsen, wohin du den Samen wirfst, das geht auf und blüht.«

Er schwieg und wandte den Kopf. Sein Gesicht strahlte.

»Woher kennst du das Rotkehlchen, das uns ruft?« fragte er.

In einem dicken Holunderbusch zwitscherte ein Vogel. Seine Weste war scharlachrot. Mary wußte, wer es war.

»Ruft er uns wirklich?« fragte sie.

»Bestimmt«, sagte Dickon, als wäre das die natürlichste Sache von der Welt. »Er ruft jemand, mit dem er befreundet ist. Er sagt: *Hier bin ich! Schau mich an! Ich möchte ein bißchen schwatzen.* Da drüben ist er, im Busch. Wer ist sein Freund?«

»Eigentlich Ben Weatherstaff, aber ich glaube, mich kennt er auch ein bißchen.«

»Und ob er dich kennt!« sagte Dickon wieder mit seiner dunklen Stimme. »Und er liebt dich. Er liebt dich sogar sehr. Gleich wird er mir alles über dich erzählen.«

Er ging auf den Busch zu und zwitscherte fast wie das Rotkehlchen. Einen Augenblick lang hörte der Vogel genau zu, dann antwortete er.

»Ja, ja«, kicherte Dickon, »er ist ein Freund von dir.«

»Glaubst du wirklich?« fragte Mary eifrig. Sie wollte es so gern wissen. »Glaubst du wirklich, daß er mich leiden mag?«

»Er käme dir nicht so nah, wenn er dich nicht möchte. Vögel sind wählerisch; einem Menschen, den sie nicht leiden können, gehen sie aus dem Weg. Jetzt kommt er näher. Siehst du ihn?«

»Verstehst du denn alles, was Vögel sagen?« fragte Mary.

Dickons Lächeln wurde noch breiter, bis man nur noch seinen lachenden Mund zu sehen meinte.

»Ich glaube, daß ich alles verstehe«, sagte er. »Mit ihnen zusammen lebe ich nun schon lange Zeit im Moor. Ich beobachte sie, wenn sie aus dem Ei schlüpfen, wenn sie flügge werden, wenn sie zu singen anfangen. Solange ich zurückdenken kann, bin ich mit ihnen zusammen. Manchmal glaube ich, ich bin selber ein Vogel oder ein Fuchs oder ein Kaninchen oder ein Eichhörnchen oder gar ein Käfer und weiß es bloß nicht.«

Er lachte, kam zu dem Baumstumpf zurück und redete wieder über den Blumensamen. Er beschrieb ihr die Blumen, die aus dem Samen kommen würden, brachte ihr bei, wie sie sie säen und später umpflanzen und sorgfältig beachten, pflegen und begießen sollte.

»Weißt du, was«, sagte er zu ihr, »ich will sie gern für dich aussäen. Wo ist dein Garten?«

Mary schlug die Hände zusammen. Sie wußte nicht, was sie antworten sollte. Eine volle Minute lang sagte sie gar nichts. Daran hatte sie nie gedacht. Ihr wurde bange. Und sie hatte das Gefühl, daß sie abwechselnd rot und blaß wurde.

»Du hast doch einen kleinen Garten, nicht?«

Sie war wirklich verlegen geworden. Dickon sah es, und als sie noch immer nichts sagte, wurde auch er verwirrt.

»Oder wollen sie dir keinen geben?« fragte er. »Hast du noch keinen?«

Sie preßte die Hände fester zusammen und sah ihn an.

»Ich kenne keine Jungen«, sagte sie langsam. »Könntest du ein Geheimnis bewahren, wenn ich es dir anvertraute? Es ist ein großes Geheimnis. Ich weiß nicht, was ich täte, wenn es herauskäme. Ich glaube, ich würde streben.« Den letzten Satz sagte sie grimmig.

Dickon sah sie verwundert an und strich mit seiner rauhen Hand über seine Stirn, aber er antwortete munter: »Ich bewahre Geheimnisse immer. Wenn ich ein Geheimnis vor anderen Leuten nicht hüten könnte, Geheimnisse über Füchse, Vogelnester, Höhlen und anderes, dann würden die Tiere im Moos nicht mehr sicher leben. O ja, ich kann ein Geheimnis bewahren.«

Mary wollte ihre Hand eigentlich gar nicht ausstrecken und auf seinen Arm legen, aber sie tat es.

»Ich habe einen Garten gestohlen«, sagte sie sehr schnell. »Er gehört nicht mir. Er gehört keinem Menschen. Niemand will ihn haben, keiner kümmert sich um ihn, keiner geht hinein. Vieleicht ist alles darin schon tot, ich weiß es nicht.«

Sie wurde ganz heiß und so trotzig, wie sie früher immer gewesen war.

»Mir ist es gleich«, sagte sie. »Es macht mir nichts aus, daß ich ihn gestohlen habe. Niemand darf ihn mir wegnehmen, wenn ich mich um ihn kümmere, was sie ja nicht tun. Sie lassen alles sterben, alles überlassen sie sich selbst«, sagte sie leidenschaftlich und fing heftig zu weinen an.

Dickons erstaunte blaue Augen wurden immer runder. »So ist das – so ist das!« rief er aus, und in seiner Stimme klangen Bewunderung und Zuneigung mit.

»Ich habe nichts anderes zu tun«, sagte Mary. »Nichts gehört mir. Ich habe ihn selber gefunden und bin ganz allein hineingegangen. Ich war wie das Rotkehlchen, und sie würden den Garten dem Rotkehlchen doch nicht wegnehmen wollen, oder?«

»Wo ist er?« fragte Dickon leise.

Mary erhob sich vom Baumstumpf. »Komm mit«, sagte sie, »ich will ihn dir zeigen!«

Sie führte ihn durch die Lorbeerbüsche zu der Stelle, wo der Vorhang aus Efeu über die Mauer hing. Dickon folgte ihr mit einem zugleich neugierigen und mitleidigen Ausdruck im Gesicht. Er wußte, jetzt mußte er behutsam vorgehen – wie wenn man zu einem ganz besonderen Vogelnest geführt wurde. Als sie auf die Mauer zutrat und den Efeuvorhang zur Seite schob, erstarrte er. Da war ein Tor. Mary stieß es langsam auf. Zusammen gingen sie hinein. Mary hob die Hand und deutete triumphierend in die Runde.

»Das ist er«, sagte sie. »Es ist ein geheimer Garten. Und ich bin der einzige Mensch, der will, daß er lebt.«

Dickon schaute und schaute.

»Ja«, sagte er endlich, »das ist ein seltsamer, ein schöner Garten. Er ist wie ein Traum.«

11. KAPITEL

Das Nest der Drossel

Minutenlang schaute Dickon um sich, dann trat er sachte ein paar Schritte vor, noch behutsamer, als Mary es getan hatte, als sie zum erstenmal hier eingedrungen war. Seine Augen schienen alles wahrzunehmen, die grauen Bäume, die braunen Rosenranken. Er sah die Ranken herunterhängen, sah, daß sie am Boden weitergekrochen waren; er betrachtete die Lauben und die hohen Pflanzenkübel.

»Ich hätte nie gedacht, daß ich diesen Garten einmal sehen würde«, sagte er flüsternd.

»Wußtest du etwas davon?« fragte Mary. Sie hatte es laut gesagt, und er machte ihr ein Zeichen, leise zu reden.

»Wir müssen hier leise sprechen«, flüsterte er; »jemand könnte uns hören und sich wundern.«

»O ja, das hätte ich beinah vergessen«, rief Mary erschrocken und legte schnell ihre Hand auf den Mund. »Hast du von dem Garten gewußt?« flüsterte sie wieder, nachdem sie sich beruhigt hatte.

Dickon nickte.

»Martha erzählte mir, daß es einen Garten gebe, den niemand betritt. Ich hab' mir schon immer überlegt, wie er wohl aussehen mochte.«

Er schwieg und betrachtete das braune Rankenwerk ringsumher. Seine runden Augen sahen irgendwie glücklich aus.

»Die vielen Nester hier, stell sie dir im Frühling vor! Es muß der sicherste Platz zum Nisten in ganz England sein. Niemand kommt hierher, und es gibt so viele Ranken und Zweige, um darin ein Nest zu bauen.«

Mary legte wieder ihre Hand auf seinen Arm.

»Werden hier Rosen blühen?« flüsterte sie. »Kannst du das feststellen? Ich dachte, sie seien vielleicht alle tot.«

»O nein, bestimmt nicht alle«, antwortete er. »Sieh hier!«

Er ging auf den nächsten Baum zu, dessen Rinde ganz mit Flechten bewachsen war. Der Baum schien sehr, sehr alt zu sein, aber er trug ein dichtes Gehänge von Zweigen und Ranken. Dickon nahm ein großes Taschenmesser hervor und öffnete es.

»Eine Menge Holz ist trocken und sollte weggeschnitten werden. Manches ist ganz alt, aber da sind auch junge Triebe vom vorigen Jahr. Das hier ist ein neuer Zweig.« Er nahm einen Zweig in die Hand, der bräunlichgrün und nicht grau aussah. Mary griff nach dem Zweig. Sie tat es fast ehrfürchtig. »Diesen meinst du? Ist er lebendig — ganz, ganz lebendig?«

Dickons Mund lachte von einem Ohr zum anderen.

»Der ist quicklebendig, wie du und ich«, sagte er.

»Ich bin glücklich, daß er quicklebendig ist«, flüsterte sie. »Ich möchte, daß sie alle quicklebendig sind. Laß uns durch den ganzen Garten gehen und sehen, wie viele noch leben.« Sie keuchte fast vor Eifer, und auch Dickon war ganz aufgeregt. Sie gingen nun von einem Busch zum anderen. Dickon hielt sein Messer in der Hand. Hin und wieder deutete er auf Zweige, die ihm frisch vorkamen.

»Sie sind verwildert«, sagte er, »aber die stärksten Zweige sind noch in Ordnung. Die schwächeren sind abgestorben, die anderen sind gewachsen und gewachsen, haben sich ausgebreitet und immer weiter ausgebreitet, es ist fast ein Wunder. Schau her«, und er zog einen starken grauen Zweig, der ganz vertrocknet aussah, näher heran. »Man könnte meinen, daß er tot ist, aber ich glaube es nicht — nicht bis hinunter zur Wurzel. Ich schneide ihn ganz tief unten ab, und dann werden wir sehen.«

Er kniete nieder und schnitt den trockenen Zweig kurz über der Erde ab. »Da hast du es«, sagte er frohlockend. »Ich hab's dir gesagt. Er ist grün. Sieh ihn dir an.«

Mary lag nun auch auf den Knien und schaute gespannt.

»Was auch nur ein bißchen grün und saftig aussieht, hat Leben«, erklärte Dickon. »Wenn der Zweig inwendig trocken und brüchig ist, wie dieses Stück, das ich abgeschnitten habe, dann ist es vorbei.«

Er sah hinauf zu den Ranken, die über ihm hingen und sagte: »Das wird im Sommer aussehen wie ein Springbrunnen aus Rosen.«

Sie drangen von Busch zu Busch, von Baum zu Baum. Dickon war stark und wußte genau, wie man die trockenen Zweige wegschneidet. Er konnte auch sagen, wann ein Zweig, der auf den ersten Blick abgestorben aussah, noch grün war. Spaten und Hacke und Rechen erwiesen sich als sehr nützlich. Er zeigte Mary, wie man die Hacke gebraucht, während er die Wurzeln mit dem Spaten freigrub, die Erde lockerte und für Luftzufuhr sorgte. Sie arbeiteten fleißig um eine der größten hochstämmigen Rosen herum, da bemerkte Dickon etwas, das ihn überraschte.

»Sieh her!« rief er und deutete auf das Gras. »Wer hat das wohl getan?« Er zeigte auf eine der Stellen, die Mary kürzlich vom Unkraut gesäubert hatte.

»Das war ich«, sagte Mary.

»Aber — ich dachte, du verstehst nichts von Gartenarbeit.«

»Tu ich auch nicht. Aber sie waren so klein, und das Gras war so dick und stark. Sie sahen aus, als wenn sie keinen Platz zum Atmen hätten.«

Dickon hatte wieder sein breites Lächeln im Gesicht. »Das hast du richtig gemacht. Ein Gärtner hätte es dir nicht besser zeigen können. Es sind Krokusse und Schneeglöckchen, und hier sind Narzissen. Und das hier sind Osterblumen. Ha, wie hübsch das aussehen wird!«

Er lief von einer gesäuberten Stelle zur anderen.

»Für ein kleines Mädchen, wie du es bist, hast du eine Menge getan«, lobte er und schaute sie an.

»Ich werde dicker«, sagte Mary, »und darum werde ich auch stärker. Wenn ich grabe, macht es mich überhaupt nicht müde. Ich rieche die Erde so gern, wenn sie aufgerissen ist.«

»Gut für dich«, nickte er weise. »Nichts ist so angenehm wie der Geruch der guten Erde, und noch besser duftet es, wenn der Regen auf das junge Grün fällt. Wenn es regnet, bin ich oft im Moor, und dann lege ich mich unter einen Busch und horche, wie die Tropfen auf die Heide fallen. Ich schnuppere und schnuppere. Meine Nase zittert wie bei einem Kaninchen, sagt meine Mutter immer.«

»Erkältest du dich nicht dabei?« fragte Mary verwundert.

»Ich doch nicht«, sagte er lachend. »Ich bin noch nie erkältet gewesen. Ich laufe wie die Kaninchen bei jedem Wetter im Moor herum.«

Während er redete, arbeitete er ununterbrochen. Mary tat es ihm nach und half ihm mit dem Rechen oder der Hacke.

»Hier gibt es eine Menge Arbeit«, sagte er, zufrieden um sich blickend.

»Wirst du wiederkommen und mir helfen?« fragte Mary bittend.

»Ich selber kann natürlich auch viel tun. Ich kann graben und jäten und was du mir sonst noch beibringst. Ach, komm doch oft, Dickon!«

»Ich komme bei Regen und Sonnenschein, wann immer du willst«, antwortete er mit Überzeugung. »Es ist das schönste Erlebnis, das ich gehabt habe — sich hier einschließen und einen Garten zum Leben erwekken.«

»Wenn du kommen willst«, sagte Mary, »wenn du mir helfen willst, alles lebendig zu machen, dann — dann weiß ich nicht, was ich für dich tun würde«, endete sie hilflos. Was konnte sie schon für einen solchen Jungen tun?

»Ich sage dir, was du tun könntest«, antwortete Dickon lächelnd. »Du mußt schön dick werden und tüchtig essen, dann wirst du lernen, mit dem Rotkehlchen zu reden, so wie ich es kann.« Er begann umherzugehen. Nachdenklich betrachtete er die Bäume, Büsche und Mauern.

»Ich möchte keinen Garten daraus machen, wie ihn die Gärtner haben, alles gut geschnitten, piekfein und schnurgerade. Oder magst du das gern? Ich finde, es sieht viel netter aus, wenn alles hängt und wild durcheinander wächst, wie es eben wachsen will.«

»Nein«, sagte Mary ängstlich, »wir dürfen ihn nicht zu ordentlich machen. Dann würde er nicht mehr geheimnisvoll aussehen.«

Dickon rieb seinen rostroten Schopf. Er sah ein bißchen verwirrt aus.

»Es ist ein geheimer Garten«, sagte er, »das steht fest. Aber mir scheint, daß außer dem Rotkehlchen hin und wieder jemand hiergewesen sein muß, seit er verschlossen wurde.«

»Das Tor war verschlossen und der Schlüssel vergraben«, sagte Mary. »Niemand konnte hineingehen.«

»Stimmt«, antwortete er. »Er ist merkwürdig. Mir kommt es so vor, als ob jemand die Zweige gestutzt hätte. Und das kann nicht vor zehn Jahren gewesen sein.«

»Aber wie hätte jemand das tun können?« fragte Mary.

Er prüfte den Zweig einer Hochstammrose und schüttelte den Kopf. »Wer könnte hereinkommen«, murmelte er, »bei verschlossener Tür? Der Schlüssel war doch vergraben.«

Mary dachte, daß sie diesen Morgen ihr Leben lang nicht vergessen würde. Von diesem Tag an würde bestimmt alles zu wachsen beginnen. Als Dickon anfing, Beete abzustecken und Samen zu streuen, fiel ihr ein, was Basil in Indien gesungen hatte, um sie zu ärgern.

»Gibt es Blumen, die wie Glocken aussehen?« fragte sie.

»Manche Lilien sehen so aus«, sagte er. »Und auch Maiglöckchen und Glockenblumen.«

»Die wollen wir säen.«

»Lilien habe ich hier schon entdeckt. Aber sie stehen zu nah beieinander. Wir müssen sie auseinanderpflanzen, wir haben ja eine Menge davon. Ich kann dir auch Glockenblumen aus unserem Garten mitbringen. Warum willst du gerade die haben?«

Mary erzählte ihm von Basil und seinen Brüdern und Schwestern in Indien, und wie sie sie gehaßt hatte, und wie die Kinder sie trotzige Mary genannt hatten. »Sie tanzten immer um mich herum und sangen: Trotzige Mary, törichte Mary, lange sollst du warten, bis Glockenblumen und roter Mohn blühn in deinem Garten. Daran mußte ich gerade denken, und darum wollte ich wissen, ob es wirklich Blumen mit Glöckchen gibt.«

Sie legte die Stirn in nachdenkliche Falten. »Ich war nicht so töricht und trotzig wie sie.«

Aber Dickon lachte. »Ha«, sagte er und atmete den Duft der frisch umgegrabenen Erde ein. »Wie können wir denn töricht und trotzig sein, wenn es Blumen gibt und Tiere, die uns vertraut sind, die ihre Nester bauen und ihre Lieder singen?«

Mary, die neben ihm kniete und ihm die Samentütchen reichte, schaute zu ihm auf.

»Dickon«, sagte sie, »du bist wirklich so nett, wie Martha sagte. Ich hab' dich gern. Du bist der fünfte, den ich gern habe. Ich habe nie gedacht, daß ich jemals fünf lieben könnte.«

Dickon erhob sich. Er sieht so lustig und so begeistert aus, dachte Mary — mit seinen runden, blauen Augen, seinen roten Backen und der Stupsnase.

»Du hast fünf gern? Wer sind die vier anderen?«

»Deine Mutter und Martha«, Mary zählte an den Fingern auf — »und das Rotkehlchen und Ben Weatherstaff.«

Dickon mußte so sehr lachen, daß er die Hand vor den Mund hielt.

»Ich weiß, du hälst mich für einen komischen Jungen — aber für mich bist du das seltsamste Mädchen, das ich je gesehen habe.«

Darauf tat Mary etwas Außergewöhnliches. Nie hätte sie gedacht, daß ihr so etwas einfallen würde. Sie beugte sich vor und fragte: »Magst du mich denn?«

»Ja«, sagte er herzlich, »sogar sehr. Ich finde dich großartig, und ich bin sicher, daß es dem Rotkehlchen genauso ergeht.«

»Das sind zwei«, sagte Mary. »Zwei, die für mich sind.«

Darauf arbeitete sie noch eifriger und freudiger. Sie war bestürzt und traurig, als sie die große Glocke im Hof Mittag läuten hörte.

»Jetzt muß ich gehen«, sagte sie finster. »Und du wohl auch.«

Dickon lachte.

»Mein Mittagessen habe ich bei mir. Mutter steckt mir immer etwas in die Tasche.«

Er nahm seine Jacke, die auf dem Gras lag, und brachte ein kleines Bündel zum Vorschein. Dieses war in ein sauberes, blau-weißgewürfeltes Taschentuch geknüpft. Es enthielt zwei dicke Brotscheiben, zwischen denen etwas steckte.

»Meist bekomme ich nur Brot; aber heute habe ich eine gute Scheibe Speck dazwischen.«

Mary fand dieses Mittagessen merkwürdig, aber er schien sich darauf zu freuen.

»Lauf und iß«, sagte er. »Ich werde zuerst fertig sein. Bevor ich nach Hause gehe, will ich noch ein bißchen arbeiten.«

Er setzte sich und lehnte den Rücken an einen Baumstamm. »Ich rufe das Rotkehlchen. Es bekommt die Rinde meiner Speckscheibe. Vögel mögen gern ein bißchen Fett.«

Mary fiel es schwer, ihn zu verlassen. Plötzlich bekam sie Angst, daß er eine Märchengestalt sein könnte, die verschwunden sein würde, wenn sie in den Garten zurückkäme. Es war fast zu schön, um wahr zu sein. Langsam ging sie auf das Tor zu, dann hielt sie an und kam zurück.

»Was auch immer geschieht — du, du wirst nichts ausplaudern, nicht wahr?« sagte sie. Seine roten Backen blähten sich, weil er gerade einen großen Happen von seinem Brot abgebissen hatte. Aber irgendwie brachte er es trotzdem fertig, ermutigend zu lächeln. »Wenn eine Drossel mir ihr Nest zeigte, glaubst du, ich würde so etwas verraten? Ich nicht!« sagte er.

»Du bist so sicher wie die Drossel.«

Und sie fühlte, daß es so war.

12. KAPITEL

Dürfte ich ein bißchen Erde haben?

Mary rannte so schnell, daß sie ganz außer Atem in ihr Zimmer trat. Ihr Essen stand schon auf dem Tisch, und Martha wartete auf sie.

»Du kommst ein bißchen spät«, sagte sie.

»Ich habe Dickon gesehen«, rief Mary.

»Dachte ich's mir! Er mußte kommen«, sagte Martha frohlockend. »Wie findest du ihn?«

»Ich finde ihn schön«, sagte Mary mit fester Stimme.

Martha schaute sie etwas erstaunt an, war aber sehr zufrieden.

»Auf alle Fälle«, sagte sie, »ist er der beste Junge, der je gelebt hat. Aber daß er hübsch ist, habe ich eigentlich nie bemerkt. Er hat doch eine Stupsnase.«

»Ich mag Stupsnasen.«

»Und seine Augen sind so rund«, meinte Martha zweifelnd.

»Allerdings haben sie eine schöne Farbe.«

»Ich mag sie rund«, sagte Mary. »Und sie haben genau die Farbe des Himmels über dem Moor.«

Martha strahlte.

»Mutter sagt, sie haben diese Farbe, weil er immer hinaufschaut, um Vögel und Wolken zu beobachten. Aber ist sein Mund nicht zu groß?«

»Ich liebe seinen großen Mund. Ich wollte, meiner wäre auch so.«

Martha kicherte entzückt.

»In deinem kleinen Gesicht würde er komisch aussehen. Aber ich dachte mir schon, daß Dickon dir gefallen wird, wenn du ihn siehst. Und wie haben dir der Samen und die Gartengeräte gefallen?«

»Woher wußtest du denn, daß er sie bringen würde?«

»Ich hätte nie gedacht, daß er sie nicht bringen würde. Er ist ein verläßlicher Junge.«

Mary fürchtete, Martha würde schwierige Fragen stellen, aber sie tat es nicht. Sie interessierte sich für den Blumensamen und die Gartengeräte und erschreckte Mary nur einmal, als sie fragte, wo die Blumen eigentlich stehen sollen.

»Wen hast du gefragt?« forschte sie.

»Niemanden«, sagte Mary zögernd.

»Nun, den Obergärtner würde ich auch nicht fragen, der ist zu großartig. Ja, zu großartig ist Mr. Roach.«

»Ich habe ihn noch nie gesehen«, sagte Mary. »Ich habe nur Untergärtner gesehen und Ben Weatherstaff.«

»Ich an deiner Stelle würde Ben Weatherstaff fragen«, rief Martha. »Er ist nur halb so schlimm, wie er aussieht. Er ist ein Querkopf. Mr. Craven läßt ihn tun, was er will, denn er war schon hier, als Mrs. Craven noch lebte, und er konnte sie zum Lachen bringen. Sie liebte ihn. Vieleicht findet er für dich ein Eckchen, wo du dir einen Garten anlegen kannst.«

»Wenn er abseits läge, und wenn ich keinem im Wege wäre, hätte doch sicher niemand etwas gegen meinen Garten?« sagte Mary ängstlich.

»Dafür wäre kein Grund vorhanden«, antwortete Martha; »du tätest ja nichts Schlimmes.«

Mary verschlang ihr Mittagessen, so schnell sie nur konnte. Dann stand sie auf und rannte in ihr Zimmer, um rasch wieder ihren Hut aufzusetzen. Doch Martha hielt sie fest.

»Ich muß dir etwas mitteilen«, sagte Martha. »Aber erst wollte ich dich essen lassen. Mr. Craven ist heute morgen zurückgekommen und möchte dich sehen.«

Mary wurde blaß.

»Oh«, sagte sie. »Warum denn? Er wollte mich doch nicht sehen, als ich ankam. Ich hab' gehört, wie Pitcher sagte: *Er will sie nicht sehen.*«

»Ja«, nickte Martha, »aber Mrs. Medlock sagt, es ist wegen meiner Mutter. Sie ging ins Dorf und begegnete Mr. Craven. Sie hatte noch nie mit ihm gesprochen. Aber die junge Mrs. Craven war früher ein paarmal bei uns. Er hatte es nicht vergessen, und auch Mutter erinnerte sich sehr gut daran, und darum war sie so mutig, ihn aufzuhalten. Ich weiß nicht, was sie ihm von dir erzählt hat, irgend etwas von der Art, daß er dich unbedingt sehen müsse, ehe er morgen wieder fortgehe.«

»Ach«, rief Mary, »geht er morgen wieder weg? Da bin ich aber froh!«

»Er geht für lange Zeit weg. Vor dem Herbst oder Winter wird er wohl nicht zurückkommen. Er reist ins Ausland. Das tut er immer.«

»Da bin ich aber glücklich – da bin ich aber glücklich!« wiederholte Mary dankbar.

Wenn er vor dem Winter oder auch nur vor dem Herbst nicht wiederkäme, würde ihr Zeit genug bleiben, um zu beobachten, wie der geheime

Garten sich belebte. Selbst wenn er es dann herausfand und ihr den Garten fortnahm, hätte sie wenigstens diese Zeit für sich gehabt.

»Warum meinst du, will er mich sehen?« Sie hatte den Satz noch nicht beendet, als die Tür geöffnet wurde und Mrs. Medlock ins Zimmer trat. Sie trug ihr bestes schwarzes Kleid und ihre Haube. Ihr Kragen wurde von einer großen Brosche zusammengehalten, auf der ein Männerbildnis war, eine farbige Fotografie von Mr. Medlock, der vor Jahren gestorben war. Sie trug die Brosche immer, wenn sie sich fein machte.

»Dein Haar ist unordentlich«, sagte sie rasch. »Geh und bürste es. Martha, hilf ihr in ihr bestes Kleid. Mr. Craven hat mich geschickt. Ich soll sie zu ihm bringen.«

Alles Blut wich aus Marys Wangen. Ihr Herz begann wild zu schlagen. Sie fühlte, daß sie wieder steif und trotzig und hilflos wurde. Sie antwortete Mrs. Medlock nicht, sondern ging, gefolgt von Martha, in ihr Schlafzimmer. Sie sagte auch nichts, als ihr ein anderes Kleid angezogen und ihr Haar gebürstet wurde. Als sie dann ordentlich aussah, folgte sie Mrs. Medlock schweigend durch die Korridore. Was sollte sie auch sagen? Mr. Craven würde sie sicher nicht mögen, und sie würde ihn nicht ausstehen können. Sie wußte schon im voraus, was er von ihr denken würde.

Sie wurde in einen Teil des Hauses geführt, in dem sie noch nie gewesen war. Mrs. Medlock klopfte an eine Tür, und als drinnen jemand »herein« sagte, traten sie ein. Ein Mann saß im Sessel vor einem Kamin, und Mrs. Medlock redete ihn an.

»Dies ist Miß Mary, Sir«, sagte sie.

»Gehen Sie bitte und lassen Sie sie hier. Ich werde klingeln, sobald ich sie brauche«, sagte Mr. Craven.

Als Mrs. Medlock gegangen war und die Tür hinter sich geschlossen hatte, konnte Mary nur wartend dastehn, ein hilfloses, kleines Ding, das verlegen seine Hände rieb. Sie sah, daß der Mann im Sessel keinen Buckel hatte. Seine Schultern waren bloß sehr hoch und gekrümmt. Er hatte schwarzes Haar mit weißen Strähnen. Jetzt drehte er ihr über die Schultern hinweg sein Gesicht zu.

»Komm näher«, sagte er. Mary ging zu ihm.

Er war nicht häßlich. Sein Gesicht wäre sogar schön gewesen, wenn er nicht so traurig dreingeblickt hätte. Er sah aus, als ob es ihn beunruhigte und bedrückte, sie anzusehen, und als ob er beim besten Willen nicht wüßte, was er mit ihr anfangen sollte.

»Geht es dir gut?« fragte er.

»Ja«, antwortete Mary.

»Paßt du gut auf dich auf?«

»Ja!«
Er rieb sich besorgt die Stirn, während er sie anschaute.
»Du bist sehr dünn«, sagte er.
»Ich bin schon dicker geworden«, sagte Mary steif.
Was für ein unglückliches Gesicht er hatte! Seine schwarzen Augen schienen sie gar nicht richtig zu sehen. Als ob sie in Wirklichkeit etwas anderes sähen und als ob seine Gedanken nicht bei ihr wären.
»Ich hatte dich vergessen«, sagte er. »Wie hätte ich mich auch an dich erinnern sollen! Ich wollte eigentlich eine Erzieherin oder Kinderfrau für dich anstellen, aber dann habe ich es vergessen.«
»Bitte«, begann Mary. »Bitte« — ein Klumpen in der Kehle würgte sie.
»Was wolltest du fragen?« sagte er.
»Ich — ich bin zu groß für eine Kinderfrau«, sagte Mary. »Und bitte, bitte, bestellen sie doch auch keine Erzieherin!«
Er starrte sie an. »Das ist genau das, was Frau Sowerby auch meinte«, sagte er.
Mary faßte Mut. »Ist sie — ist sie Marthas Mutter?« stammelte sie.
»Ja, ich glaube, ja.«
»Sie weiß alles über Kinder«, sagte Mary. »Sie hat zwölf. Sie weiß Bescheid.«
Er schien lebhafter zu werden. »Was hast du denn vor?« fragte er.
»Ich möchte draußen spielen.« Mary hoffte, daß ihre Stimme nicht zitterte. »In Indien lag mir nichts daran. Aber hier macht es mich hungrig, und ich werde dicker.«
Er beobachtete sie. »Frau Sowerby sagte, es würde dir guttun. Vielleicht hat sie recht«, meinte er. »Sie schlug vor, daß du erst kräftiger werden solltest, bevor wir eine Erzieherin anstellen.«
»Ich fühle mich kräftig, wenn ich draußen spiele und der Wind vom Moor kommt.«
»Wo spielst du denn?«
»Überall.« Mary schnappte nach Luft. »Marthas Mutter hat mir ein Seil geschenkt. Ich springe Seil und renne. Und ich sehe nach, ob Blumen aus der Erde kommen. Ich tue nichts Dummes.«
»Du brauchst nicht so ängstlich dreinzuschauen«, sagte er mit seiner traurigen Stimme. »Was sollte ein Kind wie du denn Dummes tun? Du darfst machen, was dir gefällt.«
»Darf ich wirklich?« fragte sie erregt.
»Sieh mich nicht so erschrocken an«, sagte er. »Natürlich darfst du. Ich bin dein Beschützer, wenn auch kein guter. Nein, kein guter Beschützer — für welches Kind auch immer! Ich habe weder Zeit noch

Aufmerksamkeit für dich übrig. Ich bin zu krank, zu elend, zu zerstreut. Aber ich möchte doch, daß du glücklich bist und daß du dich behaglich fühlst. Ich habe heute nach dir geschickt und wollte dich sehen, weil Frau Sowerby meinte, ich müßte dich kennenlernen. Ihre Tochter hat ihr von dir erzählt. Sie meinte, du brauchtest frische Luft und Freiheit und viel Bewegung.«

»Sie weiß alles über Kinder«, rief Mary unwillkürlich.

»Das muß sie wohl«, sagte Mr. Craven. »Sie war so mutig und hielt mich mitten im Moor auf, aber sie sagte — meine Frau sei zu ihr sehr freundlich gewesen.« Es schien ihm schwerzufallen, von seiner verstorbenen Frau zu sprechen.

»Sie ist eine Frau, die man achten muß. Jetzt, wo ich dich gesehen habe, glaube ich auch, daß sie recht hat«, sagte er.

»Geh ins Freie, so oft du magst. Der Besitz ist groß, und du kannst gehen, wohin du willst, und spielen, wo du möchtest. Wünschst du dir irgend etwas?« fragte er, als ob ihm ein besonderer Einfall gekommen wäre. »Möchtest du Spielsachen oder Bücher oder Puppen?«

»Dürfte ich wohl —«, zögerte Mary, »dürfte ich wohl ein bißchen Erde haben?« In ihrem Eifer vergaß sie, wie seltsam die Frage klingen mußte, und daß sie eigentlich etwas anderes fragen wollte.

»Erde?« wiederholte er. »Was meinst du damit?«

»Ich könnte Samen säen und Blumen zum Wachsen bringen — beobachten, wie sie lebendig werden.« Mary stockte.

Er starrte sie an, dann fuhr er mit der Hand schnell über seine Augen.

»Liegt dir so viel an einem Garten?« fragte er langsam.

»In Indien nicht«, sagte Mary. »Da war ich immer krank, und es war viel zu heiß. Manchmal habe ich im Sand Beete gemacht und Blumen hineingesteckt. Aber hier ist es ganz anders.«

Mr. Craven stand auf und wanderte langsam im Zimmer umher.

»Ein bißchen Erde«, sagte er zu sich selbst. Mary hatte das Gefühl, daß sie ihn an irgend etwas erinnert haben mußte. Als er vor ihr stehenblieb und sie ansah, blickten seine dunklen Augen fast freundlich.

»Du kannst soviel Erde haben, wie du willst«, sagte er. »Du erinnerst mich an einen Menschen, der die Erde liebte und die Dinge, die sie hervorbringt. Wenn du den Garten siehst, den du haben möchtest, dann nimm ihn, Kind, und laß Leben daraus wachsen.«

»Kann ich ihn nehmen, wo ich will, und wo er nicht gebraucht wird?«

»Wo du willst. So — und nun mußt du gehen, ich bin müde.« Er faßte nach der Klingel, um Mrs. Medlock herbeizurufen. »Auf Wiedersehen! Ich werde den ganzen Sommer über fort sein.«

Mrs. Medlock kam so schnell, daß Mary glaubte, sie habe im Korridor gewartet.

»Mrs. Medlock«, sagte Mr. Craven zu ihr, »jetzt, da ich das Kind gesehen habe, verstehe ich, was Frau Sowerby meinte. Sie muß kräftiger werden, ehe sie zu lernen anfängt. Geben Sie ihr einfache, gesunde Kost. Lassen Sie sie ungebunden draußen herumlaufen. Kümmern Sie sich nicht zuviel um sie. Sie braucht Freiheit, frische Luft und Bewegung. Frau Sowerby soll kommen und sich hier und da nach ihr umsehen, und Mary soll auch mal zu der Hütte fahren.«

Mrs. Medlock sah erleichtert aus. Sie war froh, daß sie sich nicht zuviel um Mary kümmern sollte. Sie hatte diese Aufgabe ohnehin ermüdend gefunden. Außerdem hatte sie Marthas Mutter gern.«

»Danke, Sir«, sagte sie. »Susan Sowerby und ich, wir sind zusammen zur Schule gegangen, und sie ist das gutherzigste und vernünftigste Geschöpf, das man im weiten Umkreis finden kann. Ich habe selber keine Kinder gehabt, aber sie hat zwölf. Sie sind alle gesund und artig. Von ihnen kann Miß Mary nichts Schlechtes lernen. Sie hat das, was Sie vielleicht gesunden Menschenverstand nennen würden — wenn Sie verstehen, was ich meine...« »Ich verstehe schon«, sagte Mr. Craven. »Nehmen Sie Miß Mary nun mit und schicken Sie mir Pitcher.«

Als Mrs. Medlock sie am Ende des Korridors verließ, flog Mary in ihr Zimmer. Dort saß Martha und wartete. Martha war ins Zimmer zurückgeeilt, nachdem sie das Geschirr in der Küche abgestellt hatte. »Ich darf meinen Garten haben«, schrie Mary. »Ich darf ihn haben, wo ich will. Und es dauert noch lange, bis ich eine Erzieherin bekomme. Deine Mutter soll sich um mich kümmern, und ich darf zu eurem Häuschen fahren. Er sagt, ein kleines Mädchen wie ich könne nichts Schlimmes tun, und ich dürfe machen, was ich wolle, und ich könne überall sein.«

»Soso«, sagte Martha freudig, »das war nett von ihm, nicht wahr?«

»Martha«, sagte Mary feierlich, »er ist wirklich ein lieber Mann; sein Gesicht ist nur traurig, und seine Stirn ist voller Falten.«

Mary lief so schnell sie konnte in den Garten. Sie war viel länger weggeblieben, als sie gedacht hatte, und sie wußte, daß Dickon seinen fünf Meilen weiten Heimweg rechtzeitig antreten mußte. Sie schaute sich um, aber kein Dickon war zu sehen. Der geheime Garten war leer — nur das Rotkehlchen war noch da, es kam gerade über die Mauer geflogen, setzte sich auf einen Rosenbusch und beobachtete sie.

Irgend etwas Weißes, das an diesem Rosenbusch hing, fesselte Marys Aufmerksamkeit. Es war ein Stück Papier. Tatsächlich, es war ein Stück des Briefes, den sie mit Martha zusammen an Dickon geschrieben hatte. Es war an einem langen Dorn aufgespießt. Gleich wußte Mary, daß Dikkon eine Botschaft für sie zurückgelassen hatte. Ein paar kleine, unbeholfene Druckbuchstaben waren darauf und eine Zeichnung. Zuerst wußte sie nicht, was es bedeuten sollte. Dann merkte sie, daß ein Nest gezeichnet war, auf dem ein Vogel saß. Darunter waren Buchstaben geschrieben. Mary las: »Ich kumme widder.«

13.

KAPITEL

Ich bin Colin

Mary nahm das Bildchen mit, als sie zum Abendbrot nach Hause ging. Sie zeigte es Martha.

»Aha«, sagte Martha mit großem Stolz. »Ich habe nicht gewußt, daß unser Dickon das kann. Das ist eine Drossel auf einem Nest, nicht so groß wie in Wirklichkeit, aber sehr natürlich.«

Da erst merkte Mary, daß er ihr durch das Bild eine Botschaft geschickt hatte. Er wollte ihr versichern, daß er ihr Geheimnis hüten werde. Oh, wie liebte sie diesen eigenartigen Jungen. Sie hoffte, daß er am nächsten Tag wiederkommen würde, und schlief voll Erwartung auf den morgigen Tag ein. Aber man weiß in Yorkshire nie, was das Wetter vorhat, besonders im Frühjahr. In der Nacht wurde sie von schweren Regentropfen, die gegen das Fenster schlugen, geweckt. Es goß in Strömen, und der Wind rauschte um die Ecken und in den Kaminen des großen alten Hauses. Mary setzte sich im Bett auf. Sie fühlte sich elend und ärgerte sich über das regnerische Wetter.

»Der Regen ist so töricht und trotzig, wie ich es früher war«, sagte sie zu sich selbst. »Er ist gekommen, bloß weil er wußte, daß ich ihn nicht wollte!«

Sie warf sich zurück und begrub ihr Gesicht in den Kissen. Sie weinte nicht, aber sie lag da und verabscheute das Geräusch, das der schwer klatschende Regen verursachte, und haßte den Wind und sein Heulen. Sie konnte nicht wieder einschlafen. Der klagende Ton hielt sie wach, weil sie selber traurig war. Es klingt, als ob ein Mensch sich im Moor verirrt hätte und umherwanderte und klagte, dachte sie.

Sie hatte eine Stunde wach gelegen und sich von einer Seite auf die andere geworfen, als plötzlich etwas geschah, das sie im Bett hochfahren ließ. Sie drehte jäh den Kopf zur Tür und lauschte.

»Das ist nicht der Wind«, flüsterte sie vor sich hin. »Das ist nicht der Wind! Es ist das Schreien, das ich schon einmal gehört habe.«

Die Tür ihres Zimmers war aufgesprungen. Durch den Korridor kam von weit her ein ängstliches Weinen. Sie horchte. Von Minute zu Minute wurde sie sicherer. Sie mußte unbedingt herausfinden, was es war. Dies war ja noch seltsamer als der geheime Garten und der vergrabene Schlüssel. Jetzt wurde Mary tollkühn. Sie steckte ihre Füße aus dem Bett und sprang auf den Fußboden.

»Ich werde nachsehen«, sagte sie. »Alle Menschen sind im Bett. Ich fürchte mich überhaupt nicht vor Mrs. Medlock!«

Auf ihrem Nachttisch stand eine Kerze. Sie zündete sie an und trug sie behutsam aus dem Zimmer. Der Korridor war lang und düster, aber sie war viel zu aufgeregt, um es überhaupt zu bemerken. Sie glaubte sich an die Ecke zu erinnern, um die sie gehen mußte, damit sie die Tapetentür fand, durch die Mrs. Medlock damals gekommen war. Von jenem Flur her war das Weinen gekommen. So schritt sie mit ihrem trüben Licht weiter. Sie tastete sich an den Wänden entlang. Ihr Herz schlug überlaut. Immer noch vernahm sie das Weinen. Es wies ihr den Weg. Manchmal setzte es für eine Weile aus, aber gleich begann es wieder. War dies die Ecke, wo sie abbiegen mußte? Sie blieb stehen und dachte nach. Ja, hier konnte es sein. Dieser Flur noch, danach zwei breite Stufen hinauf und dann rechts ab. Richtig, da war die Tapetentür!

Sie öffnete sie langsam und schloß sie wieder hinter sich. Nun stand sie in einem anderen Korridor und hörte das Weinen deutlicher, aber es klang nicht so laut. Es kam von der anderen Seite der Wand, links, und dort entdeckte sie ein paar Meter weiter eine Tür. Ein Lichtschimmer fiel durch den Türspalt. Im Raum hinter der Tür weinte jemand, und dieser Jemand mußte noch jung sein. Sie ging auf die Tür zu, öffnete sie und stahl sich ins Zimmer. Es war ein großer Raum mit alten, schönen Möbeln. Ein kleines Feuer glomm im Kamin, und ein Nachtlicht brannte neben einem Himmelbett, das vier große geschnitzte Pfosten hatte, an denen Brokatvorhänge hingen. In dem Bett lag ein Junge. Er weinte kläglich.

Mary bezweifelte, daß sie all dies wirklich erlebte. Sie war nicht sicher, ob sie nur im Schlaf lag und alles träumte. Der Junge hatte ein scharfgeschnittenes, zartes Gesicht. Es hatte die Farbe von Elfenbein. Seine Augen waren fast zu groß. Er hatte dichtes Haar, das ihm in schweren Locken in die Stirn fiel. Er sah aus wie ein Junge, der krank war, aber er weinte eher so, als ob er müde und verärgert sei.

Mary stand, die Kerze in der Hand, nahe bei der Tür und hielt den Atem an. Dann schlich sie durch das Zimmer. Als sie näher kam, wurde der Junge durch das Kerzenlicht auf sie aufmerksam. Er hob seinen Kopf

aus den Kissen und starrte sie an. Seine grauen Augen öffneten sich so weit, daß sie riesenhaft wirkten.

»Wer bist du?« sagte er schließlich mit ängstlichem Flüstern. »Bist du ein Geist?«

»Nein«, antwortete Mary. Ihr eigenes Flüstern klang auch erschrokken. »Bist du vielleicht einer?«

Er starrte und starrte. Mary fand, daß er merkwürdige Augen hatte. Sie waren grau wie Achat, viel zu groß für sein Gesicht.

»Nein«, sagte er zögernd. »Ich bin Colin.«

»Wer ist Colin?« stammelte sie.

»Ich bin Colin Craven. Wer bist du?«

»Ich bin Mary Lennox. Mr. Craven ist mein Onkel.«

»Er ist mein Vater«, sagte der Junge.

»Dein Vater?« staunte Mary. »Niemand hat mir gesagt, daß er einen Sohn hat. Warum nicht?«

»Komm näher«, sagte Colin und hielt seine seltsamen Augen noch immer mit ängstlichem und mißtrauischem Ausdruck auf sie geheftet.

Sie trat an das Bett heran. Er streckte seine Hand aus und berührte sie.

»Du bist wirklich, nicht wahr? Ich habe oft seltsame Träume. Vielleicht bist du ein Traum?«

Mary hatte, ehe sie ihr Zimmer verließ, einen wollenen Morgenmantel übergeworfen. Sie legte ein Stückchen des Wollstoffes in seine Finger.

»Faß es an«, sagte sie, »und fühl, wie dick und warm der Stoff ist. Ich könnte dich ein bißchen kneifen, damit du merkst, daß ich wirklich bin. Ich habe auch einen Augenblick gedacht, du seist ein Traum.«

»Woher kommst du?« fragte er.

»Aus meinem Zimmer. Der Wind heulte so, daß ich nicht schlafen konnte. Dann hörte ich jemanden weinen und wollte herausfinden, wer es war. Warum hast du geweint?«

»Weil ich auch nicht schlafen konnte. Und ich hatte Kopfschmerzen. Sag mir deinen Namen noch einmal.«

»Mary Lennox. Hat dir keiner erzählt, daß ich hierhergekommen bin, um hier zu leben?«

Er befühlte noch immer den Stoff ihres Morgenrockes, aber er schien nun langsam daran zu glauben, daß sie aus Fleisch und Blut war.

»Nein«, sagte er. »Sie haben es nicht gewagt.«

»Warum nicht?« fragte Mary.

»Weil ich Angst gehabt hätte, daß du mich sehen wolltest. Ich will nicht, daß die Menschen mich sehen und über mich reden.«

»Warum denn?« fragte Mary wieder, mehr und mehr erstaunt.

»Weil ich immer so bin wie jetzt — krank. Und ich muß immer im Bett liegen. Mein Vater will auch nicht, daß die Leute über mich reden. Die Dienstboten dürfen nicht über mich sprechen. Wenn ich am Leben bliebe, würde ich einen Buckel kriegen, aber ich werde nicht am Leben bleiben. Mein Vater verabscheut den Gedanken, daß ich so werden könnte wie er.«

»Oh«, rief Mary, »was ist das für ein seltsames Haus! Alles ist voller Geheimnisse. Die Zimmer sind verschlossen, sogar Gärten sind verschlossen, und jetzt du! Bist du auch eingeschlossen gewesen?«

»Nein, ich bleibe in diesem Zimmer, weil ich nicht hinaus will. Es macht mich zu müde.«

»Kommt dein Vater dich besuchen?« forschte Mary.

»Manchmal. Meist, wenn ich schlafe. Er mag mich nicht ansehen.«

»Warum denn?« Mary konnte die Frage nicht unterdrücken.

Ein Schatten von Trauer legte sich über das Gesicht des Jungen.

»Meine Mutter starb, als ich geboren wurde. Es macht ihn traurig, mich anzusehen. Er glaubt, ich wisse es nicht, aber ich habe die Leute darüber reden hören. Er haßt mich.«

»Er haßt auch den Garten, weil sie starb.«

»Welchen Garten?« fragte der Junge.

»Ach – irgend so ein Garten, den sie besonders gern hatte«, stotterte Mary. »Bist du immer hier gewesen?«

»Fast immer. Ein paarmal haben sie mich an die See gebracht. Aber da wollte ich nicht sein, weil die Menschen mich anstarrten. Ich mußte einen eisernen Halter tragen, um meinen Rücken geradezurichten. Aber ein berühmter Doktor ist aus London gekommen, mich zu untersuchen. Und er hat gesagt, der Halter wäre dumm. Sie mußten ihn abnehmen. Er sagte, ich müßte an die frische Luft. Aber ich will nicht draußen sein.«

»Zuerst, als ich hierherkam, wollte ich auch nicht«, sagte Mary. »Warum guckst du mich so an?«

»Weil Träume oft so echt sind«, antwortete er. »Manchmal, wenn ich meine Augen öffne, kann ich gar nicht glauben, daß ich wach bin.«

»Wir sind jetzt beide wach«, sagte Mary. Sie schaute sich um und betrachtete das Zimmer mit seiner hohen Decke und dem trüben Kaminfeuer. »Es sieht fast so aus wie in einem Traum, und es ist Mitternacht. Jeder Mensch im Haus schläft – nur wir beide nicht. Wir sind ganz wach.«

»Ich möchte auch nicht, daß es ein Traum ist«, sagte der Junge unruhig.

Plötzlich fiel Mary etwas ein.

»Wenn du keinen Menschen sehen magst, dann ist es dir vielleicht lieber, wenn ich weggehe?«

Er hatte den Zipfel des Morgenmantels noch immer in der Hand und zog leicht daran.

»Nein«, sagte er, »wenn du weggehst, bin ich sicher, daß alles nur ein Traum war. Wenn du echt bist, dann setz dich auf die Fußbank und erzähle. Ich möchte etwas über dich hören.«

Mary stellte ihre Kerze auf den Nachttisch, nahm ein Kissen und setzte sich auf die Fußbank.

»Was soll ich dir denn erzählen?« fragte sie.

Er wollte wissen, wie lange sie schon in Misselthwaite war, an welchem Korridor ihr Zimmer lag, was sie tat, ob sie das Moor gern hatte oder etwa nicht leiden konnte. Wo sie gelebt hatte, ehe sie nach Yorkshire gekommen war. Sie beantwortete diese und noch weitere Fragen. Er lag in seinen Kissen und hörte gespannt zu. Sie mußte ihm von Indien erzählen und von ihrer Reise über den Ozean. Sie fand heraus, daß er manches nicht wußte, was andere Kinder wissen. Es lag an seiner Krankheit. Eine seiner Krankenschwestern hatte ihm das Lesen beigebracht, als er noch ganz klein war, und so las er viel und schaute sich Bilder an in den kostbaren Büchern, die ihm gehörten.

Obgleich sein Vater ihn selten besuchte, bekam er alle möglichen wundervollen Geschenke. Er bekam alles, wonach er verlangte, und wurde nie gezwungen, irgend etwas zu tun, das er nicht tun wollte.

»Jeder muß hier tun, was mir paßt«, sagte er gleichgültig. »Es macht mich krank, wenn ich zornig werde. Niemand glaubt, daß ich groß werde. Ich sterbe früh.«

Er sagte es in einer Weise, als wäre dieser Gedanke ihm so vertraut, daß es ihn nicht mehr berührte. Er schien den Klang von Marys Stimme gern zu haben. Während sie erzählte, horchte er interessiert und zugleich schläfrig zu. Ein- oder zweimal dachte sie, er sei eingeschlafen. Aber dann stellte er plötzlich eine neue Frage, und sie mußte weitererzählen.

»Wie alt bist du?« fragte er.

»Ich bin zehn«, sagte sie und vergaß einen Augenblick ihre Vorsicht. »Und so alt bist du auch!«

»Woher weißt du das?« fragte er überrascht.

»Weil das Gartentor verschlossen und der Schlüssel vergraben wurde, als du zur Welt kamst. Und das war vor zehn Jahren.«

Colin richtete sich halb auf und wandte sich ihr zu.

»Welches Gartentor wurde verschlossen? Wer hat das getan? Wo wurde der Schlüssel vergraben?« Er sagte es heftig.

»Es – es war der Garten, den Mr. Craven haßt.« Mary wurde nervös. »Er hat das Tor verschlossen und den Schlüssel vergraben.«

»Was ist das für ein Garten?« fragte Colin eifrig.

»Seit zehn Jahren darf kein Mensch hineingehen«, war Marys vorsichtige Antwort.

Aber es war schon zu spät. Er war ihr zu ähnlich. Auch er hatte nichts, worüber es sich nachzudenken lohnte. Der Gedanke an einen verschwiegenen Garten fesselte ihn ebenso, wie er sie gefesselt hatte. Er stellte Fragen über Fragen. Wo war der Garten? Hatte sie nie nach dem Tor gesucht? Hatte sie die Gärtner nie gefragt?

»Sie wollen nicht darüber reden«, sagte Mary. »Ich glaube, man hat es ihnen verboten.«

»Ich würde es ihnen befehlen und würde sie zum Sprechen bringen«, sagte Colin.

»Könntest du das wirklich?« Mary stotterte, sie wurde langsam ängstlich. Wenn er die Leute zwingen konnte, was würde daraus werden?

»Jeder ist verpflichtet zu tun, was mir gefällt. Das habe ich dir schon gesagt. Wenn ich am Leben bleiben würde, dann wäre ich hier eines Tages der Herr. Das weiß jeder. Ich könnte sie zwingen, zu sprechen.«

Mary hatte nicht gewußt, daß sie schlecht erzogen worden war, aber sie spürte deutlich, daß dieser geheimnisvolle, arme Junge schlecht erzogen und verwöhnt war. Er dachte, die ganze Welt gehöre ihm. Wie eigentümlich er doch war und wie gleichgültig er über sein Leben sprach.

»Glaubst du wirklich, daß du nicht lange leben kannst?« fragte sie, teils aus Neugier, teils um seine Gedanken von dem Garten abzuwenden.

»Ich glaube, nein«, sagte er so kühl wie vorher. »Solange ich zurückdenke, habe ich die Leute sagen hören, ich könnte nicht leben. Zuerst dachten sie, ich sei zu klein, um es zu verstehen, und jetzt denken sie, ich höre nicht zu. Aber ich höre es. Der Arzt, der mich behandelt, ist ein Vetter meines Vaters. Er ist arm, und wenn ich sterbe, erbt er Misselthwaite. Ich kann mir vorstellen, wie wenig dem daran liegt, daß ich lebe.«

»Möchtest du denn leben?« fragte Mary.

»Nein«, sagte er ärgerlich und müde. »Aber ich möchte auch nicht sterben. Wenn ich mich krank fühle, liege ich und denke darüber nach, bis ich schreie und schreie. Aber laß uns von etwas anderem sprechen. Reden wir doch vom Garten. Möchtest du ihn nicht gern sehen?«

»Doch«, antwortete Mary mit leiser Stimme.

»Ich auch«, fuhr er hartnäckig fort. »Ich kann mich nicht erinnern, daß ich irgendeinmal etwas unbedingt sehen wollte, aber diesen Garten möchte ich sehen. Ich möchte, daß der Schlüssel ausgegraben wird. Sie müßten mich in meinem Rollstuhl hinfahren. Dann hätte ich frische Luft. Ich werde sie zwingen, mir das Tor zu öffnen.«

Er wurde ganz aufgeregt. Seine Augen glänzten und sahen noch größer aus als zuvor. »Sie müssen mich hinbringen, und du kommst mit.«

Mary schlug die Hände zusammen. Alles würde auf diese Art verdorben werden — alles! Dickon würde nie wiederkommen. Sie würde nie wieder wie eine Drossel auf dem versteckten Nest sein.

»Oh«, rief sie, »tu das nicht — tu's nicht, bitte!« rief sie.

Er starrte sie an, als ob er sie für irrsinnig hielte. »Warum denn?« fragte er, »du hast doch gesagt, du möchtest den Garten sehen.«

»Das stimmt«, sagte sie mit einem Schluchzen in der Kehle, »aber wenn du sie zwingst, das Tor zu öffnen und dich hinzufahren, dann wird es nie mehr ein Geheimnis sein.«

Er beugte sich vor. »Ein Geheimnis?« sagte er. »Was meinst du damit?«

Marys Worte purzelten nur so heraus. »Weißt du — weißt du, wenn nur wir davon wüßten, daß da ein Tor ist, unter Efeu ganz versteckt, wenn es eines gäbe — meine ich... Wenn wir dann zusammen hindurchkriechen würden, könnten wir hinter uns zuschließen. Niemand wüßte, daß wir drinnen wären. Wir würden ihn unseren Garten nennen und so tun, als wären wir Drosseln, und der Garten wäre unser Nest. Wir könnten da jeden Tag spielen und graben und säen und alles lebendig machen.

»Ist der Garten tot?« unterbrach er sie.

»Er wird es bald sein, wenn sich keiner um ihn kümmert«, fuhr sie fort. »Die Knollen werden sich durchsetzen, aber die Rosen —.«

»Was sind Knollen?« fragte er.

»Narzissen und Lilien und Schneeglöckchen. Sie entwickeln sich in der Erde weiter und stoßen jetzt mit kleinen Spitzen aus der Erde hervor, weil der Frühling kommt.«

»Kommt der Frühling?« fragte er. »Wie ist das? Wenn man krank im Zimmer liegt, dann sieht man den Frühling nicht.«

»Wenn die Sonne auf den Regen kommt und Regen fällt auf Sonne und die Pflanzen sich unter der Erde regen«, sagte Mary. »Wenn der Garten unser Geheimnis wäre und wir hinein könnten, würden wir beobachten, wie die Triebe von Tag zu Tag größer werden, und wir könnten sehen, wie viele Rosen noch am Leben sind. Verstehst du das? Merkst du nicht, wieviel schöner es wäre, wenn der Garten unser Geheimnis bliebe?«

Er fiel auf sein Kissen zurück und lag dort mit einem seltsamen Ausdruck im Gesicht.

»Ich habe noch nie ein Geheimnis gehabt«, sagte er. »Nur das, daß ich nicht so lange lebe, bis ich groß bin. Sie wissen nicht, daß ich es weiß, also ist es eine Art Geheimnis. Aber deines gefällt mir besser.«

»Wenn du sie nicht zwingen willst, dich hinzufahren«, fuhr Mary hartnäckig fort, »dann vielleicht — ich bin fast sicher, daß ich eines Tages herausfinde, wie man hineinkommt. Und dann könnten wir allein hineingehen, und der Garten bliebe unser Geheimnis.«

»Das fände ich — das fände ich fein«, seine Augen schauten verträumt. »In einem geheimen Garten hätte ich nichts gegen frische Luft.«

Mary kam wieder zu Atem und fühlte sich wohler, weil die Idee von einem Geheimnis ihm zu gefallen schien.

»Ich will dir erzählen, wie es sein würde, wenn wir ihn fänden und hineingehen könnten«, sagte sie. »Da er so lange verschlossen gewesen ist, würden die Ranken wie dicke Vorhänge aussehen.«

Er lag ganz still und hörte zu. Sie erzählte, wie die Rosen vielleicht von einem Baum zum anderen geklettert waren. Viele Vögel hätten dort ihre Nester angelegt. Dann berichtete sie vom Rotkehlchen und von Ben Weatherstaff. Es gab so viel von Robin zu berichten, und sie erzählte so leicht und sicher davon, daß sie ihre Angst verlor. Das Rotkehlchen gefiel ihm gut, er lächelte und sah dabei plötzlich hübsch aus. Anfänglich hatte Mary gedacht, er sei noch häßlicher als sie, mit seinen übergroßen Augen und dem vielen Haar, das ihm in die Stirn hing.

»Ich habe nie gedacht, daß Vögel so sind«, sagte er. »Aber wenn man immer im Zimmer bleibt, sieht man natürlich nichts. Du weißt aber viel. Mir kommt es vor, als wärst du schon in dem Garten gewesen.«

Sie wußte nicht, was sie antworten sollte. Also sagte sie lieber gar nichts. Er erwartete offensichtlich auch keine Antwort. Im nächsten Augenblick sagte er überraschend: »Ich zeig' dir etwas. Siehst du den rosa Vorhang über dem Kamin?«

Mary hatte ihn bisher nicht bemerkt, aber sie schaute auf und sah ihn. Es war ein Vorhang aus leichter Seide.

»An der Seite ist eine Schnur«, sagte Colin. »Geh mal und zieh dran.«

Mary stand verwundert auf und entdeckte die Schnur. Als sie daran zog, glitt der Vorhang zur Seite und gab ein Bild frei. Es zeigte ein Mädchen mit lachendem Gesicht. Es hatte helles, blondes Haar, das von einem blauen Band zusammengehalten wurde. Ihre heiteren, lieblichen Augen waren so grau wie die traurigen Augen Colins.

»Sie ist meine Mutter«, sagte Colin kläglich. »Ich weiß nicht, warum sie gestorben ist. Manchmal hasse ich sie, weil sie das getan hat.«

»Wie seltsam«, sagte Mary.

»Ich glaube, wenn sie gelebt hätte, wäre ich nicht immer krank«, zürnte er. »Ich glaube, dann könnte ich auch groß werden. Und mein Vater würde meinen Anblick nicht verabscheuen. Ich glaube wirklich, daß ich dann einen starken Rücken gehabt hätte. Zieh den Vorhang wieder zu.«

Mary tat es und setzte sich wieder auf die Fußbank.

»Sie ist hübscher als du«, sagte sie, »aber du hast ihre Augen. Warum hängt der Vorhang davor?«

Er bewegte sich unbehaglich.

»Ich habe das so gewollt. Manchmal will ich nicht, daß sie mich ansieht. Sie lächelt zuviel, wenn ich krank und elend bin. Außerdem gehört sie mir, und ich möchte nicht, daß jeder sie anschaut.«

Einige Augenblicke lang herrschte Stillschweigen. Dann sagte Mary:

»Was würde Mrs. Medlock tun, wenn sie herausfände, daß ich hier war?« — wollte sie wissen.

»Sie würde tun, was ich ihr befehle«, antwortete er.

»Und ich würde ihr sagen, daß ich dich jeden Tag sehen will, damit du mir etwas erzählst. Ich freue mich, daß du gekommen bist.«

»Ich freue mich auch«, sagte Mary. »Ich will so oft kommen, wie ich kann, aber —«, sie zögerte, »ich muß auch jeden Tag das Gartentor suchen.«

»Ja, das mußt du«, sagte Colin, »und nachher mußt du mir berichten.« Nachdenklich lag er wieder einige Minuten.

»Ich glaube, du bleibst auch mein Geheimnis«, sagte er. »Ich will ihnen nicht von dir erzählen, bis sie es selbst herausfinden. Ich kann die Krankenschwester aus dem Zimmer schicken und sagen, daß ich allein sein möchte. Kennst du Martha?«

»Ja, die kenne ich gut«, sagte Mary, »sie bedient mich.«

Er deutete mit dem Kopf zum Korridor. »Sie schläft im nächsten Zimmer. Martha muß immer auf mich aufpassen, wenn die Krankenschwester ausgeht. Martha kann dir bestellen, wann du wieder zu mir kommen sollst.«

Mary verstand jetzt, warum Martha so unruhig gewesen war, als sie ihr Fragen über das Weinen gestellt hatte.

»Hat Martha die ganze Zeit von dir gewußt?« fragte sie.

»Ja, sie pflegt mich oft. Die Schwester geht gern weg von mir, und dann kommt immer Martha.«

»Jetzt bin ich aber lange hiergewesen«, sagte Mary. »Soll ich nun gehen? Deine Augen sind ganz schläfrig.«

»Ich wollte, ich schliefe ein, bevor du weggehst«, sagte er scheu.

»Mach die Augen zu«, sagte Mary und zog ihre Fußbank näher heran. »Ich mache jetzt, was meine Ayah in Indien immer getan hat. Ich streichle deine Hand und singe ganz leise.«

»Das gefällt mir vielleicht«, sagte er ganz erschöpft.

Sie lehnte sich an das Bett und faßte nach seiner Hand. Sie streichelte sie und sang ganz leise ein altes Lied auf hindustanisch.

»Das tut gut«, sagte er schläfrig. Und sie sang und streichelte seine Hand. Bald lagen seine dunklen Wimpern fest auf den Wangen, seine Augen waren geschlossen. Er schlief. Sie erhob sich leise, nahm die Kerze und stahl sich lautlos aus dem Raum.

14.

KAPITEL

Ein junger Rayah

Am nächsten Morgen lag das Moor im Nebel. Der Regen fiel noch immer in Strömen. Ans Hinausgehen war nicht zu denken. Martha war so beschäftigt, daß Mary keine Gelegenheit fand, mit ihr zu sprechen. Aber am Nachmittag bat sie sie, mit ihr zusammen im Kinderzimmer zu bleiben.

Martha brachte die Strümpfe mit, die sie immer strickte, wenn sie nicht gerade mit etwas anderem beschäftigt war.

»Was ist mit dir?« sagte sie, kaum hatte sie sich gesetzt. »Du siehst aus, als hättest du mir etwas zu sagen.«

»Stimmt. Ich habe herausgefunden, wer weint!« sagte Mary.

Martha ließ den Strickstrumpf auf die Knie sinken und sah Mary entsetzt an.

»Das ist nicht wahr!«

»Ich hörte es wieder heute nacht«, fuhr Mary fort. »Und ich bin aufgestanden und habe gesucht, woher es kam. Es war Colin. Ich habe ihn gefunden.«

»Oh, Mary«, sagte sie fast weinend, »das hättest du nicht tun sollen — wirklich nicht! Ich habe dir nie etwas von ihm erzählt. Jetzt werd' ich nichts als Schwierigkeiten haben. Ich werde meine Stelle verlieren, und was soll Mutter dann tun?«

»Du wirst deine Stelle nicht verlieren«, sagte Mary. »Er war glücklich, weil ich zu ihm kam. Er redete und redete und sagte, er freue sich, daß ich gekommen sei.«

»Wahrhaftig?« fragte Martha. »Bist du ganz sicher? Du weißt nicht, wie er ist, wenn ihn etwas ärgert. Er ist ein großer Junge, aber er weint wie ein Baby, und wenn er in Wut gerät, dann schreit er ganz furchtbar, nur um uns alle zu erschrecken.«

»Er war nicht ärgerlich«, sagte Mary. »Ich fragte ihn, ob ich fortgehen sollte, aber er hat mich gebeten, dazubleiben. Er stellte mir Fragen. Ich

saß auf einer großen Fußbank und erzählte ihm von Indien, von dem Rotkehlchen und den Gärten. Er wollte mich nicht mehr weggehen lassen. Das Bild seiner Mutter hat er mir auch gezeigt. Ehe ich fortgegangen bin, habe ich ihn in den Schlaf gesungen.«

Martha atmete hastig vor Erstaunen.

»Ich kann dir kaum glauben«, beteuerte sie. »Du hättest ebensogut geradewegs in die Höhle des Löwen hineinlaufen können. So wie er ist, hätte er einen Anfall bekommen und das ganze Haus zusammenschreien können. Er will nicht, daß Fremde ihn ansehen.«

»Ich durfte ihn ruhig ansehen. Ich habe ihn die ganze Zeit angesehen, und er mich. Wir haben uns angestarrt.«

»Ich weiß nicht, was ich tun soll«, rief Martha aufgeregt. »Wenn Mrs. Medlock es herausfindet, wird sie denken, ich habe ihr nicht gehorcht und dir von ihm erzählt, und dann kann ich meine Sachen packen und nach Hause gehen.«

»Er wird Mrs. Medlock noch nichts sagen. Zuerst soll es ein Geheimnis bleiben«, sagte Mary mit fester Stimme. »Und er sagt, jeder muß tun, was ihm gefällt.«

»Das ist allerdings wahr — der böse Junge!« seufzte Martha und fuhr mit der Schürze über ihre Stirn.

»Er sagt, Mrs. Medlock muß ihm auch gehorchen. Und er möchte, daß ich jeden Tag komme, um ihm etwas zu erzählen. Und du sollst mir bestellen, wann er mich sehen will.«

»Ich?« rief Martha. »Ich werde meine Stelle verlieren — das ist sicher!«

»Das wirst du nicht, wenn du tust, was er sagt«, erklärte ihr Mary.

»Du willst aber doch nicht sagen«, stammelte Martha mit weitaufgerissenen Augen, »daß er nett zu dir war?«

»Ich glaube, er mochte mich sehr.«

»Du mußt ihn verhext haben«, entschied Martha und atmete tief auf.

»Glaubst du an Zauberei?« fragte Mary. »In Indien habe ich viel über Zauberei gehört, aber ich kann nicht hexen. Ich ging einfach so in sein Zimmer, und ich war so überrascht, daß ich ihn nur anstarrte. Er drehte sich um und starrte mich auch an. Und er dachte, ich sei vielleicht ein Geist oder ein Traum, und ich meinte das gleiche von ihm. Es war seltsam, so allein miteinander mitten in der Nacht, und wir kannten uns doch gar nicht.«

»Die Welt geht unter«, sagte Martha.

»Was fehlt ihm eigentlich?« fragte Mary.

»Das weiß niemand mit Sicherheit«, sagte Martha. »Mr. Craven verlor die Nerven, als der Junge geboren wurde. Die Ärzte meinten, man müßte Mr. Craven in ein Sanatorium schicken. Es kam daher, weil Mrs. Craven starb. Das habe ich dir schon erzählt. Er wollte das Kind nicht sehen. Er tobte und sagte, der Junge würde einen Buckel haben so wie er, und es wäre besser, wenn er stürbe.«

»Hat Colin denn einen Buckel?« fragte Mary. »Er sah doch gar nicht so aus.«

»Er hat ihn noch nicht. Aber es fing alles falsch an. Meine Mutter sagte, so viel Unvernunft und Wahnsinn in einem Haus würden jedes Kind krank machen. Sie hatten Angst, sein Rücken könnte schwach sein, und achteten darauf, daß er immer nur liegt und nie umhergeht. Eine Zeitlang hatten sie ihm einen Panzer umgelegt, aber er wehrte sich so sehr dagegen, daß er erst recht krank wurde. Dann kam ein berühmter Arzt und sagte, der Panzer müsse sofort wieder weg. Er sprach sehr unfreundlich mit dem anderen Doktor. Er sagte, es würde zu viel an dem Jungen herumgedoktert, man müsse ihn in Ruhe lassen.«

»Ich glaube, er ist schrecklich verzogen«, sagte Mary.

»Er ist der schlimmste Junge, den es gibt«, sagte Martha. »Damit will ich nicht sagen, daß er nicht wirklich krank ist. Er hat Husten gehabt und schreckliche Erkältungen, die ihn fast getötet haben. Einmal hat er Nervenfieber gehabt und einmal Typhus. Mrs. Medlock war furchtbar erschrocken. Einmal war es, als wäre er gar nicht mehr bei Verstand, und er sprach ganz verworren mit der Krankenschwester. Da sagte die Schwester: *Diesmal stirbt er, und das wäre das Beste für ihn und für alle anderen.* Sie sah ihn an, und da riß er seine Augen weit auf und schaute sie ganz verständig an. Sie wußte nicht, was sie denken sollte. Er sagte: *Du gibst mir sofort etwas Wasser und hörst auf zu reden.*«

»Glaubst du, daß er sterben wird?« fragte Mary.

»Mutter sagt, sie kann sich nicht vorstellen, daß ein Kind leben kann, wenn es keine frische Luft bekommt und nur auf seinem Rücken liegen und Bilderbücher ansehen und Medizin schlucken muß. Er ist schwach und will nicht ins Freie gebracht werden. Er erkältet sich dann so leicht. Er behauptet, es mache ihn krank.«

Mary schaute ins Feuer. »Es sollte mich nicht wundern, wenn es ihm nicht guttäte, in den Garten hinauszugehen und zuzusehen, wie die Blumen wachsen. Mir hat es auch geholfen.«

»Er hatte einen seiner schlimmsten Anfälle, als man ihn in den Garten zum Springbrunnen brachte, wo viele Rosen stehen. Er hatte in der Zeitung gelesen, daß manche Leute Rosenfieber bekämen. So nannte er es. Und er fing an zu niesen. In diesem Augenblick kam ein neu eingestellter Gärtner vorbei, der noch nicht über ihn Bescheid wußte. Der sah ihn neugierig an. Colin steigerte sich in einen Anfall hinein und sagte, der Gärtner hätte ihn angestarrt, weil er einen Buckel bekomme. Er schrie wie im Fieber die ganze Nacht.«

»Wenn er ein einziges Mal so mit mir umgeht, werde ich nie mehr hingehen und ihn besuchen.«

»Wenn er will, daß du kommst, dann wirst du schon hingehen müssen«, sagte Martha. »Das mußt du von vornherein wissen.«

Kurz danach klingelte es, und Martha rollte ihr Strickzeug zusammen.

»Die Krankenschwester will sicher, daß ich komme und ein bißchen bei ihm bleibe. Ich hoffe nur, er ist gut gelaunt.«

Sie war etwa zehn Minuten fort gewesen, als sie mit verwirrtem Gesicht zurückkam.

»Ganz bestimmt hast du ihn verhext«, sagte sie. »Er sitzt auf dem Sofa und schaut Bilderbücher an. Er hat der Krankenschwester befohlen, bis sechs Uhr fortzugehen. Ich soll mich im Zimmer nebenan aufhalten. Kaum war die Schwester weg, da hat er mich gerufen und gesagt: *Ich möchte, daß Miß Mary Lennox kommt und sich mit mir unterhält. Und vergiß nicht, du darfst mit keinem Menschen darüber sprechen.* Das sagte er. Geh jetzt zu ihm, Mary, so schnell du kannst.«

Mary entfernte sich sogleich. Ihr lag zwar nicht so viel an Colin wie an Dickon, aber sie wollte doch gern bei ihm sein.

Ein helles Feuer brannte im Kamin, als sie das Zimmer betrat. Bei Tageslicht sah sie, daß es wirklich ein sehr schönes Zimmer war. Teppiche und Vorhänge waren von auserlesener Farbe, die Bilder und die Bücher an den Wänden machten es gemütlich, trotz grauem Himmel und strömendem Regen. Colin sah selber fast wie ein Bild aus. Er trug einen Morgenrock aus Samt und lehnte an einem großen Brokatkissen. Auf seinen Wangen brannten rote Flecke.

»Komm herein«, sagte er. »Ich habe den ganzen Morgen an dich gedacht.«

»Ich habe auch an dich gedacht«, antwortete Mary. »Du kannst dir nicht vorstellen, wie erschrocken Martha war. Sie sagte, Mrs. Medlock wird denken, sie habe mir von dir erzählt, und Mrs. Medlock wird sie wegschicken.«

Er legte die Stirn in Falten.

»Geh und sag ihr, daß sie hereinkommen soll. Sie ist im Nebenzimmer.«

Mary ging und holte Martha herein. Die Arme zitterte wie Espenlaub. Colins Stirn lag noch immer in Falten.

»Mußt du tun, was mir gefällt, ja oder nein?« fragte er.

»Ja, Sir«, stammelte Martha errötend.

»Muß Mrs. Medlock tun, was ich ihr sage?«

»Jeder muß das, Sir.«

»Also, wenn ich will, daß du Miß Mary bringst, wie könnte Mrs. Medlock da wagen, dich wegzuschicken, wenn sie es herausfindet?«

»Bitte, ich möchte nicht, daß sie mich wegschickt!«

»Ich werde Mrs. Medlock fortschicken, wenn sie es wagt«, sagte der junge Mr. Craven würdevoll. »Und das hätte sie nicht gern, darauf kannst du dich verlassen.«

»Danke, Sir«, sagte Mary und knickste. »Ich möchte nur meine Pflicht tun, Sir.«

»Alles, was ich möchte, ist, daß du deine Pflicht tust«, sagte Colin noch großartiger. »Ich werde dich beschützen. Du kannst jetzt gehen.«

Als die Tür sich hinter Martha schloß, bemerkte Colin, daß Mary ihn verwundert und nachdenklich betrachtete.

»Warum guckst du mich so an?« fragte er. »Woran denkst du?«

»Ich denke an zwei Dinge.«

»Woran? Setz dich hin und erzähle.«

»Ich habe einmal in Indien einen Jungen gesehen, der war ein Rayah, ein Fürst. Er war übersät mit Rubinen, Saphiren und Diamanten. Zu seinem Volk sprach er wie du mit Martha. Jeder mußte ihm auf der Stelle gehorchen. Ich glaube, wer nicht gehorchte, der wurde getötet.«

»Ich werde dir befehlen, mir auf der Stelle von den Rayahs zu erzählen. Aber was war das zweite, woran du dachtest?«

»Ich dachte darüber nach, wie anders du bist als Dickon.«

»Wer ist Dickon?« fragte er. »Was für ein komischer Name!«

Sie dachte, es wäre am besten, ihm gleich von Dickon zu erzählen. Sie konnte von ihm berichten, ohne den geheimen Garten zu erwähnen, und durfte dabei das Gefühl haben, daß ihr Freund ganz nah war.

»Dickon ist Marthas Bruder. Er ist zwölf Jahre alt«, erklärte sie. »Er gleicht keinem anderen Jungen auf der Welt. Er kann Füchse, Eichhörnchen und Vögel bezaubern, so wie die Eingeborenen in Indien Schlangen beschwören können. Er bläst ein ganz sanftes Lied auf seiner Pfeife, und dann kommen die Tiere und lauschen.«

Colin hatte auf einem Tischchen neben sich große Bilderbücher liegen. Er zog plötzlich eines hervor und blätterte darin.

»Hier ist ein Bild von einem Schlangenbeschwörer«, sagte er.

»Komm und sieh es dir an.«

Das Buch war wunderbar. Er zeigte auf eines der Bilder.

»Kann Dickon das?« fragte er rauh.

»Er blies auf seiner Pfeife, und sie hörten zu«, erklärte Mary. »Aber er nennt es nicht Zauberei. Er sagt, es kommt daher, weil er viel im Moor ist und sie so gut kennt. Er sagt, er fühlt sich manchmal selbst wie ein Kaninchen oder ein Vogel. Er liebt sie so sehr. Ich glaube, er stellt dem Rotkehlchen richtige Fragen. Sie unterhielten sich mit Gezwitscher.«

Colin legte sich in sein Kissen zurück, seine Augen wurden größer und größer.

»Erzähl mir mehr von ihm«, sagte er.

»Er kennt ihre Nester, und er weiß, wo Füchse und Ottern und Dachse wohnen. Er hütet ihre Geheimnisse, damit andere Jungen ihre Höhlen nicht finden und sie nicht erschrecken können. Er weiß alles über alle, die im Moor leben.«

»Liebt er das Moor?« sagte Colin. »Wie kann man ein großes, ödes, nacktes Stück Land gern haben?«

»Es ist ein herrliches Stück Land«, fuhr Mary fort. »Tausende von lieblichen Blumen wachsen da, und Tausende von kleinen Wesen sind fleißig damit beschäftigt, Höhlen und Burgen und Nester zu bauen. Sie quieken und zwitschern miteinander auf der Heide und in den Bäumen. Es ist ihre Welt.«

»Woher weißt du das alles?« fragte Colin und stützte sich wieder auf den Ellbogen, um sie anzusehen.

»Eigentlich bin ich selber noch nie dort gewesen«, sagte Mary überrascht. »Ich bin nur im Dunklen darüber gefahren. Ich fand es scheußlich. Dann hat mir Martha davon erzählt und später Dickon. Wenn Dikkon erzählt, hast du das Gefühl, daß du selber alles siehst und hörst und selbst in der Heide stehst. Die Sonne scheint, du riechst, wie der Ginster nach Honig duftet — und überall fliegen Bienen und Schmetterlinge.«

»Wenn man krank ist, sieht man nichts«, klagte Colin.

Er hörte sich an wie ein Mensch, der in der Ferne einen neuen Klang zu hören glaubt und nicht weiß, was es ist.

»Das kannst du ja auch nicht, wenn du immer im Zimmer bleibst«, sagte Mary.»Ich könnte ja doch nicht ins Moor gehen«, erwiderte er mutlos.

Mary schwieg eine Weile, dann sagte sie kühn: »Vielleicht kannst du es eines Tages.«

»Ins Moor gehen? Wie könnte ich das? Ich werde ja doch bald sterben.«

»Woher willst du das wissen?« fuhr Mary ihn an. Die Art, wie er von seinem Tod sprach, gefiel ihr ganz und gar nicht. Es war, als wollte er damit prahlen.

»Oh, ich habe es gehört, so lange ich zurückdenken kann«, sagte er ärgerlich. »Sie flüstern immer und denken, ich höre es nicht. Sie wären froh, wenn ich sterben würde.«

Mary kniff die Lippen zusammen. »Dann würde ich aber erst recht nicht sterben. Wer möchte denn, daß du tot wärst?«

»Die Dienstmädchen und natürlich Dr. Craven, weil er dann Misselthwaite bekommt und reich wird. Er wagt es nicht zu sagen, aber er sieht immer vergnügt aus, wenn es mir schlecht geht. Als ich Typhus hatte, strahlte er geradezu. Ich glaube, mein Vater möchte es auch.«

»Das glaube ich nicht«, sagte Mary erbost.

Colin drehte sich ihr zu und sah sie an.

»Du glaubst es nicht?« sagte er leise.

Dann lehnte er sich zurück und schien nachzudenken. Ein langes Schweigen entstand. Vielleicht hatten beide seltsame Gedanken — Gedanken, die Kinder sonst nicht haben.

»Ich mag den berühmten Doktor, der einmal aus London kam, weil er dafür gesorgt hat, daß sie dir das eiserne Ding wegnahmen«, sagte Mary endlich. »Glaubt er auch, daß du sterben mußt?«

»Nein.«

»Was hat er denn gesagt?«

»Er hat nicht geflüstert. Vielleicht hat er gewußt, daß ich Flüstern nicht leiden kann. Alles, was er sagte, klang laut. Er sagte: *Der Junge könnte leben, wenn er sich nur selbst dazu entschließen würde. Bringt ihn in die richtige Stimmung.* Es klang, als ob er wütend gewesen wäre.«

»Ich wüßte, wer dich in die richtige Stimmung bringen könnte«, überlegte Mary. »Ich glaube, Dickon könnte es. Er spricht von allem, was lebendig ist. Von Toten oder Kranken redet er nicht. Immer schaut er zum Himmel auf, um zu sehen, wie die Vögel fliegen, und er guckt auf die Erde, um etwas zu entdecken, das wächst. Er hat runde blaue Augen und reißt sie ganz weit auf. Wenn er lacht, hat er einen breiten Mund, seine Backen sind rot — so rot wie Kirschen.«

Sie rückte ihren Stuhl näher an das Sofa heran und lächelte, während sie an den breiten Mund und die weitaufgerissenen runden Augen dachte.

»Ach«, sagte sie, »laß uns nicht vom Sterben sprechen, das habe ich nicht gern. Laß uns vom Leben reden. Wir wollen uns über Dickon unterhalten. Und dann wollen wir deine Bilder ansehen.«

Das war das beste, was sie sagen konnte. Über Dickon reden, das bedeutet, sich unterhalten über das Moor, die Hütte, die vierzehn Menschen, die darin wohnen und nur sechzehn Shilling in der Woche zum

Leben haben — und über die Kinder, die heranwachsen, als ob sie sich von Gras ernährten wie die wilden Moorponies. Und man konnte von Dickons Mutter reden, von dem Springseil, von der Sonne im Moor und von den grünen Trieben, die sie aus dem Boden lockt. All dies war so wichtig, daß Mary mehr redete, als sie je zuvor geredet hatte. Und auch Colin sprach und hörte zu, wie er es noch nie getan hatte. Und dann lachten sie beide ohne jeden Grund, lachten wie es Kinder tun, die zusammen glücklich sind. Sie mußten schließlich so sehr lachen, daß sie laut wurden wie andere Kinder von zehn Jahren, die gesund und sorglos sind.

Sie unterhielten sich so gut, daß sie die Bilder vergaßen und sogar die Zeit. Sie lachten gerade ganz laut über Ben Weatherstaff und Robin — Colin hatte sich hoch aufgerichtet und schien seinen schwachen Rücken ganz vergessen zu haben —, da fiel ihm plötzlich etwas ein.

»Weißt du, woran wir beide nicht gedacht haben?« sagte er. »Daran, daß wir Vetter und Cousine sind.«

Es schien seltsam, daß ihnen das gar nicht eingefallen war, obwohl sie doch so viel miteinander geplaudert hatten. Darüber mußten sie nun wieder lachen, weil sie nun einmal in der Stimmung waren. Mitten in diesem Gelächter öffnete sich die Tür, und herein kamen Doktor Craven und Mrs. Medlock.

Doktor Craven erschrak, und Mrs. Medlock fiel fast um, weil der Doktor vor Schreck einen Schritt zurücktrat und dabei aus Versehen gegen sie stieß.

»Guter Gott!« rief Mrs. Medlock, und die Augen fielen ihr fast aus dem Kopf. »Guter Gott!«

»Was soll das bedeuten?« fragte Doktor Craven und kam einen Schritt näher. »Was ist das?«

In diesem Augenblick wurde Mary wieder an den jungen Rayah erinnert. Colin anwortete, als wäre weder das Entsetzen des Doktors noch der Schreck der Hausdame von irgendwelcher Bedeutung. Er machte sich so wenig daraus, als ob eine etwas ältliche Katze und ein Hund ins Zimmer gekommen wären: »Das ist meine Cousine, Miß Lennox«, sagte er. »Ich habe sie gebeten zu mir zu kommen und mich zu unterhalten. Ich habe sie sehr gern. Sie muß immer zu mir kommen, wenn ich nach ihr schicke.«

Doktor Craven wandte sich vorwurfsvoll an Mrs. Medlock.

»Ach, Sir«, keuchte sie. »Ich kann mir nicht erklären, wie das geschehen konnte. Im ganzen Haus ist kein Dienstbote, der zu reden wagte — sie haben alle ihre Befehle.«

»Niemand hat ihr etwas gesagt«, entgegnete Colin. »Sie hat mich schreien hören und hat mich selber gefunden. Ich bin froh darüber, seien Sie nicht albern, Mrs. Medlock.«

Mary sah, daß Doktor Craven nicht einverstanden war, aber offensichtlich wagte er nicht, seinem Patienten zu widersprechen. Er setzte sich neben Colin und fühlte seinen Puls.

»Ich fürchte, daß es zu aufregend war für dich. Aufregung kannst du nicht vertragen, mein Junge«, sagte er.

»Ich würde mich aufregen, wenn sie nicht wiederkäme«, antwortete Colin. Seine Augen begannen gefährlich zu funkeln; »die Schwester soll den Tee bringen. Wir wollen zusammen Tee trinken.«

Mrs. Medlock und Dr. Craven schauten einander betroffen an, aber sie konnten offensichtlich nichts dagegen tun.

»Er sieht eigentlich besser aus«, wagte Mrs. Medlock zu sagen »aber — wenn ich es recht bedenke, heute morgen sah er noch besser aus, ehe sie in sein Zimmer kam.«

»Sie ist in der vergangenen Nacht in mein Zimmer gekommen. Sie ist lange hier geblieben. Sie hat ein hindustanisches Lied gesungen, und dann bin ich eingeschlafen. Als ich aufwachte, fühlte ich mich besser. Ich hatte Appetit auf mein Frühstück. Jetzt möchte ich den Tee. Sagen Sie's der Schwester, Mrs. Medlock.«

Doktor Craven blieb nicht lange. Er sprach eine Weile mit der Krankenschwester und richtete ein paar warnende Worte an Colin. Er dürfe nicht zu viel reden, er dürfe nicht vergessen, daß er krank sei und leicht ermüde. Colin schaute ärgerlich auf und richtete seine seltsamen, dunkelbewimperten Augen fest auf Doktor Craven.

»Ich will es aber vergessen«, sagte er. »Sie sorgt dafür, daß ich es vergesse. Das ist der Grund, weshalb ich sie bei mir haben will.«

Doktor Craven sah nicht eben glücklich aus, als er das Zimmer verließ. Er schaute verstört auf das kleine Mädchen, das auf der Fußbank saß. Mary war, als er hereinkam, wieder steif und trotzig geworden, und er konnte nicht verstehen, was Colin an ihr so anziehend fand. Der Junge sah jedoch entschieden besser aus. Doktor Craven seufzte tief, als er den Korridor entlangging.

»Immer, wenn ich keinen Appetit habe, wollen sie, daß ich irgend etwas esse«, sagte Colin, als die Schwester den Tee brachte und das Tablett auf den Tisch neben dem Sofa stellte.

»Wenn du essen willst, Mary, dann will ich es auch. Diese Kuchen sehen gut und knusprig aus. Erzähle mir mehr von den Rayahs.«

15. KAPITEL

Ein Nest wird gebaut

Nach einer regnerischen Woche kam der hohe blaue Himmelsbogen wieder zum Vorschein, und die Sonne schien warm auf die Erde. Obwohl Mary in den vergangenen Tagen keine Gelegenheit gehabt hatte, den geheimen Garten und Dickon zu sehen, hatte sie sich sehr gut unterhalten. Die Woche war ihr nicht lang vorgekommen. Sie hatte jeden Tag ein paar Stunden mit Colin im Zimmer verbracht, wo sie über Rayahs, Gärten und Dickon und über die Moorhütte gesprochen hatten. Sie hatten die wundervollen Bücher und Bilder angeschaut, manchmal hatte er ihr etwas vorgelesen. Wenn er lustig und angeregt war, dachte sie, sehe er überhaupt nicht krank aus. Nur sein Gesicht war so farblos, und er saß immer auf dem Sofa.

»Du bist mir eine Heimliche, so zu horchen und aus dem Bett aufzustehen und durch die Gänge zu wandeln, wie du es in jener Nacht getan hast«, sagte Mrs. Medlock eines Tages zu Mary. »Aber wer weiß, vielleicht war es für uns alle ein Segen. Er hat keinen Anfall und keinen Schreikrampf mehr gehabt, seitdem ihr Freunde seid. Die Schwester wollte gerade die Stelle aufgeben, weil sie ihn so satt hatte, aber jetzt sagt sie, habe sie nichts dagegen, hier zu bleiben, seitdem du die Pflichten mit ihr teilst«, lachte Mrs. Medlock.

In ihren Gesprächen mit Colin war Mary, was den geheimen Garten betraf, sehr vorsichtig gewesen. Es gab da einiges, was sie herausfinden mußte, ohne daß sie ihm direkte Fragen stellte. Als sie anfing, ihn gern zu haben, wollte sie zunächst herausfinden, ob er ein Junge war, dem man ein Geheimnis anvertrauen konnte. Er war ganz anders als Dickon. Aber er war sichtlich stolz auf den Garten, den keiner kannte, so daß sie dachte, sie könne ihm vielleicht trauen. Trotzdem — sie kannte ihn noch nicht lange genug, um sicher zu sein. Ihr nächster Gedanke war, herauszufinden — falls man ihm wirklich trauen konnte —, ob es irgendwie möglich wäre, ihn in den Garten zu bringen, ohne daß jemand es bemerkte. Der berühmte Doktor hatte gesagt, er müsse frische Luft haben, und Colin hatte gemeint, in dem geheimen Garten würde er recht gern frische Luft atmen. Vielleicht würde er nicht mehr an seinen Tod denken, wenn er auch Dickon und das Rotkehlchen kennenlernte und zusehen konnte, wie die Pflanzen wuchsen. Mary hatte in letzter Zeit oft in den Spiegel geschaut und festgestellt, daß sie ganz anders aussah als damals, als sie Indien verließ. Dasselbe Kind sah heute viel netter aus. Sogar Martha hatte die Veränderung bemerkt.

»Der Moorwind hat dir schon gutgetan«, hatte sie gesagt. »Du siehst nicht mehr so gelb aus, und du bist nicht mehr so dürr. Sogar dein Haar liegt nicht mehr so flach am Kopf. Es hat Leben bekommen.«

Wenn der Garten und die frische Luft ihr gutgetan hatten, dann würde es vielleicht auch Colin gutbekommen, draußen zu sein. Aber da er es nicht mochte, daß jemand ihn ansah, würde er vielleicht Dickon nicht begegnen wollen.

»Warum wirst du ärgerlich, wenn dich jemand sieht?« fragte sie ihn eines Tages.

»Ich habe es nie gemocht«, antwortete er. »Schon als ich noch ganz klein war. Als sie mich an die See brachten und ich in meinem Rollstuhl lag, starrten mich alle an, und die Damen blieben stehen und sprachen mit der Schwester, und dann fingen sie an zu flüstern, und ich wußte, sie sprachen davon, daß ich früh sterben müßte. Dann tätschelten die Damen mir manchmal die Wangen und sagten: *Armes Kind!* Einmal habe ich, als eine Dame mich streichelte, laut geschrien und sie in die Hand gebissen. Sie war ganz entsetzt und rannte weg.«

»Sie dachte, du wärst toll geworden wie ein Hund«, sagte Mary, ohne ihn zu bewundern.

»Es ist mir egal, was sie gedacht hat«, sagte Colin und runzelte die Stirn.

»Ich frage mich, warum du nicht geschrien und mich gebissen hast, als ich in dein Zimmer kam.« Sie lächelte leise.

»Ich dachte, du wärst ein Geist oder ein Traum«, sagte er.

»Man kann einen Geist oder einen Traum nicht beißen. Und auch wenn man zu schreien anfinge, würde es den Geist nicht stören.«

»Wäre es dir unangenehm, wenn — wenn ein Junge dich sähe?« fragte Mary unsicher.

Er überlegte ernsthaft.

»Es gibt einen Jungen«, sagte er langsam, »bei dem hätte ich nichts dagegen. Es ist der Junge, der weiß, wo die Füchse leben — Dickon.«

»Ich wußte, daß du nichts gegen ihn hast«, frohlockte Mary.

»Die Vögel und die anderen Tiere haben auch nichts gegen ihn«, sagte er, noch immer nachdenklich. »Er ist ein Verzauberer von Tieren. Vielleicht verzaubert er auch einmal einen Jungen.« Dann lachte er, und sie lachte mit ihm. Sie fanden den Gedanken an einen Jungen, der sich wie ein Tier in seiner Höhle versteckt, furchtbar komisch.

Hinterher dachte Mary, daß sie sich wegen Dickon keine Gedanken mehr zu machen brauchte.

Am ersten Morgen, da der blaue Himmel wieder zum Vorschein kam, erwachte Mary sehr früh. Die Sonne fiel in schrägen Strahlen durch die Ritzen der Vorhänge. Der Anblick machte Mary fröhlich; sie sprang aus dem Bett und lief zum Fenster. Sie zog die Vorhänge auf und öffnete das Fenster. Ein Strom von frischer, würziger Luft kam herein. Das Moor war blau, und die ganze Welt sah aus, als ob sie verzaubert worden wäre. Da und dort piepste und zirpte es, als wenn ein Chor von Vögeln sich zu einem Konzert räuspern wollte. Mary steckte ihre Hand zum Fenster hinaus und hielt sie in die Sonne.

»Es ist warm — warm!« sagte sie. »Die Pflanzen werden aus der Erde kommen.«

Sie kniete nieder und lehnte sich, so weit sie konnte, aus dem Fenster, atmete die Luft tief ein und schnupperte, bis sie zu lachen anfing, weil Dickons Mutter gesagt hatte, seine Nase zittere wie die eines Kaninchens.

»Es muß noch sehr früh sein«, dachte sie. »Die kleinen Wölkchen sind rosa. Ich habe den Himmel noch nie so gesehen. Hier ist noch niemand aufgestanden. Ich höre nicht einmal die Stalljungen.«

Ein jäher Gedanke ließ sie aufspringen.

»Ich kann nicht warten! Ich muß den Garten sehen!«

Sie hatte inzwischen gelernt, sich selber anzuziehen. In fünf Minuten war sie fertig. Sie kannte eine schmale Seitentür, die sie selbst aufschließen konnte. Auf Strümpfen rannte sie die Treppe hinunter und zog die Schuhe erst in der Diele an. Sie schloß auf, schob den Riegel zurück und nahm die Kette ab. Als die Tür aufging, sprang sie mit einem Satz über die Stufen vor der Schwelle. Nun stand sie im Gras, das viel grüner aussah in der strahlenden Morgensonne. Vor Freude schlug sie die Hände zusammen und sah zum Himmel auf. Der war blau, rosa und perlweiß. Sie hatte das Gefühl, daß sie pfeifen oder singen mußte und verstand, weshalb Rotkehlchen, Drosseln und Lerchen nicht anders konnten als jubilieren. Sie rannte über die Pfade und Wege auf den geheimen Garten zu. »Alles ist verwandelt!« jauchzte sie. »Das Gras ist grüner, und die Knospen werden dicker. Ich bin sicher, daß Dickon heute kommt.«

Als sie die Stelle erreicht hatte, wo das Tor unter dem Efeu verborgen war, ließ ein eigenartiger Ton sie aufhorchen.

Es war das »Krah — Krah« einer Krähe. Als sie hochschaute, sah sie einen großen Vogel mit dichtem, blauschwarzem Gefieder oben auf der Mauer sitzen. Er blickte sehr weise auf sie herab. Nie hatte sie eine Krähe so nah gesehen. Es machte sie ein bißchen ängstlich. Aber im nächsten Augenblick breitete der Vogel seine Schwingen aus und flog über die Mauer. Sie hoffte, er werde nicht in ihrem Garten bleiben, und stieß das Tor auf, um nachzusehen. Als sie drinnen war, sah sie, daß er doch zu bleiben beabsichtigte, denn er hatte sich auf einen niedrigen Apfelbaum gesetzt. Unter dem Apfelbaum lag ein kleines rötliches Tier mit einem buschigen Schwanz. Beide beobachteten Dickon mit seinem rostfarbenen Haarschopf, der im Gras kniete und eifrig jätete.

Mary flog quer über das Gras auf ihn zu.

»Oh, Dickon! Dickon!« schrie sie. »Wie kommt es, daß du schon so früh hier bist? Wie ist das möglich? Die Sonne steht ja eben erst auf!«

Er erhob sich. Er lachte und strahlte. Seine Augen waren wie ein Stück Himmel.

»Ja«, sagte er, »ich bin eben eher als die Sonne aufgestanden. Ich konnte einfach nicht im Bett bleiben. Ich bin direkt hierhergekommen. Der Garten wartet doch auf uns.«

Mary preßte ihre Hände auf die Brust und atmete tief. »Dickon!« sagte sie, »Dickon! Ich bin so glücklich, daß ich fast nicht atmen kann.«

Als das kleine rote Tier mit dem buschigen Schwanz Dickon mit einer Fremden sprechen sah, erhob es sich von seinem Platz unter dem Baum und kam näher. Die Krähe krächzte einmal, flog dann von ihrem Ast herab und setzte sich auf Dickons Schulter.

»Das ist mein kleiner Fuchs«, sagte Dickon und kraulte den Kopf des Tieres. »Sein Name ist Kapitän. Und das hier ist Ruß. Die Krähe ist den ganzen Weg übers Moor hinter mir hergeflogen und Kapitän hat sich uns angeschlossen. Die beiden waren in der gleichen Stimmung wie ich.«

Keines der beiden Tiere schien Angst vor Mary zu haben. Als Dickon ein paar Schritte weiterging, blieb Ruß auf seiner Schulter sitzen, und Kapitän trottete hinter den beiden her.

»Schau«, sagte Dickon, »wie das alles gewachsen ist.« Er ließ sich auf die Knie nieder, und Mary tat es ihm nach. Vor ihnen lag ein Teppich von Krokusblumen, die eben purpurn, gelb und golden aufbrechen wollten.

Sie liefen nun von einer Stelle im Garten zur anderen und fanden so vieles zum Bewundern, daß sie sich gegenseitig ermahnen mußten, nicht so laut zu sprechen. Er zeigte ihr schwellende Knospen an Rosenstöcken, die vorher leblos ausgesehen hatten. Er zeigte ihr Tausende von neuen Trieben, die aus der Gartenerde schauten. Sie hielten ihre eifrigen jungen Nasen dicht an die Erde. Sie gruben und zupften und lachten vor Begei-

sterung, bis auch Marys Haar sich sträubte und ihre Backen rot wie die von Dickon waren.

Mitten in ihrer Begeisterung erschien das Rotkehlchen und trug etwas im Schnabel. Dickon stand ganz still und legte feierlich seine Hand auf Marys Schulter.

»Wir dürfen es nicht stören. Es ist Ben Weatherstaffs Robin. Und er will hier ein Nest bauen. Er wird hierbleiben, wenn wir ihn nicht verscheuchen.«

Sie setzten sich still ins Gras.

»Er darf nicht merken, daß wir ihn beobachten«, sagte Dickon. »Da er ein Haus baut, ist er ein bißchen empfindlicher als sonst. Er hat jetzt auch keine Zeit zum Schwatzen. Wenn er sich erst daran gewöhnt hat, daß wir in der Nähe sind, wird er begreifen, daß wir ihn nicht stören wollen.«

Mary blickte Dickon bewundernd an. Sie verhielt sich mäuschenstill wie er.

»Das Nesterbauen gehört zum Frühling«, sagte er. »Das ist so, seit die Erde besteht.«

»Wenn wir von ihm reden, muß ich ihn immer beobachten. Laß uns von etwas anderem reden«, sagte sie so leise wie möglich. »Es gibt da etwas, das ich dir unbedingt erzählen muß.«

»Was ist es?« fragte Dickon.

»Weißt du Bescheid über Colin?« flüsterte sie.

Er wandte den Kopf und sah sie an.

»Was weißt du von ihm?« fragte er.

»Ich habe ihn gesehen. Ich habe in der vergangenen Woche jeden Tag mit ihm gesprochen. Er will, daß ich zu ihm komme. Er sagt, ich bringe ihn dazu, daß er Krankheit und Tod vergißt«, antwortete Mary.

Dickon atmete erleichtert auf, nachdem die Verwunderung von seinem runden Gesicht gewichen war.

»Da bin ich aber froh«, rief er. »Ich bin recht glücklich, denn ich wußte alles von Colin und durfte nicht mit dir darüber sprechen. Und ich will doch vor dir keine Geheimnisse haben.«

»Hast du es nicht gern, daß unser Garten ein Geheimnis ist?« fragte Mary.

»Ich werde es nie verraten. Aber ich habe Mutter gesagt, ich hätte ein Geheimnis anvertraut bekommen, kein schlechtes, und ob sie etwas dagegen hätte, wenn ich es hüte.«

»Was hat sie gesagt?« fragte sie und hatte keine Angst vor der Antwort.

Dickon lachte leise.

»Was sie sagte, sah ihr ähnlich. Sie stupste mich ein bißchen, lachte und meinte: *Mein Junge, du kannst so viele Geheimnisse hüten wie du magst. Ich kenne dich jetzt schon seit zwölf Jahren!*«

»Woher weißt du etwas von Colin?« fragte Mary.

»Jeder hier weiß, daß Mr. Craven einen kleinen Sohn hat, der ein Krüppel ist. Und jeder weiß, daß Mr. Craven nicht will, daß man darüber spricht. Alle Leute sind traurig, denn Mrs. Craven war eine so hübsche junge Dame. Und sie und ihr Mann haben sich sehr gern gehabt. Wenn Mrs. Medlock auf dem Weg nach Thwaite an unserer Tür vorbeikommt, spricht sie manchmal mit Mutter darüber. Sie weiß, daß wir Kinder nicht weiter darüber reden. Wie sah er denn aus? Martha war neulich sehr aufgeregt, als sie nach Hause kam. Sie sagte, du habest ihn nachts weinen gehört und sie ausfragen wollen.«

Mary erzählte, wie nachts der Wind geheult und sie geweckt hatte. Wie sie mit der Kerze in der Hand durch die dunklen Korridore dem Weinen nachgegangen war und die Tür geöffnet hatte. Sie schilderte den Raum mit dem Himmelbett. Dann beschrieb sie das kleine, elfenbeinfarbene Gesicht und die seltsamen Augen Colins.

Dickon nickte.

»Die Augen hat er von seiner Mutter. Nur haben sie bei ihr immer gelacht. Die Leute sagen, Mr. Craven kann es nicht ertragen, Colin anzusehen, wenn er wach ist. Denn er hat die Augen seiner Mutter, aber sie sehen in seinem kranken Gesicht ganz anders aus.«

»Glaubst du, er wäre froh, wenn sein Sohn sterben würde?«

»Nein, aber er hätte lieber, er wäre nie geboren. Mutter sagt, das sei für ein Kind das Schlimmste. Wenn Kinder nicht erwünscht sind, können sie nicht gedeihen. Mr. Craven hat so viel Geld. Er könnte seinem Sohn alle Geschenke der Welt machen, aber er möchte lieber vergessen, daß er geboren worden ist. Er befürchtet, daß er einen Buckel bekommt.«

»Colin selber hat eine solche Angst davor, daß er sich nicht aufrichten will. Er sagt, wenn er sich vorstellt, daß er einen Buckel bekommt, wird er wahnsinnig vor Angst und muß sich zu Tode schreien.«

»Er sollte nicht herumliegen und sich solche Geschichten ausdenken«, sagte Dickon. »Kein Junge, der über solches Zeug grübelt, kann sich wohlfühlen.«

Der Fuchs lag zu Füßen Dickons im Gras und guckte manchmal hoch, weil er gekrault werden wollte. Der Junge neigte sich zu ihm herab und streichelte sanft seinen Nacken. Er dachte eine Weile nach. Dann hob er den Kopf und schaute im Garten umher.

»Als wir zum erstenmal hierherkamen, sah alles grau aus. Sieh dich mal um. Kommt es dir nicht verändert vor?«

Mary schaute sich um und atmete tief. »O ja!« rief sie, »die graue Mauer verändert sich! Ein grüner Schleier liegt darüber. Es ist fast wie ein grüner Teppich.«

»Ja«, nickte Dickon, »jetzt wird das Grün immer dichter, bis das Grau ganz verschwunden ist. Weißt du, was ich mir gerade überlegte?«

»Bestimmt etwas Gutes. Betrifft es Colin?« fragte Mary eifrig. »Wenn er hier wäre, würde er sicher nicht über seinen Buckel nachdenken. Er würde beobachten, wie sich die Knospen an den Rosenbüschen öffnen, und er würde sich bestimmt viel gesünder fühlen.« Dickon dachte nach.

»Ich überlege mir, ob wir ihn nicht soweit bringen können, daß er mit uns hierherkäme. Er könnte in seinem Wagen unter den Bäumen liegen.«

»Darüber habe ich auch schon nachgedacht«, sagte Mary erleichtert. »Ich habe tatsächlich immerzu daran denken müssen, während ich mit ihm plauderte. Ich überlegte mir, ob er wohl ein Geheimnis bewahren könnte, und ob wir ihn vielleicht selber eines Tages hierherbringen könnten, ohne das es jemand bemerkt. Der Doktor sagte, er braucht frische Luft. Wenn Colin wirklich wollte, würde keiner wagen, ihm zu widersprechen. Mit anderen Leuten will er nicht ausgehen. Vielleicht wären sie ganz zufrieden, wenn er nur mit uns zusammen sein wollte.«

Dickon dachte scharf nach, während er Kapitäns Kopf kraulte.

»Es würde ihm guttun, da bin ich ganz sicher«, sagte er. »Wir wären dann zu dritt hier, zwei Jungen und ein kleines Mädchen, die alle darauf warten, daß der Frühling kommt. Ich glaube, das täte ihm besser, als all das Zeug, das ihm der Doktor verschreibt.«

»Er hat so lange im Zimmer gelegen und Angst gehabt wegen seinem Rücken, daß er davon ganz wunderlich geworden ist«, äußerte Mary. »Er weiß viel aus Büchern, aber sonst weiß er überhaupt nichts! Er sagt, er sei immer zu krank gewesen, um die Dinge um ihn herum zu beobachten. Er mag nicht hinausgehen und haßt Gärten und Gärtner. Aber von unserem Garten mag er gern hören, weil es ein Geheimnis ist. Ich habe nicht gewagt, ihm zu viel zu erzählen, aber er sagt, er möchte so gern alles darüber wissen.«

»Sicher bringen wir ihn eines Tages hierher«, sagte Dickon. »Ich könnte seinen Wagen schieben. Hast du bemerkt, wie fleißig das Rotkehlchen mit seinem Weibchen an dem Nest gearbeitet hat, während wir hier saßen? Guck mal, wie Robin überlegt, wohin er das Zweiglein in seinem Schnabel legen soll.«

Dickon pfiff leise. Das Rotkehlchen schaute sich fragend um, den Zweig immer noch fest im Schnabel. Dickon sprach mit Robin wie Ben Weatherstaff. Es klang wie ein freundschaftlicher Ratschlag.

»Wo du den Zweig auch hinlegst, es ist alles in bester Ordnung. Du hast schon gewußt, wie man ein Nest baut, ehe du aus dem Ei geschlüpft bist. Mach also nur weiter, du hast keine Zeit zu verlieren.«

»Ich hab's gern, wenn du mit ihm sprichst«, sagte Mary. »Ben Weatherstaff schimpft immer und macht sich über ihn lustig. Und dann tut Robin auch, als ob er alles verstände, und ich bin sicher, daß es ihm Spaß macht. Ben Weatherstaff sagt, Robin sei so eitel, daß er lieber hätte, man würde ihm Steine nachwerfen als ihn überhaupt nicht beachten.«

Dickon lachte und schwatzte weiter mit Robin.
»Du weißt, daß wir dich niemals stören würden. Wir fühlen uns mit dir verbunden. Wir bauen hier selbst ein Nest. Auf uns kannst du zählen.«
Obwohl das Rotkehlchen nicht antwortete, es hatte noch immer den Zweig im Schnabel, wußte Mary, daß es mit seinen dunklen Tautropfenaugen sagen wollte, es werde niemals ein Geheimnis verraten.

16. KAPITEL

»Ich will nicht« – sagte Mary

An diesem Morgen arbeiteten sie besonders eifrig. Mary kam spät zum Essen und hatte es so eilig, wieder in den Garten zurückzulaufen, daß sie nicht dazu kam, bei Colin hineinzuschauen. Erst im letzten Augenblick sagte sie zu Martha:

»Sag bitte Colin, daß ich jetzt nicht zu ihm kommen kann. Ich bin im Garten beschäftigt.«

Martha blickte erschrocken drein.

»Oh, Miß Mary«, sagte sie, »er gerät ganz aus der Fassung, wenn ich ihm das sage.«

Aber Mary fürchtete sich nicht vor Colin, wie andere Leute es taten. Sie war aber auch nicht gewohnt, sich für jemand aufzuopfern.

»Ich kann ihn nicht besuchen«, antwortete sie. »Dickon wartet auf mich.« Und sie rannte davon.

Am Nachmittag war es noch lieblicher im Garten. Sie arbeiteten fleißig. Fast alles Unkraut war schon entfernt, die Rosen und Sträucher waren hochgebunden, die Erde um die Wurzeln umgegraben. Dickon hatte seinen eigenen Spaten mitgebracht und lehrte Mary, die Gartengeräte zu handhaben. Es war klar, daß ihr Garten nicht aussehen würde wie der gepflegte Garten eines Gärtners, aber aus der lieblichen Wildnis dieses Fleckchens Erde würden Blumen blühen, noch ehe der Frühling verging.

»Sieh die Apfelblüten und die Kirschblüten über uns«, sagte Dickon. »Pfirsiche und Pflaumen werden an der Mauer blühen, und die Grasfläche wird wie ein Blumenteppich sein.«

Auch der kleine Fuchs und die Krähe waren glücklich. Die beiden Rotkehlchen flogen fleißig hin und her. Manchmal schlug die Krähe ihre schwarzen Flügel hoch und machte einen kleinen Rundflug im Garten. Sie kam immer wieder zurück. Dickon sprach mit der Krähe, wie er mit dem Rotkehlchen gesprochen hatte. Als Dickon einmal so beschäftigt war, daß er nicht gleich antworten konnte, flog Ruß auf seine Schulter und kniff ihn mit dem großen Schnabel leicht ins Ohr. Später wollte Mary ein bißchen ausruhen. Dickon setzte sich zu ihr unter einen großen Baum. Er nahm seine Flöte aus der Tasche und spielte eine kleine Weise. Zwei Eichhörnchen erschienen auf der Mauer, guckten herüber und horchten.

»Du bist viel stärker geworden, als du vorher warst«, sagte Dickon zu Mary, als sie wieder zu graben begann. »Du siehst auch ganz anders aus.«

Mary glühte vor Begeisterung.

»Ich werde jeden Tag ein bißchen dicker«, sagte sie fröhlich. »Bald wird Mrs. Medlock meine Kleider weiter machen müssen. Martha sagt, daß auch mein Haar nicht mehr so dünn und strähnig ist.«

Die Sonne ging langsam nieder und sandte tiefgoldene Strahlen unter die Bäume, ehe sie Abschied nahm.

»Morgen wird es wieder gutes Wetter geben«, sagte Dickon. »Ich fange gleich im Morgengrauen wieder an.«

»Ich auch!« rief Mary.

Sie lief ins Haus zurück, so schnell ihre Füße sie trugen. Sie wollte Colin von Dickons Fuchsjungen und der Krähe und vom Frühling erzählen. Sie war sicher, daß er es gern hören würde. Deshalb war sie überrascht, als Martha mit kummervollem Gesicht in ihrem Zimmer stand.

»Was ist los?« fragte Mary. »Was hat Colin gesagt?«

»Ja«, sagte Martha, »ich wäre froh gewesen, wenn du zu ihm gegangen wärest. Wir fürchteten, er kriege wieder einen Anfall. Wir hatten große Mühe, ihn zu beruhigen. Er hat die ganze Zeit auf die Uhr gesehen.«

Mary kniff die Lippen zusammen. Sie war nicht gewohnt, an andere Menschen zu denken, und sie sah nicht ein, weshalb ein schlechtgelaunter Junge sie hindern sollte, das zu tun, was ihr gefiel.

Colin saß nicht auf dem Sofa, als sie sein Zimmer betrat. Er lag flach auf dem Rücken in seinem Bett und wandte ihr sein Gesicht nicht zu, als sie sich ihm näherte. Das war ein schlechter Anfang, und Marys Ärger wuchs, je näher sie kam.

»Warum bist du nicht aufgestanden?« fragte sie.

»Ich bin heute morgen aufgestanden, weil ich dachte, du kämest«, antwortete er, ohne sie anzusehen. »Heute nachmittag habe ich ihnen befohlen, mich wieder ins Bett zu legen. Mein Rücken tat weh und mein Kopf tat weh, und ich fühlte mich müde. Warum bist du nicht gekommen?«

»Ich habe mit Dickon im Garten gearbeitet«, sagte Mary.

Colin zog die Stirn kraus und ließ sich dazu herab, sie endlich anzusehen.

»Ich werde nicht länger erlauben, daß der Junge hierherkommt und daß du mit ihm zusammen bist, statt bei mir zu erscheinen«, sagte er.

Mary geriet in Wut. Sie konnte wütend werden, ohne einen Laut von sich zu geben.

»Wenn du Dickon wegschickst, komme ich nie mehr in dieses Zimmer«, sagte sie eiskalt.

»Das wirst du müssen, wenn ich es befehle.«

»Ich werde dir nicht gehorchen«, sagte Mary.

»Dann werde ich dich zwingen«, sagte er. »Sie werden dich hierherschleppen.«

»Das sollen sie von mir aus versuchen, Mister Rayah«, sagte Mary spöttisch. »Sie können mich hierher schleppen, aber sie werden mich

nicht zum Reden bringen, wenn ich hier bin. Ich werde dasitzen und die Zähne zusammenbeißen und dir überhaupt nichts erzählen. Nicht einmal angucken werde ich dich. Ich werde auf den Fußboden starren.«

»Du bist ein selbstsüchtiges Ding!« brüllte Colin.

»Und was bist du?« schrie Mary. »Wer selber so selbstsüchtig ist, behauptet immer, die anderen wären es, nur weil die nicht tun, was er will. Du bist viel selbstsüchtiger als ich. Du bist der selbstsüchtigste Junge, der mir je begegnet ist.«

»Das bin ich nicht«, schnauzte Colin. »Ich bin nicht so selbstsüchtig wie dein feiner Dickon. Er hält dich von mir fern, damit du im Dreck mit ihm spielst, obwohl er weiß, daß ich hier allein liege. Er ist selbstsüchtig, wenn du es wissen willst.«

Marys Augen sprühten Feuer.

»Er ist netter als jeder andere Junge auf der ganzen Welt«, rief sie. »Er ist — er ist ein Engel!« Das mochte komisch klingen, aber es war ihr ganz egal.

»Ein schöner Engel!« Colin wurde wild. »Er ist ein ganz gewöhnlicher Junge aus einer Moorhütte!«

»Er ist besser als ein ganz gewöhnlicher Rayah«, erwiderte Mary. »Ja, tausendmal besser!«

Da sie die Stärkere war, gewann sie bald Oberhand. Tatsächlich hatte Colin noch nie mit Seinesgleichen Streit gehabt. Im Grunde tat es ihm gut, auch wenn weder er noch Mary sich dessen bewußt waren. Er wandte seinen Kopf zur Seite und schloß die Augen. Eine Träne lief langsam über seine Wange. Er hatte Mitleid mit sich selbst, nicht etwa mit jemand anderem.

»Ich bin nicht so selbstsüchtig wie du, denn ich bin immer krank. Und ich bin sicher, auf meinem Rücken bildet sich ein Buckel«, klagte er. »Außerdem sterbe ich bald.«

»Das ist nicht wahr!« schrie Mary ohne jedes Mitleid.

»Ich sterbe nicht?« schrie er zurück. »Und wie ich das tu! Ich weiß es genau! Jeder sagt es.«

»Aber ich glaub's nicht«, sagte Mary kalt. »Du sagst das bloß, um die Leute mitleidig zu machen. Ich habe das Gefühl, du bist sogar stolz darauf. Nein, ich glaube es nicht! Wenn du ein netter Junge wärst, könnte es vielleicht wahr sein. Aber du bist abscheulich.«

Trotz seines kranken Rückens fuhr Colin auf und saß jetzt aufrecht im Bett, voll gesunder Wut.

»Mach, daß du aus dem Zimmer kommst!« schnaubte er. Er ergriff sein Kopfkissen und warf es nach ihr. Er war nicht stark genug, um sie wirklich zu treffen, es fiel vor ihre Füße. Aber Mary schnitt ihm eine Grimasse.

»Ja, ich gehe«, sagte sie, »und ich komme nie wieder!«

Sie ging zur Tür. Als sie dort angekommen war, wandte sie sich zurück. »Ich kam her, um dir schöne Dinge zu erzählen«, sagte sie . »Dikkon hatte seinen Fuchs und seine Krähe mitgebracht, und ich wollte dir davon erzählen. Jetzt sage ich dir nichts mehr.«

Sie ging durch die Tür und schloß sie hinter sich. Plötzlich stand zu ihrem Erstaunen die Pflegerin da. Sie schien gelauscht zu haben, und — es war wirklich sehr merkwürdig — sie lachte. Die Pflegerin war eine hübsche, junge Frau. Vielleicht hätte sie nicht Schwester werden sollen, denn sie konnte den Anblick von Kranken nicht gut ertragen und fand immer wieder Ausreden, um Colin der jungen Martha oder jemand anderem anzuvertrauen. Mary hatte sie nie leiden können. Sie stand und starrte die kichernde Frau an.

»Nichts Besseres konnte dem verpäppelten Jungen passieren, als daß jemand daherkommt, der genauso verzogen ist wie er selber und ihm die Wahrheit sagt«, sagte die Pflegerin und lachte wieder in ihr Taschentuch hinein. »Wenn er eine kleine Schwester hätte, mit der er sich streiten könnte, wäre das die Rettung für ihn.«

»Muß er eigentlich bald sterben?«

»Ich weiß es nicht. Das schlimmste, was er hat, ist seine Hysterie und seine schlechte Laune.«

»Was ist Hysterie?« fragte Mary.

»Das wirst du erleben, wenn er sich jetzt nach dem Streit mit dir in einen Anfall hineinsteigert. Auf alle Fälle hast du ihm einen Anlaß gegeben, um sich hysterisch aufzuführen. Und das freut mich!«

Mary ging in ihr Zimmer zurück und hatte die gute Stimmung, in der sie gekommen war, ganz und gar verloren. Sie war ärgerlich und enttäuscht, hatte aber kein Mitleid mit Colin. Sie hatte ihm so viele schöne Dinge erzählen wollen und sich sogar überlegt, ob man ihm in Sachen Geheimnis Vertrauen schenken konnte. Sie hatte schon geglaubt, sie könne ihn einweihen; aber jetzt war sie anderer Ansicht. Sie würde ihm nichts erklären. Mochte er für immer in seinem Zimmer hocken. Ihretwegen brauchte er keine frische Luft und konnte ruhig sterben, wenn er wollte. Er verdiente es ja nicht anders! Sie war so ärgerlich und aufgebracht, daß sie fast Dickon vergaß und den grünen Schleier, der sich über die Mauer gelegt hatte, und den sanften Wind, der vom Moor her herüberwehte.

Martha wartete im Zimmer auf Mary. Die Unruhe in ihrem Gesicht war inzwischen von Interesse und Neugier verdrängt worden. Eine kleine Kiste stand auf dem Tisch. Der Deckel war schon abgehoben. Drinnen sah man kleine hübsche Päckchen.

»Mr. Craven hat sie dir geschickt«, sagte Martha. »Es sieht nach Bilderbüchern aus.«

Mary erinnerte sich, wonach er sie in seinem Zimmer gefragt hatte. »Wünscht du dir irgend etwas? Puppen — Spielzeug — Bücher?« Sie öffnete das Päckchen, neugierig, ob er ihr vielleicht eine Puppe geschickt hatte, mit der sie — so dachte sie — nichts anzufangen wußte. Aber er hatte keine Puppe geschickt. Mehrere schöne Bücher von der Art, wie Colin sie besaß, lagen in dem Paket. Zwei davon handelten von Gärten und waren voll von Bildern. Dann waren da noch zwei oder drei Spiele, eine schöne Schreibmappe mit einem goldenen Monogramm darauf, ein goldener Federhalter und ein Tintenfaß.

Alles war so hübsch, daß die Freude darüber langsam ihren Ärger vertrieb. Sie hatte nicht erwartet, daß Mr. Craven sich überhaupt an sie erinnern würde, und ihr hartes kleines Herz wurde warm.

»Ich kann besser schreiben als Druckbuchstaben malen. Das erste, was ich mit der Feder schreibe, wird ein Dankbrief an Mr. Craven sein. Ich werde ihm sagen, wie sehr ich mich freue.«

Wäre sie noch mit Colin befreundet gewesen, sie würde sofort zu ihm gelaufen sein, um ihm ihre Geschenke zu zeigen. Sie hätten zusammen die Bücher über die Gärten gelesen und vielleicht ein wenig gespielt. Es hätte ihm sicher Freude gemacht, und er hätte vergessen, ans Sterben zu denken oder in seinem schwachen Rücken nach einem Buckel zu suchen. Gerade dies tat er jeweils auf eine Art, die sie nicht ertragen konnte. Ihr wurde dann immer ganz bange, weil er selbst so angstvoll aussah. Er hatte gesagt, an dem Tag, an dem er nur ein kleines Knötchen finden würde, hätte er Gewißheit, daß daraus ein Buckel entstünde. Irgend etwas, das Mrs. Medlock der Krankenschwester zugeflüstert hatte, mußte ihn auf diese Wahnidee gebracht haben. Er hatte heimlich so lange darüber nachgegrübelt, bis der Gedanke sich als fixe Idee in seinem Kopf festgesetzt hatte. Colin hatte nur Mary anvertraut, daß seine Anfälle, wie sie es nannten, durch diese geheime Furcht ausgelöst wurden. Mary hatte Mitleid gehabt mit ihm, als er es ihr erzählte.

»Immer fängt er an, darüber nachzudenken, wenn er ärgerlich oder müde ist«, sagte sie zu sich selbst. »Heute ist er ärgerlich. Vielleicht – vielleicht muß er nun den ganzen Abend darüber nachdenken.« Sie stand ganz still, schaute auf den Teppich und grübelte weiter.

»Ich habe ihm gesagt, daß ich nie wieder komme«, überlegte sie zögernd und zog ihre Augenbrauen zusammen, »aber vielleicht – nun vielleicht – gehe ich morgen vormittag zu ihm, natürlich nur, wenn er will. Am Ende wirft er wieder mit dem Kissen nach mir, aber – ich denke doch – ich werde hingehen.«

17. KAPITEL

Der Anfall

Sie war am Morgen früh aufgestanden, hatte tüchtig im Garten gearbeitet und fühlte sich jetzt müde und schläfrig. Nach dem Abendbrot war sie daher froh, ins Bett gehen zu können. Als sie ihren Kopf auf das Kissen legte, murmelte sie:

»Ich werde vor dem Frühstück mit Dickon im Garten arbeiten und hinterher — glaube ich — Colin besuchen.«

Es mußte nach Mitternacht sein, als sie plötzlich von grauenhaften Tönen aufgeschreckt wurde. Was war das? Was war das? Im nächsten Augenblick wußte sie es. Türen wurden geöffnet und wieder zugeschlagen, jemand weinte, wimmerte und schrie gleichzeitig auf entsetzliche Weise.

»Colin«, flüsterte sie. »Er hat einen seiner Anfälle, die die Schwester Hysterie nennt. Wie grausig das klingt!«

Während sie dem Stöhnen lauschte, wurde ihr klar, weshalb die Menschen, die dies anhören mußten, Colin seinen Willen ließen. Nur damit sie Ruhe hatten. Sie preßte die Hände auf die Ohren. Sie fühlte sich richtig krank und zitterte.

»Ich weiß nicht, was ich tun soll! Ich weiß nicht, was ich tun soll! Ich kann es nicht ertragen!«

Sie überlegte, ob er wohl aufhören würde, wenn sie es wagte, zu ihm zu gehen. Sie erinnerte sich, daß er sie aus dem Zimmer gewiesen hatte. Vielleicht würde ihr Erscheinen die Sache noch schlimmer machen. Selbst als sie ihre Hände noch fester auf die Ohren preßte, konnte sie die schrecklichen Töne hören. Sie regten sie derart auf, daß sie schließlich wütend wurde und das Gefühl hatte, sie würde selber einen Anfall bekommen und Colin so erschrecken, wie er sie erschreckte. Sie nahm die Hände von den Ohren und stampfte mit den Füßen auf.

»Er soll aufhören! Jemand muß ihn zwingen! Man muß ihn einfach verhauen«, schrie sie laut.

In diesem Augenblick hörte sie eilende Schritte auf dem Korridor. Ihre Tür wurde aufgerissen. Die Pflegerin kam herein. Sie lachte jetzt nicht mehr. Sie sah sogar blaß aus.

»Er steigert sich in einen Anfall hinein«, sagte sie außer Atem. »Er wird sich etwas antun. Keiner kann etwas mit ihm anfangen. Du mußt kommen und ihn beruhigen. Sei ein liebes Kind. Er mag dich so.«

»Er hat mich heute abend aus dem Zimmer geworfen!« sagte Mary trotzig.

Das gefiel der Schwester. Sie hatte befürchtet, sie würde Mary weinend vorfinden, den Kopf in den Kissen ihres Bettes versteckt.

»So ist es recht«, sagte sie. »Du bist in der richtigen Stimmung. Du gehst jetzt und schimpfst ihn aus. Bring ihn dazu, daß er etwas Neues zum Nachdenken findet. Geh, Kind, so schnell du kannst.«

Erst später wurde Mary klar, daß die Lage komisch und schlimm zugleich war — komisch, weil alle Erwachsenen so entsetzt waren, daß sie die Hilfe eines kleinen Mädchens erbitten mußten, von dem sie dachten, daß es genau so unbeherrscht war wie Colin selbst.

Mary rannte den Korridor entlang. Je näher die Schreie kamen, desto wütender wurde sie. Als sie bei seiner Tür ankam, glühte sie vor Zorn. Sie stieß die Türe auf und rannte quer durch das Zimmer auf sein Bett zu. »Aufhören!« Sie schrie es fast. »Aufhören! Ich hasse dich! Alle Leute hassen dich! Ich wünschte, alle würden aus dem Haus laufen und dich schreien lassen, bis du tot wärst. Du wirst dich in einer Minute totgeschrien haben, und darüber bin ich froh.«

Ein artiges, mitfühlendes Mädchen hätte solche Worte nie gesprochen. Aber ein hysterisches Kind wie Colin, dem niemals jemand Energie oder Widerspruch entgegenzusetzen gewagt hatte, war dieser Schock genau das, was ihm nottat. Er hatte auf dem Gesicht gelegen und mit den Fäusten auf das Kissen geschlagen. Beim Klang der wütenden kleinen Stimme fuhr er herum. Sein Gesicht sah schrecklich aus, blaß und verquollen, mit roten Flecken. Er keuchte und rang nach Luft. Aber die wildgewordene kleine Mary machte sich nichts daraus.

»Wenn du noch ein einziges Mal schreist, schreie ich auch — und ich kann lauter schreien als du, und du wirst entsetzt sein. Ich werde dich in Angst und Schrecken jagen.«

Er hatte tatsächlich aufgehört zu toben, weil sie ihn so überrumpelt hatte. Der Schrei blieb ihm im Halse stecken und würgte ihn. Tränen liefen über sein Gesicht, und er zitterte am ganzen Körper.

»Ich kann nicht aufhören«, keuchte er und schluchzte. »Ich kann nicht — ich kann nicht!«

»Du kannst es«, schrie Mary. »Deine Krankheit ist nichts als schlechte Laune und Hysterie — Hysterie — Hysterie!« Sie stampfte jedesmal mit dem Fuß auf, wenn sie das Wort ausstieß.

»Ich habe den Buckel gefühlt — ich habe ihn gefühlt«, würgte Colin heraus. »Ich wußte, daß ich ihn bekomme. Ich werde einen Höcker auf meinem Rücken haben, und dann werde ich sterben.«

Er drehte sich wieder um, legte sich auf sein Gesicht und schluchzte und wimmerte, aber er stieß keine Schreie mehr aus.

»Du hast keinen Buckel gefühlt«, widersprach Mary heftig. »Es war nur ein Buckel, der in deiner Hysterie besteht. Deine Hysterie erfindet den Buckel. Nichts ist los mit deinem abscheulichen Rücken — nichts außer Hysterie. Ich werde dich jetzt untersuchen.«

Sie war in das Wort »Hysterie« verliebt und hatte außerdem das Gefühl, daß es auf ihn irgendwie beruhigend wirkte.

»Schwester, kommen Sie sofort hierher und zeigen Sie mir seinen Rücken.«

Die Schwester, Mrs. Medlock und Martha hatten zusammengedrängt an der Tür gestanden und Mary mit offenem Mund angestarrt. Die

Schwester kam furchtsam näher. Colin atmete schwer. Er stieß schluchzende Seufzer aus.

»Vielleicht will er nicht, daß ich ihn untersuche«, sagte Mary mit leiser Stimme.

Colin hörte jedoch, was sie sagte, und zwischen zwei Seufzern stieß er hervor: »Laß sie, zeig es ihr — sie — sie wird dann Bescheid wissen.«

Der arme nackte Rücken sah sehr mager aus. Man konnte die Rippen zählen und jeden Wirbel im Rückgrat deutlich erkennen. Mary prüfte den Rücken mit fast feierlichem, entschlossenem Gesicht. Sie sah so ernsthaft aus, daß die Schwester sich abwenden mußte, um das Zucken in ihren Mundwinkeln zu verbergen. Eine Minute lang herrschte Stille. Sogar Colin versuchte, seinen Atem anzuhalten, während Mary das Rückgrat kritisch betrachtete, so gründlich, als wäre sie der berühmte Doktor aus London.

»Da ist nicht die kleinste Beule«, sagte sie schließlich. »Nicht einmal ein Knötchen, so groß wie ein Stecknadelkopf, die Erhebungen sind Rückenwirbel. Die kannst du fühlen, weil du so dünn bist. Ich habe auch vorstehende Wirbel. Früher haben sie so weit herausgestanden wie deine. Jetzt bin ich dicker. Aber ich bin nicht so dick, daß man sie nicht mehr sieht. Wenn du also noch einmal sagst, da sei etwas, dann lache ich dich aus!«

Nur Colin ahnte, welche Wirkung die kalt hervorgebrachten Reden auf ihn ausübten.

»Ich wußte ja nicht«, wagte die Krankenschwester sich vor, »daß er sich einbildet, er habe eine Beule im Rücken. Sein Rücken ist natürlich schwach, weil er sich nie aufrichten will. Ich hätte ihm aber sagen können, daß da kein Ansatz zu einem Buckel ist.«

Colin schluckte, wandte sein Gesicht, um sie anzusehen.

»Könn — können Sie das wirklich sagen?« fragte er stotternd.

»Jawohl, Sir.«

»Siehst du«, sagte Mary und schluckte ebenfalls.

Colin drehte ihr wieder sein Gesicht zu. Man hörte nur noch seinen erregten Atem. Er lag eine Weile ganz still. Große Tränen liefen über sein Gesicht und benetzten sein Kissen. Es waren Tränen der Befreiung. Dann wandte er sich wieder der Schwester zu, sah sie an und wirkte gar nicht mehr wie ein Rayah, als er mit ihr sprach.

»Glaubst du — ich kann — vielleicht leben und großwerden?« fragte er.

Die Schwester war weder klug noch weichherzig, aber sie wußte, was der berühmte Arzt aus London gesagt hatte.

»Das ist sehr wahrscheinlich. Aber nur, wenn du tust, was dir gesagt wird, und wenn du so oft wie möglich an die frische Luft gehst.«

Colins Anfall war vorüber. Er war jetzt schwach und abgespannt. Vielleicht war er deshalb so sanft. Er streckte Mary die Hand entgegen. Auch ihre Wut war vorbei. Sie hob ihre Hand, wie um ihm auf halbem Wege entgegenzukommen.

»Ich will — ich will gern mit dir ausgehen, Mary«, sagte er. »Ich werde die frische Luft nicht mehr hassen, wenn wir den —«, er erinnerte sich gerade noch rechtzeitig an den geheimen Garten und beendete den Satz mit den Worten: »Ich will gern mit dir ausgehen, wenn Dickon meinen Wagen schiebt. Ich möchte Dickon so gern kennenlernen und den Fuchs und die Krähe.«

Die Schwester machte das unordentliche Bett wieder zurecht, schüttelte und glättete die Kissen. Dann brachte sie für Colin eine Tasse Fleischbrühe. Auch Mary bekam eine. Sie freute sich sehr darüber nach all den Aufregungen. Mrs. Medlock und Martha gingen erleichtert fort. Und als alles wieder sauber und friedlich aussah, sagte die Schwester, sie werde nun auch schlafen gehen. Sie war eine gesunde junge Frau, die ihren Schlaf brauchte. Sie gähnte ganz offen, während sie Mary ansah, die sich auf der großen Fußbank neben Colins Bett niedergelassen hatte und die Hand des Jungen hielt.

»Du mußt jetzt in dein Zimmer gehen und weiterschlafen«, sagte sie. »Er wird nach einer Weile einnicken. Er ist nicht mehr so aufgeregt. Ich selbst schlafe im Nebenzimmer.«

»Soll ich dir das Schlaflied singen, das ich von meiner Ayah gelernt habe?« flüsterte Mary Colin zu.

Er drückte leicht ihre Hand, und seine müden Augen schauten sie dankbar an.

»O ja«, murmelte er, »es ist ein so sanftes Lied. Ich werde ganz schnell einschlafen.«

»Ich will ihn in den Schlaf singen«, sagte Mary zu der Pflegerin. »Sie können gehen, wenn Sie wollen.«

»Gut«, sagte die Schwester nach einem kleinen Zögern. »Wenn er in einer halben Stunde nicht schläft, mußt du mich rufen.«

»Ja«, sagte Mary.

Gleich danach ging die Schwester aus dem Zimmer. Colin griff wieder nach Marys Hand.

»Beinah hätte ich mich verraten«, sagte er, »aber ich habe noch im rechten Moment geschwiegen. Ich will jetzt nicht sprechen, ich möchte schlafen. Aber du sagst, daß du mir noch viel zu erzählen hast. Glaubst du — du könntest herausfinden, wie man in den geheimen Garten kommt?«

Mary sah in sein kleines, müdes Gesicht und in seine geschwollenen Augen. Ihr Herz wurde weich.

»Ja«, antwortete sie. »Ich glaube, ich habe ihn gefunden. Und wenn du jetzt schön schläfst, erzähle ich dir morgen alles.«

Seine Hand zitterte.

»Oh, Mary«, sagte er. »Oh, Mary! Ich glaube, wenn ich in den Garten dürfte, könnte ich wirklich weiterleben und großwerden. Könntest du mir nicht ganz leise erzählen, wie du dir den geheimen Garten vorstellst, wie er im Innern aussehen mag? Ich bin sicher, daß ich dann gleich einschlafe.«

»Gut«, nickte Mary, »mach die Augen zu.« Er schloß die Augen und lag ganz still. Sie nahm seine Hand und sprach sehr langsam und ganz leise.

»Ich glaube, er war so lange sich selbst überlassen, daß alles durcheinandergewachsen ist. Ich glaube, die Rosen sind geklettert und geklettert, bis sie nun von allen Zweigen und Mauern herabhängen und über den Boden kriechen wie ein sonderbarer grauer Nebel. Viele von ihnen sind gestorben, aber viele, viele leben noch! Und wenn der Sommer kommt, dann werden sie Vorhänge und Springbrunnen aus lauter Rosen bilden. Ich glaube, der Boden ist voll von Lilien, Schneeglöckchen und Primeln. Sie arbeiten sich aus der Erde hervor. Jetzt, wo es bald Frühling wird — vielleicht — vielleicht — —«

Der sanfte Ton ihrer Stimme beruhigte ihn. Und sie fuhr fort:

»Vielleicht stoßen sie vor, durch das Gras, zum Licht, vielleicht gibt es ganze Krokusbüschel, purpur und goldfarben. Vielleicht sprießen schon die Blätter, entfalten sich und — vielleicht — verwandelt sich alles Grau in Grün, und ein grüner Schleier wird sich über alles legen — über alles! Die Vögel werden kommen, um den grünen Schleier zu sehen — alles ist friedlich und still. Und vielleicht — vielleicht hat das Rotkehlchen eine Frau gefunden — und baut sein Nest...«

Colin schlief fest.

18. KAPITEL

Keine Zeit zu verlieren

Natürlich wachte Mary am nächsten Morgen nicht eben früh auf. Sie schlief lange, weil sie sehr müde war. Als Martha das Frühstück brachte, berichtete sie. Colin sei zwar ruhig, aber krank und fiebrig. Das sei immer so bei ihm, wenn er einen Anfall gehabt habe. Mary aß langsam ihr Frühstück, während sie zuhörte.

»Er sagte, er möchte, daß du zu ihm kommst, sobald du kannst. Der arme Junge! Er ist viel zu sehr verwöhnt worden. Mutter sagt, zwei Dinge tun einem Kind nicht gut: immer den eigenen Willen haben und — nie einen eigenen Willen haben. Colin sagte zu mir, als ich heute in sein Zimmer kam: *Bitte, frag Miß Mary, ob sie zu mir kommen und sich mit mir unterhalten will.* Wollen Sie zu ihm gehen, Miß Mary?«

»Zuerst muß ich mit Dickon sprechen«, antwortete Mary. »Nein«, sagte sie dann in einer plötzlichen Anwandlung, »zuerst will ich Colin besuchen und mit ihm reden. Ich weiß, was ich ihm sagen werde.«

Sie trug ihren Hut, als sie in Colins Zimmer trat. Einen Augenblick sah er enttäuscht aus. Er lag im Bett. Sein Gesicht war zum Erbarmen blaß, und dunkle Ringe lagen um seine Augen. »Ich bin froh, daß du gekommen bist«, sagte er. »Mein Kopf tut weh, alles tut mir weh, weil ich so müde bin. Willst du ausgehen?«

Mary beugte sich über sein Bett. »Nicht für lange«, sagte sie. »Ich gehe zu Dickon, aber ich komme gleich wieder. Weißt du, Colin, es handelt sich um den Garten.« Sein Gesicht hellte sich auf und bekam ein wenig Farbe.

»Oh, das ist es!« sagte er. »Ich habe die ganze Nacht davon geträumt. Du sagtest etwas von dem Grau, das sich in Grün verwandelt, und ich träumte von einer Stelle, die ganz mit grünen Blättchen geschmückt war. Vögel hatten überall ihre Nester gebaut, und sie sahen sanft und friedlich aus. Ich werde jetzt liegenbleiben und daran denken, bis du zurückkommst.«

Fünf Minuten später traf Mary Dickon in ihrem Garten. Der Fuchs und die Krähe befanden sich wieder in Dickons Begleitung, außerdem hatte er diesmal zwei zahme Eichhörnchen mitgebracht.

»Heute morgen bin ich auf meinem Pony hergeritten«, sagte er. »Ein netter, kleiner Bursche ist das. Die Zwei Eichhörnchen sind in meiner Tasche mitgekommen. Das hier heißt Nuß, und das andere heißt Schale.«

Als er Nuß sagte, sprang eines der Eichhörnchen auf seine rechte Schulter, und als er Schale sagte, hüpfte das andere auf seine linke.

Wie sie nun im Gras saßen — der Fuchs Kapitän lag zusammengerollt zu ihren Füßen, die Krähe Ruß saß schweigsam auf einem Ast, Nuß und Schale schnupperten nahe bei ihnen im Gras —, da dachte Mary, daß es kaum erträglich sei, sie alle verlassen zu müssen, aber trotzdem fing sie an zu erzählen, was sich in der vergangenen Nacht zugetragen hatte. Dickons lustiges Gesicht wurde langsam ernst. Sie fühlte, daß er mehr Mitleid mit Colin empfand als sie. Er sah hinauf zum Himmel und schaute dann bedächtig um sich.

»Hörst du die Vögel? Die Welt scheint voll zu sein. Sie zwitschern und singen. Hör nur, wie sie sich gegenseitig etwas zurufen. Die Blätter entfalten sich, überall duftet es.« Er sog mit seiner kurzen Nase die Luft ein. »Und der arme Junge ist von alledem ausgeschlossen. Er sieht nichts. Er fängt an, über Sachen nachzudenken, die ihn weinen machen. Also, wir müssen ihn da herausholen. Er muß hier sein und alles sehen können, er muß die frische Luft atmen und sich vom Sonnenschein erwärmen lassen. Wir dürfen keine Zeit mehr verlieren.«

»Richtig«, sagte Mary. »Ich weiß auch, wie wir es anstellen müssen. Er hat dich ins Herz geschlossen. Er möchte dich sehen, dich und Ruß und Kapitän. Ich werde ihm sagen, daß du morgen mit den Tieren kommen willst. Und wenn der Frühling kommt, wirst du ihn in seinem Rollstuhl hierherbringen.«

Sie ging ins Haus zurück und setzte sich an Colins Bett. Colin fing an zu schnuppern, wie Dickon es manchmal tat.

»Du riechst nach Blumen und irgendwie frisch!« rief er. »Was ist das für ein Duft?«

»Das ist der Wind vom Moor. Ich hab mit Dickon im Gras gesessen. Kapitän, Ruß, Nuß und Schale waren auch dabei.«

Die Kinder lachten über die lustigen Namen. Sie wurden immer fröhlicher und lachten schließlich so laut, daß Mrs. Medlock, die das Zimmer betreten wollte, vor der Tür im Korridor stehenblieb und wie gebannt lauschte.

»Auf mein Wort«, sagte sie zu sich selbst, »wer hätte das gedacht?«

Es gab so vieles zu bereden. Es schien, als ob Colin nie genug hören konnte von Dickon und allen seinen Tieren. Dickons Pony heißt Spring. Mary war einmal mit Dickon in den Wald gelaufen, um das Pony zu sehen. Spring war ein winziges, rauhhaariges Moorpony. Dicke Locken hingen ihm über die Augen. Es hatte ein hübsches Gesicht und eine Nase wie aus Samt. Es war ziemlich mager, weil es nur vom Moorgras lebte, aber es war stark und so drahtig, als wären die Muskeln in seinen kleinen Beinen aus Stahl. In dem Augenblick, da es Dickon erblickte, hatte es seinen Kopf zurückgeworfen und sanft gewiehert. Dann war es auf Dickon zugetrottet, hatte seinen Kopf auf dessen Schulter gelegt, und als der Junge ihm etwas ins Ohr sagte, antwortete er mit einem drolligen Wiehern und Schnaufen und Pusten. Dickon hatte ihm befohlen, Mary zur Begrüßung den Vorderfuß zu geben und sie mit seinem Samtmaul auf die Wange zu küssen.

»Versteht es wirklich alles, was Dickon sagt?« fragte Colin.

»Es sieht jedenfalls so aus«, antwortete Mary. »Dickon sagt, man versteht sich, wenn man wirklich befreundet ist. Aber die Freundschaft muß echt sein.«

Colin lag ein Weilchen still. Seine seltsam dunklen Augen schienen die Decke anzustarren, aber Mary fühlte, daß er nachdachte.

»Ich möchte gern ein guter Freund sein. Aber ich bin es nicht. Ich habe nie jemanden gehabt, mit dem ich mich befreunden konnte. Ich kann Menschen so schwer ertragen.«

»Kannst du mich ertragen?« fragte Mary.

»O ja«, sagte er, »es ist komisch, aber dich hab ich sehr gern.«

»Ben Weatherstaff sagte, ich sei so wie er. Wir hätten beide dasselbe unausstehliche Wesen. Ich glaube, du bist auch so wie er. Er meinte, an uns wäre nichts Besonderes zu sehen, weil wir immer mürrisch dreinschauten. Aber ich bin bestimmt nicht mehr so unangenehm wie ich war, bevor ich das Rotkehlchen und Dickon kennenlernte.«

»Hast du auch manchmal das Gefühl, daß du die Menschen hassen könntest?«

»Ja«, antwortete Mary ohne jede Scheu. »Dich hätte ich bestimmt gehaßt, wenn ich nicht Robin und Dickon vorher kennengelernt hätte.«

Colin streckte seine magere Hand aus und berührte Mary.

»Mary«, sagte er, »ich wollte, ich hätte nie gesagt, daß ich Dickon wegschicken würde. Ich verwünschte dich, als du sagtest, er sei ein Engel. Aber vielleicht ist er es wirklich.«

»Es ist ein bißchen merkwürdig, so etwas zu sagen«, gestand sie freimütig, »denn er hat eine Stupsnase und einen breiten Mund. Seine Kleider sind voll Flicken, und er spricht Yorkshire-Mundart. Aber wenn jemals ein Engel nach Yorkshire käme und im Moor lebte, ich meine, wenn es einen Yorkshire-Engel gäbe, er würde die Natur lieben und wissen, wie man alles zum Wachsen und zum Grünen bringt. Er würde auch wissen, wie man mit den Tieren spricht, so wie Dickon es tut. Sie wären ganz sicher, daß er ihr Freund wäre.«

»Ich hätte nichts dagegen, wenn Dickon hierherkäme«, sagte Colin. »Ich möchte ihn gern sehen.«

»Da bin ich aber froh, daß du das sagst«, antwortete Mary, »denn —«

Ganz plötzlich wußte sie, daß dies der Augenblick war, um ihm die Wahrheit zu sagen. Colin fühlte, daß etwas auf ihn zukaum. »Denn? — Was?« fragte er eifrig. Mary war so erregt, daß sie aufstand. Sie beugte sich über ihn und drückte seine Hände.

»Kann ich dir trauen?« fragte sie. »Ich habe Dickon getraut, weil die Tiere ihm trauen. Kann ich dir ganz, ganz sicher vertrauen?« Ihr Gesicht war so feierlich, daß er seine Antwort fast flüsterte.

»Ja — ja!«

»Also gut — Dickon will morgen früh kommen und dich besuchen. Und er will seine Tiere mitbringen.«

»Oh!« rief Colin entzückt.

»Aber das ist noch nicht alles«, fuhr Mary, blaß vor Erregung, fort.

»Das beste kommt noch. Es gibt ein Tor zum Garten. Ich habe es gefunden. Es ist unter dem Efeu in der Mauer.«

Wenn Colin ein gesunder, kräftiger Junge gewesen wäre, er hätte jetzt bestimmt dreimal laut »Hurra! Hurra! Hurra!« geschrien. Aber er war schwach. Seine Augen wurden größer und größer, und er rang nach Luft.

»Oh, Mary«, rief er fast schluchzend, »darf ich ihn sehen? Werde ich je hingehen? Werde ich am Leben bleiben, um ihn zu sehen?« Und er preßte ihre Hände und zog sie näher zu sich heran.

»Natürlich wirst du ihn sehen«, sagte Mary ungehalten.

»Selbstverständlich wirst du am Leben bleiben und in den Garten gehen. Sei nicht albern!« Sie war so kühl, so selbstverständlich, daß er wieder zur Vernunft kam. Er brachte es sogar fertig, über sich selbst zu lachen. Sie setzte sich wieder auf ihren Stuhl und erzählte von dem geheimen Garten, nicht wie er in der Phantasie aussah, sondern wie er in Wirklichkeit war. Colin vergaß seine Müdigkeit und seine Schmerzen. Er lauschte hingerissen.

»Genauso habe ich ihn mir vorgestellt«, sagte er schließlich. »Es klingt, als hättest du ihn wirklich gesehen.«

Mary zögerte ein paar Minuten, dann sprach sie kühn die Wahrheit. »Ich habe ihn gesehen. Ich bin in dem Garten gewesen. Ich habe den Schlüssel gefunden, und vor ein paar Wochen bin ich erstmals hineingegangen. Ich habe es dir nicht erzählt, weil ich nicht wußte, ob ich dir auch wirklich vertrauen konnte.«

19.
KAPITEL

Es ist soweit

Natürlich hatte man am Morgen nach Colins Anfall Doktor Craven benachrichtigt. Sie schickten immer nach ihm, wen sich so etwas ereignete. Wenn er dann kam, fand er jedesmal einen bleichen, zitternden Jungen im Bett vor, übellaunig und nervös, so daß man fürchten mußte, er würde beim ersten Wort erneut in Tränen ausbrechen. Doktor Craven fürchtete und haßte diese Besuche. Deshalb blieb er diesmal bis zum Nachmittag fern.

»Wie geht es ihm?« fragte er Mrs. Medlock, als er schließlich erschien. »Eines Tages wird ihm bei einem dieser Anfälle eine Ader platzen. Der Junge ist halb irr vor Hysterie und Eigenliebe.«

»Nun, Sir«, sagte Mrs. Medlock. »Sie werden ihren Augen nicht trauen, wenn Sie ihn sehen. Das mürrische Mädchen, das fast so schlimm ist wie Colin, hat ihn wieder behext. Wie diese Mary das gemacht hat, kann ich Ihnen beim besten Willen nicht sagen. Gott weiß, sie sieht nach nichts aus und spricht kaum ein Wort, aber sie hat getan, was keiner von uns wagen würde. Sie sprang ihn an wie eine kleine Katze, stampfte mit den Füßen und befahl ihm, mit dem Geschrei aufzuhören. Irgendwie überrumpelte sie ihn. Er hörte wirklich auf, und heute nachmittag – aber kommen Sie herein, Sir, und sehen Sie selbst.«

Die Szene, die sich Doktor Craven bot, als er das Zimmer betrat, setzte ihn wirklich in Erstaunen. Schon als Mrs. Medlock die Tür öffnete, hörte er Gelächter und Geplauder. Colin saß in seinem Morgenrock auf dem Sofa. Er hielt sich ganz gerade und betrachtete eines der Bücher mit den Abbildungen berühmter Gärtner. Er plauderte mit dem mürrischen Mädchen, das man im Augenblick wahrhaftig nicht als mürrisch bezeichnen konnte, denn Marys Gesicht glühte vor lauter Begeisterung.

»Von diesen langen blauen Blüten werden wir viele haben«, verkündete Colin eben. »Man nennt sie Rittersporn.«

»Dickon sagt, Rittersporn hätten wir eine Menge. Die Wurzeln sind schon im Boden.«

Dann erblickten sie Doktor Craven, und beide verstummten. Mary setzte wieder ihre mürrische Miene auf, und Colin verhielt sich abweisend.

»Ich bedaure sehr zu hören, daß du in der vergangenen Nacht wieder krank warst«, sagte Doktor Craven etwas nervös.

»Jetzt geht's mir besser, viel besser«, sagte Colin und sah wieder aus wie ein Rayah. »Ich werde in ein oder zwei Tagen mit meinem Rollstuhl ausfahren, falls das Wetter gut ist, und ich hoffe, daß es gut ist. Ich brauche frische Luft.«

Doktor Craven setzte sich zu ihm, fühlte seinen Puls und betrachtete ihn neugierig. »Es muß aber sehr gutes Wetter sein, und du mußt darauf achten, daß du nicht ermüdest.«

»Frische Luft wird mich nicht ermüden«, sagte der junge Rayah.

Da derselbe Junge früher darauf bestanden hatte, daß frische Luft ihm nicht bekam, war es nicht verwunderlich, daß der Doktor erstaunt die Brauen hob.

»Ich dachte, du hast frische Luft nicht gern«, meinte er.

»Nicht, wenn ich allein bin«, antwortete der junge Rayah.

»Aber meine Cousine wird mit mir gehen.«

»Und natürlich die Krankenschwester«, schlug Doktor Craven vor.

»Nein, ich will keine Schwester dabeihaben«, sagte Colin so bestimmt, daß Mary das Bild vom echten jungen Rayah wieder einfiel, mit seinen Diamanten und Perlen und den Rubinen an den dunklen Händen, die die Diener herbeiwinkten.

»Meine Cousine kann sehr gut auf mich aufpassen. Mir ist wohl, wenn sie bei mir ist. Sie hat mich letzte Nacht geheilt. Ein sehr kräftiger Junge, den ich kenne, wird meinen Rollstuhl schieben.«

Doktor Craven fühlte sich unbehaglich. Wenn dieser unmögliche hysterische Junge tatsächlich gesundete, würde er, Doktor Craven, keine Chance haben, Misselthwaite zu erben. Aber der Arzt war kein skrupelloser Mann, er war nur schwach; und er wollte den Jungen wirklich keiner Gefahr aussetzen.

»Es muß aber ein starker und verständiger Bursche sein«, sagte er. »Und ich muß mehr über ihn wissen. Wer ist es? Wie heißt er?«

»Es ist Dickon«, sagte Mary plötzlich. Sie spürte, daß jeder, der das Moor kannte, auch Dickon kennen mußte. Und sie hatte recht. Sie sah, daß Doktor Craven erleichtert lächelte.

»Ach, Dickon«, sagte er. »Wenn es natürlich Dickon ist, dann sind wir sicher genug. Er ist so stark wie ein Moorpony, dieser Dickon. Schön, schön. Hast du gestern abend deine Bromtabletten genommen, Colin?«

»Nein«, antwortete Colin. »Zuerst wollte ich sie nicht nehmen, und dann hat Mary mich beruhigt. Sie erzählte mir mit leiser Stimme von einem Garten und vom Frühling –«

»Das klingt beruhigend«, sagte Doktor Craven, verwirrter denn je. Er warf einen Seitenblick auf Mary, die auf ihrer Fußbank saß und den Teppich anstarrte.

»Es geht dir offensichtlich besser, aber du mußt dich daran erinnern, daß —«

»Ich will mich ja gerade nicht erinnern«, unterbrach ihn der Rayah, der wieder in Colin hochkam. »Wenn ich hier so allein liege und mich erinnere, dann kommen die Schmerzen, und ich denke an Dinge, die mich zum Weinen bringen. Aber meine Cousine Mary läßt mich die Krankheit und alle meine Schmerzen vergessen, und darum heilt sie mich.«

Noch nie hatte Doktor Craven sich so bald wieder verabschieden können. Meist hatte er lange bleiben und vieles veranlassen müssen. An diesem Nachmittag verschrieb er keine Medizin und erteilte keine neuen Weisungen. Unangenehme Auftritte blieben ihm erspart. Als er die Treppe hinunterging, sah er sehr nachdenklich aus, und als er in der Bibliothek mit Mrs. Medlock sprach, spürte sie, daß er sich Verschiedenes nicht erklären konnte.

»Also, Sir«, sagte sie, »hätten Sie so etwas geglaubt?«

»Jedenfalls befindet er sich in einem anderen Zustand, und der ist besser als der bisherige«, sagte Doktor Craven. »Man kann es nicht leugnen.«

»Ich glaube, Susan Sowerby hat recht«, überlegte Mrs. Medlock. »Ich besuchte sie gestern in ihrer Hütte, als ich auf dem Weg nach Thwaite dort vorbeikam, und wir plauderten eine Weile. Susan Sowerby und ich sind zusammen zur Schule gegangen.«

»Sie ist die beste Krankenpflegerin, die ich kenne. Wenn ich sie bei einem meiner Patienten antreffe, bin ich ziemlich sicher, daß er bald geheilt wird.«

Mrs. Medlock lächelte. Sie liebte Susan Sowerby.

»Sie hat ihre eigene Art, die Dinge zu tun«, sagte sie mit Wärme. »Ich mußte den ganzen Morgen an eine Sache denken, die sie gestern erzählt hat. Sie sagte: *Wenn die Kinder streiten, halte ich ihnen manchmal eine kleine Rede. Ich erzähle ihnen, wie ich in der Schule gelernt habe, daß die Erde die Gestalt einer Orange hat, wie ich dann aber, schon bevor ich zehn Jahre alt war, herausfand, daß niemandem die ganze Frucht gehört. Niemand besitzt mehr als ein winziges Stück. Und manchmal sieht es aus, als seien überhaupt zu wenig Stücke da. Drum macht der einen Fehler, der sich so benimmt, als gehöre ihm die ganze Orange. Man erkennt das meist erst nach vielen Enttäuschungen. Kinder aber lernen von Kindern, daß es kei-*

nen Sinn hat, nach dem Ganzen zu greifen. Man bekommt dann vielleicht nur die Kerne, und die sind bitter.«

»Sie ist eine erfahrene Frau«, meinte Doktor Craven, während er seinen Mantel anzog.

»Ja, sie hat ihre besondere Art, die Dinge zu sehen«, schloß Mrs. Medlock begeistert.

In der folgenden Nacht schlief Colin, ohne ein einziges Mal aufzuwachen. Als er am Morgen die Augen aufschlug, blieb er ruhig liegen und lächelte still vor sich hin. Er lächelte, weil er sich so wohl fühlte. Es war schön, wach zu sein. Er drehte sich um und reckte sich vor Vergnügen. Er hatte das Gefühl, als seien die engen Bänder, mit denen er gefesselt gewesen war, von ihm abgefallen. Anstatt wie bisher dazuliegen und zu wünschen, er wäre nicht aufgewacht, war er erfüllt von den Plänen, die er gestern mit Mary geschmiedet hatte, und beschäftigt mit den Bildern, die er sich von dem Garten und von Dickon und den Tieren machte. Es war schön, Dinge zu haben, über die man nachdenken konnte. Er war noch keine zehn Minuten wach, als er eilige Schritte im Korridor hörte, und dann stand Mary in der Tür. Im nächsten Augenblick rannte sie auf das Bett zu. Sie brachte einen Hauch von frischer Morgenluft mit.

»Du bist schon draußen gewesen! Das ist der Duft von grünen Blättern!« rief Colin.

Sie war gerannt. Ihr Haar war verweht, sie strahlte vor Frische und hatte rote Wangen.

»Es ist so wunderschön draußen«, sagte sie atemlos. »Es ist soweit! Er ist da! Der Frühling! Dickon hat es gesagt!«

»Der Frühling!«

Colin bekam Herzklopfen. Er richtete sich im Bett auf. »Mach das Fenster auf«, rief er und lachte erregt. »Vielleicht hören wir goldene Trompeten.«

Mary lief zum Fenster und öffnete es weit. Düfte und Vogelgezwitscher drangen in das Zimmer.

»Das ist frische Luft«, sagte sie. »Leg dich hin und atme sie tief ein. Das tut Dickon auch, wenn er langgestreckt im Moor liegt. Er sagt, er fühlt die Frische in seinen Adern, sie macht ihn stark. Er hat das Gefühl, er werde ewig leben. Atme, Colin, atme!«

Sie wiederholte nur, was Dickon ihr gesagt hatte, aber ihre Worte beflügelten Colins Phantasie.

»Ewig leben! Sagte er das?« fragte Colin. Er atmete die frische Luft in tiefen Zügen und fühlte, daß irgend etwas Neues und Köstliches in ihm vorging. Mary stand wieder an seinem Bett.

»Die Blumen sprießen aus der Erde«, stieß sie hastig hervor. »Die Blätter entfalten sich, überall sind Knospen, und Dickon hat den Fuchs und die Krähe, die Eichhörnchen und ein neugeborenes Lamm mitgebracht.«
Sie rang nach Atem. Das neugeborene Lamm hatte Dickon vor drei Tagen gefunden. Es hatte neben seiner toten Mutter in den Ginsterbü-

schen im Moor gelegen. Dickon hatte es in seine Jacke gewickelt und nach Hause getragen. Sie hatten es nahe zum Feuer gelegt und ihm warme Milch zu trinken gegeben. Es war ein sanftes kleines Geschöpf mit einem kleinen, drolligen Babygesicht und mit Beinchen, die viel zu lang schienen. Dickon hatte es heute auf seinen Armen über das Moor zum Herrenhaus getragen. Die Milchflasche für das Lämmchen steckte neben einem Eichhörnchen in seiner Rocktasche.

Mary hatte unter einem Baum gesessen und die süße Wärme in ihrem Schoß gespürt. Sie war so glücklich gewesen, daß sie nicht sprechen konnte. »Ein Lamm — ein Lamm«, dachte sie, »ein lebendiges Lamm, das wie ein Baby in meinem Schoß liegt!«

Als Colin nun davon hörte, atmete er tief ein. In diesem Augenblick kam die Schwester herein. Sie fuhr ein wenig zusammen, als sie das offene Fenster sah. Sie hatte gar manchen Tag halberstickt in diesem Zimmer zugebracht, weil ihr Patient behauptet hatte, frische Luft mache ihn krank.

»Bist du sicher, Master Colin, daß dir nicht zu kalt ist?« fragte sie.

»Ganz sicher«, war die Antwort. »Frische Luft macht stark. Zum Frühstück möchte ich aufstehen und auf dem Sofa sitzen. Meine Cousine wird mit mir zusammen frühstücken.«

Als die Schwester wegging, mußte sie sich das Lachen verbeißen. Sie bestellte Frühstück für zwei. In der Küche wollte jeder wissen, was denn »oben« eigentlich los war. Es wurde viel gelacht über den jungen »Einsiedler«, der nun in der kleinen Mary seinen Meister gefunden hatte — und umgekehrt.

Das Dienerzimmer hatte Colins Anfälle längst satt. Der Butler, selbst ein Familienvater, hatte mehr als einmal seine Meinung zum Besten gegeben. Er fand, eine Tracht Prügel sei das beste Heilmittel für den Kranken.

Als das Frühstück nun auf dem Tisch stand, verkündete Colin seiner Pflegerin feierlich:

»Ein Junge, ein Fuchs und eine Krähe, zwei Eichhörnchen und ein neugeborenes Lamm kommen mich heute besuchen. Ich wünsche, daß sie sofort zu mir gebracht werden. Man soll nicht im Dienerzimmer oder auf der Treppe mit ihnen zu spielen anfangen. Ich möchte sie sofort sehen.«

Die Schwester schluckte vernehmlich, versuchte aber, den Laut mit einem Husten zu verbergen.

»Ich sage dir, was du tun kannst«, überlegte Colin und winkte gnädig mit der Hand. »Du kannst Martha bitten, sie hierherzuführen. Der

Junge ist Marthas Bruder. Er heißt Dickon, und er ist ein Tierbezauberer.«

»Ich hoffe nur, daß die Tiere nicht beißen«, sagte die Schwester.

»Ich sagte eben, daß er sie bezaubert! Beschwörer nennt man solche Leute. Die Tiere beißen ihre Beschwörer nicht.«

»Es gibt Schlangenbeschwörer in Indien«, sagte Mary, »die können sogar ihren Kopf in das Maul einer Schlange legen.«

»Du liebe Zeit«, entsetzte sich die Pflegerin. Sie aßen ihr Frühstück, während die Morgenluft hereinflutete. Colin aß gierig, und Mary beobachtete ihn mit ernsthaftem Interesse.

»Du wirst dicker werden, so wie ich«, sagte sie. »Ich mochte mein Frühstück nie, als ich in Indien war, aber jetzt esse ich es jeden Morgen gern.«

»Heute morgen schmeckt es mir auch. Wann, glaubst du, wird Dickon kommen?«

Er brauchte nicht mehr lange zu warten. Nach wenigen Minuten hob Mary die Hand.

»Horch!« sagte sie. »Hörst du die Krähe?« Colin lauschte und hörte den seltsamsten Laut, den man je im Innern eines Hauses vernommen hat, das »Krah — Krah« einer Krähe.

»Das ist Ruß«, sagte Mary. »Und da — hörst du das Mäh — Mäh?«

»O ja!« rief Colin freudestrahlend.

»Das ist das neugeborene Lämmchen.«

Dickons Schuhe waren schwer und klobig. Wiewohl er sich bemühte, behutsam aufzutreten, machten sie ziemlich viel Lärm, als er durch die Korridore ging. Mary und Colin hörten die Schritte — sie kamen näher und näher, bis Dickon schließlich auf dem Teppich in Colins Zimmer stand.

»Bitte, Master Colin«, sagte Martha, »das ist Dickon mit seinen Tieren.«

Dickon kam näher und lächelte sein breites Lächeln. Das neugeborene Lamm trug er auf dem Arm, der Fuchs trottete an seiner Seite, Nuß saß auf seiner linken Schulter und Ruß auf seiner rechten, Schale guckte aus der Jackentasche.

Colin richtete sich hoch auf und staunte und staunte. Trotz allem, was er über den Jungen aus dem Moor zu wissen glaubte, hatte er sich keine richtige Vorstellung davon gemacht, wie Dickon wirklich war und wie eng die Tiere zu ihm gehörten. Sie waren ein Teil von ihm. Colin hatte noch nie mit einem Jungen gesprochen, und er war vor Freude ganz überwältigt und so von Neugier gepackt, daß er nicht sprechen konnte.

Aber Dickon war durchaus nicht scheu oder linkisch. Er war ja auch nicht verlegen gewesen, als er damals gespürt hatte, daß die Krähe seine Sprache nicht verstand und ihn bei der ersten Begegnung nur angestaunt und nicht mit ihm geredet hatte. So waren sie alle, ehe sie herausfanden, wer er war.

Er trat zum Sofa und legte das neugeborene Lamm auf Colins Schoß. Sogleich kuschelte sich das kleine Ding in den weichen Samt des Morgenrockes, schnüffelte in den Falten und stieß mit seinem Köpfchen Colin in die Seite. Kein Junge hätte es fertiggebracht, in diesem Augenblick nichts zu sagen.

»Was tut es?« rief Colin. »Was will es denn?«

»Es verlangt nach seiner Mutter«, lachte Dickon. »Ich habe es ein bißchen hungern lassen, weil ich mir dachte, du würdest es sicher gern füttern.«

Er kniete nieder und zog eine Babyflasche aus seiner Tasche. »Na, komm Kleines«, sagte er und bog den kleinen weißen Wollkopf mit seiner braunen Hand zärtlich zur Seite. »Das ist es, was du brauchst. Das schmeckt besser als Samt. So, paß auf!« Er steckte den Gummisauger in das kleine Maul. Das Lämmchen begann mit großem Eifer zu saugen.

Danach war der Bann gebrochen. Alle drei redeten durcheinander. Als das Lämmchen eingeschlafen war, kamen Fragen ohne Ende. Dickon beantwortete sie alle. Er erzählte, wie er das Lämmchen gefunden hatte. Er hatte im Moor gestanden und einer Lerche zugehört, die höher und immer höher zum Himmel aufstieg, bis sie nur noch ein winziges Fleckchen gewesen war.

»Hätte sie nicht gesungen, ich hätte sie kaum mehr gesehen. Ich wunderte mich gerade darüber, daß ich sie noch vernehmen konnte, obwohl sie doch schon fast verschwunden war — da hörte ich einen Laut in den Ginsterbüschen. Es war ein schwaches Blöken, und ich wußte gleich, daß es ein neugeborenes und hungriges Lämmchen sein mußte. Es konnte aber nur hungrig sein, wenn es seine Mutter verloren hatte. So machte ich mich auf die Suche und suchte zwischen den Ginsterbüschen. Schließlich sah ich etwas Weißes neben einem Stein liegen und fand das Kleine, halbtot vor Kälte und Angst.«

Während er sprach, flog die Krähe feierlich zum offenen Fenster hinaus und wieder herein und sagte immerzu »krah — krah«. Nuß und Schale turnten draußen in einem Baum. Kapitän lag Dickon zu Füßen, und Dickon wiederum kauerte auf dem Teppich.

Sie schauten gemeinsam die Gartenbilder in den Büchern an, Dickon kannte alle Blumen mit Namen und wußte genau, welche schon im geheimen Garten wuchsen. »Diese Namen hätte ich nicht gewußt«, sagte er und deutete auf eine Abbildung. Darüber stand der Name *Aquilegia.* Wir nennen sie Columbine. Und das dort ist ein Löwenmäulchen! Sie wachsen beide wild in Hecken. Das hier sind aber Gartenblumen. Sie sind größer und prächtiger. Wir haben auch Columbinen in unserem geheimen Garten. Wenn sie blühen, werden sie aussehen, wie ein großes Kissen voll blauer und weißer Schmetterlinge.«

»Ich muß sie sehen«, sagte Colin. »Wir müssen zusammen hingehen und sie ansehen.«

»Das machen wir«, sagte Mary ernst. »Und wir haben keine Zeit zu verlieren.«

20.

KAPITEL

Ich werde leben

Aber sie mußten länger als eine Woche warten, denn es folgten ein paar windige Tage, und Colin kämpfte gegen eine Erkältung an. Die beiden Hindernisse hätten ihn zweifellos in schlechte Laune versetzt, wenn es nicht so vieles gegeben hätte, was sorgfältig geplant werden mußte. Dikkon kam jeden Tag, wenn auch manchmal nur zu einem kurzen Besuch, und erzählte, was sich im Moor, auf den Wegen, in den Hecken und am Rande der Moortümpel ereignete. Was er zu erzählen wußte, von Ottern und Bibern und Wasserratten, von den Vogelnestern, den Feldmäusen und ihren Höhlen, Löchern und Bauten, war überaus aufregend. Nur ein »Tierbeschwörer«, ein Zauberer, konnte das Leben der Tiere auf diese Weise schildern. Colin erkannte voll Staunen, mit welchem Eifer und mit welchen Ängsten die Tiere um ihr Dasein kämpfen. »Es ergeht ihnen wie uns«, sagte Dickon. »Allerdings müssen sie jedes Jahr ihr Haus von neuem bauen. Und damit haben sie so viel zu tun, daß sie sich sehr anstrengen müssen, um rechtzeitig fertig zu werden.«

Am aufregendsten war es natürlich, auszutüfteln, wie Colin von den Erwachsenen unbemerkt, in den geheimen Garten gebracht werden kann. Niemand durfte den Rollstuhl mit den Blicken verfolgen, wenn Dickon und Mary ihn um eine bestimmte Ecke herumgeschoben hatten. Sie würden ihn dann an den Efeumauern entlangfahren. Dabei durften sie nicht mehr beobachtet werden. Im Lauf der folgenden Tage verfiel Colin auf die Idee, daß die Efeumauern zum Zauber ihres Geheimnisses gehörten. Niemand sollte sie dort sehen. Niemand durfte ahnen, daß sie ein Geheimnis hatten. Die Leute sollten denken, daß er mit Dickon und Mary ausfuhr, weil er die beiden mochte, weil es ihm nichts ausmachte, wenn sie ihn ansahen. Sie führten ausgiebige Gespräche über den Weg, den sie einschlagen wollten. Sie würden um den Springbrunnen spazieren und tun, als bewunderten sie die Blumenbeete, die Mr. Roach, der Obergärtner, angelegt hatte. Das würde so selbstverständlich aussehen, daß wohl kein Mensch auf den Gedanken kam, etwas Geheimnisvolles zu wittern. Ihre Pläne erschienen ihnen ebenso kompliziert wie die Aufmarschpläne berühmter Generäle im Krieg. Gerüchte über seltsame Dinge, die im Krankenzimer vorgingen, drangen bis in das Dienerzimmer und von dort in die Ställe und zu den Gärtnern. Trotzdem war Obergärtner Roach überrascht, als ihm eines Tages mitgeteilt wurde, er möge sich ins Krankenzimmer begeben, das bisher kein Außenseiter betreten hatte.

»So, so«, sagte er, während er in einen anderen Rock schlüpfte, »Seine Königliche Hoheit, die bisher unsichtbar blieb, ruft einen Mann, den sie noch nie gesehen hat.«

Mr. Roach ging nicht ohne Neugier ins Haus. Er hatte den Jungen nie gesehen, aber aufregende Geschichten über ihn gehört. Man hatte ihm immer wieder versichert, daß der Junge bald sterben würde. Es gab auch Gerüchte über seinen buckligen Rücken, seine schwachen Glieder.

»Die Dinge in diesem Haus verändern sich, Mr. Roach«, sagte Mrs. Medlock, als sie ihn die Hintertreppe hinauf zum Korridor führte, an dem das geheimnisvolle Zimmer lag.

»Hoffen wir, daß sie sich zum Besseren wandeln, Mrs. Medlock«, antwortete er.

»Eine Wandlung zum Schlimmern wäre auch gar nicht mehr möglich gewesen«, fuhr sie fort. »Seien Sie aber nicht überrascht, wenn Sie sich plötzlich mitten in einer Tierschau befinden. Marthas Bruder Dickon scheint da oben das Kommando übernommen zu haben.«

Dickon schien, wie Mary fest glaubte, tatsächlich eine Art Zauberer zu sein. Als Mr. Roach jetzt seinen Namen hörte, lächelte er.

»Dickon wäre sogar im Buckingham Palast zu Hause oder auch auf der untersten Sohle eines Kohlenbergwerkes. Dabei ist er einfach und bescheiden. Ein großartiger Bursche!«

Dennoch war es gut, daß er rechtzeitig aufgeklärt worden war. Denn als die Schlafzimmertür geöffnet wurde, flog eine Krähe mit lautem »krah — krah« auf den Gast zu, und trotz Mrs. Medlocks Warnung konnte sich Mr. Roach nur durch einen Sprung rückwärts vor einem Zusammenstoß mit dem Vogel retten.

Der junge Rayah lag weder im Bett noch auf dem Sofa. Er saß in einem Sessel. Ein kleines Lamm stand neben ihm und wedelte mit dem Schwanz, wie Lämmer es immer tun, wenn sie gefüttert werden. Dickon kniete neben ihm und fütterte es mit einer Babyflasche. Ein Eichhörnchen saß auf Dickons gebeugtem Rücken und knackte eine Nuß. Das kleine Mädchen aus Indien kauerte auf einer Fußbank und schaute zu.

»Hier ist Mr. Roach, Master Colin«, sagte Mrs. Medlock.

Der junge Rayah wandte sich dem Eintretenden zu und musterte seinen Diener von oben bis unten. So wenigstens empfand es der Gärtner.

»Du bist also Roach, wie?« sagte er. »Ich habe nach dir geschickt, um dir ein paar wichtige Befehle zu erteilen.«

»Sehr wohl, Sir«, sagte Roach höflich, während er sich fragte, ob man ihm vielleicht auftragen würde, sämtliche Eichen im Park zu fällen oder die Obstgärten in Teiche zu verwandeln.

»Heute nachmittag fahre ich in meinem Rollstuhl aus. Falls die frische Luft mir guttut, gehe ich von nun an jeden Tag in die Gärten. Wenn ich draußen bin, will ich keinen Gärtner sehen. Jedenfalls nicht in der Nähe der großen Mauer. Ich werde um zwei Uhr ausgehen, und alle Leute müssen sich fernhalten, bis ich die Nachricht durchgebe, daß sie wieder an ihre Arbeit gehen können.«

»Sehr wohl, Sir«, antwortete Mr. Roach, erleichtert bei dem Gedanken, daß den Eichen und den Obstgärten keine Gefahr drohte.

»Mary«, sagte Colin, zu dem Mädchen gewendet, »wie war doch der Satz, den sie in Indien sagen, wenn eine Unterredung zu Ende ist?«

»Du sagst: Ich gestatte dir, dich zu entfernen.«

»Ich gestatte dir, dich zu entfernen, Roach«, sagte Colin.

»Aber merke dir, dies ist ein wichtiger Auftrag.«

»Sehr wohl, Sir. Ich danke Ihnen, Sir«, sagte Mr. Roach, und Mrs. Medlock geleitete ihn aus dem Zimmer.

Da Mr. Roach ein gutherziger Mann war, lächelte er nur vor sich hin. Draußen im Korridor wurde sogar ein richtiges Lachen daraus.

»Auf mein Wort«, sagte er, »er hat die Manieren eines Lords, nicht wahr? Man könnte meinen, er vereine in einer Person die gesamte königliche Familie.«

»Nun«, sagte Mrs. Medlock, »seit er Füße hat, trampelt er auf uns herum. Er bildet sich ein, dafür seien wir da. Aber vielleicht überwindet er das, wenn er am Leben und das Kind aus Indien in seiner Nähe bleibt«, meinte Mrs. Medlock.

Im Krankenzimmer schaute Colin seine Freunde an.

»Jetzt ist alles sicher«, sagte er. »Und heute nachmittag werde ich ihn sehen! Heute nachmittag werde ich dort sein!«

Dickon kehrte mit seinen Tieren in den Garten zurück. Mary blieb bei Colin. Er sah nicht müde aus, aber er war sehr still, während er mit seiner Cousine zu Mittag aß.

»Was für große Augen du hast, Colin«, sagte Mary. »Wenn du nachdenkst, werden sie so groß wie Untertassen. Woran denkst du eigentlich?«

»Ich kann nicht anders, ich muß immer daran denken, wie er wohl sein wird«, antwortete er.

»Der Garten?« fragte Mary.

»Der Frühling! Ich überlege gerade, daß ich ihn eigentlich noch nie erlebt habe. Ich bin selten ausgegangen, und wenn ich draußen war, habe ich nie darauf geachtet.«

»In Indien habe ich den Frühling auch nicht erlebt. Da gibt es keinen.«

»An dem Morgen, da du hereinkamst und riefst: *Es ist soweit!*, da hatte ich ein ganz merkwürdiges Gefühl. Mir war, als käme eine große Prozession auf mich zu, mit Posaunen und Trompeten. Ich habe so ein Bild in einem meiner Bücher. Man sieht frohe Leute darauf, Kinder mit Zweigen und Girlanden in den Händen. Alle lachen und tanzen und spielen auf Flöten. Drum sagte ich dir damals: *Vielleicht werden wir goldene Trompeten hören.* Und ich bat dich, die Fenster aufzumachen.«

»Wie merkwürdig«, sagte Mary, »so ähnlich empfinde ich es auch. Wenn all die Blumen und Blätter, die Vögel und Tiere vorübertanzen würden, was für eine Prozession wäre das! Ich bin sicher, sie würden tanzen und singen und flöten!«

Sie lachten beide, nicht weil sie den Gedanken komisch fanden, sondern weil er ihnen so gut gefiel.

Wenig später machte die Krankenschwester Colin bereit. Sie bemerkte, daß er diesmal nicht einfach dalag und sich wie ein toter Klotz seine Kleider anziehen ließ. Im Gegenteil, er setzte sich auf und versuchte selbst mitanzupacken. Und die ganze Zeit plauderte und lachte er mit Mary.

»Er hat einen guten Tag«, sagte sie zu Doktor Craven, der eben nach seinem Patienten sehen wollte. »Er ist so gut aufgelegt, daß er sich gesünder fühlt als sonst.«

»Ich komme später am Nachmittag noch einmal vorbei, wenn er wieder im Haus ist. Ich muß wissen, wie ihm das Ausgehen bekommt. Lieber wäre es mir schon«, fügte er leise hinzu, »wenn Sie dabei sein könnten, aber schön — wir wollen das Experiment wagen. Dickon Sowerby ist ein Junge, dem ich sogar ein neugeborenes Kind anvertrauen würde.«

Der stärkste Diener trug Colin die Treppe hinunter und setzte ihn in seinen Rollstuhl, neben dem Dickon schon wartend stand. Nachdem der Diener Kissen und Decken zurechtgelegt hatte, hob unser Rayah die Hand. Damit waren Diener und Pflegerin entlassen.

»Ihr habt meine Erlaubnis, euch zu entfernen«, sagte er, und beide verschwanden schnell. Sie kicherten erst, als sie wieder im Hause waren.

Dickon schob den Rollstuhl langsam und vorsichtig die Auffahrt entlang. Mary ging an seiner Seite. Colin hob den Blick. Der Himmel wölbte sich hoch über ihm, schneeweiße Wölkchen flogen wie helle Vögel mit ausgebreiteten Schwingen über die kristallene Bläue. Der Wind wehte in sanften Wellen vom Moor herüber und brachte einen herbsüßen Duft mit. Colin dehnte seine schwache Brust, um ihn einzuatmen. Seine großen Augen schienen zu lauschen.

»So viel Gesang und Gesumme!« sagte er. »Was ist das für ein Duft, den der Wind herüberträgt?«

»Das ist der Geruch von Ginster. Der blüht jetzt«, antwortete Dickon. »Die Bienen werden heute ihren Spaß daran haben.«

Kein menschliches Wesen war auf den Gartenwegen zu sehen. Jeder Gärtner und Gärtnerbursche hatte den Befehl bekommen, sich fernzuhalten. Die Kinder gingen geduckt am Gebüsch vorbei, um den Springbrunnen herum und machten unnötige Wege, um ihr Geheimnis zu verschleiern. Als sie zuletzt in den großen Weg einbogen und den Efeu an den Mauern erblickten, wurden sie ganz aufgeregt. Sie wußten eigentlich selbst nicht, warum sie plötzlich nur noch zu flüstern wagten.

»Hier ist es«, hauchte Mary. »Hier bin ich allein auf und ab gegangen und habe gesucht und gesucht.«

»Hier, sagst du?« rief Colin und suchte die mit Efeu bewachsene Mauer mit den Augen ab. »Ich sehe nichts!« flüsterte er. »Da ist kein Tor.«

»Das dachte ich auch«, flüsterte Mary zurück.

Tiefe Stille folgte. Die Räder des Rollstuhls drehten sich lautlos.

»Dort ist der Garten, wo Ben Weatherstaff arbeitete«, sagte Mary.

»Aha«, nickte Colin.

Ein paar Meter weiter flüsterte Mary: »Hier ist die Stelle, wo das Rotkehlchen auf die Mauer flog.«

»Wirklich? Ach, ich hätte so gern, wenn Robin jetzt käme.«

»Und dort«, sagte Mary freudig und zeigte auf eine Stelle unter einem Fliederbusch, »dort hockte er auf dem kleinen Erdhaufen und zeigte mir den Schlüssel.«

Colin reckte sich.

»Wo? Wo?« rief er. Dickon hielt an. Die Räder standen still.

»Und hier«, fuhr Mary fort, nahe an die Mauer tretend, »hier ist die Stelle in der Mauer, zu der er mich hinlockte. Und dies ist die Efeuranke, die der Wind zur Seite drückte.«

Sie hob den Efeuvorhang hoch.

»Oh — wahrhaftig!« keuchte Colin.

»Und hier ist die Klinke. Und da ist das Tor. Dickon, fahr näher heran! Fahr durch das Tor. Fahr schnell!«

Dickon tat es mit ruhigem, sicherem Griff.

Colin fiel in seine Kissen zurück. Er atmete erregt und bedeckte die Augen mit den Händen, bis sie wirklich im Garten waren. Der Rollstuhl stand still. Der Augenblick der Verzauberung war da! Das Tor fiel hinter ihnen ins Schloß. Colin nahm die Hände von den Augen und schaute unverwandt, wie Dickon und Mary es getan hatten. Die warme Sonne legte sich auf sein Gesicht wie eine liebende Hand. Atemlos blickten Mary und Dickon ihn an. Er sah verändert und eigenartig aus. Ein rosiger Hauch färbte sein Gesicht, das sonst elfenbeinern und fahl war. Sein Gesicht, sein Nacken, seine Hände schienen in rosa Farbe getaucht zu sein.

»Ich werde leben! Ich werde gesund werden«, rief er. »Mary! Dickon! Ich werde ewig leben!«

21.
KAPITEL

Ben Weatherstaff

Es gehört zu den seltsamen Dingen in der Welt, daß man nur dann und wann das sichere Gefühl hat, man werde ewig leben. Es kann geschehen, wenn man in der Morgendämmerung ins Freie geht und beobachtet, wie sich der blasse Himmel langsam verändert. Wunderbares ereignet sich, bis man aufschreit und einem das Herz stillzustehen droht, weil sich plötzlich in herrlicher Majestät die Sonne erhebt. So ist es immer, denkt man dann, jeden Morgen, seit Tausenden und aber Tausenden von Jahren. Und da, in diesem Augenblick, weiß man es mit untrüglicher Sicherheit. Man kann es auch spüren, wenn man bei Sonnenuntergang allein im Wald steht und goldenes Licht durch die Bäume sickert. Oder unter der unendlichen Stille des blauen Nachthimmels, wenn Millionen von Sternen schimmern. Auch der Klang einer fernen Musik kann uns jene Gewißheit geben. Und manchmal ist es der Blick eines menschlichen Auges.

So erging es Colin, als er im geheimen Garten zum erstenmal den Frühling erlebte. An diesem Nachmittag schien die ganze Welt entschlossen zu sein, sich einem kleinen Jungen in all ihrem Glanz und ihrer Vollkommenheit zu offenbaren. Ja, der Frühling war da und verwandelte alles. Dickon schüttelte verwundert den Kopf.

»Glaubst du, es sei meinetwegen?« fragte er.

»Wer weiß?« rief Mary fröhlich.

Sie schoben den Rollstuhl unter einen Pflaumenbaum, der schneeweiß in Blüte stand, voller Blüten und summenden Bienen. Er war wie ein Baldachin für einen König, einen Märchenkönig. Blühende Kirschbäume, blühende Apfelbäume mit weißen und rötlichen Blüten, manche schon weit offen, wetteiferten miteinander. Zwischen den Blüten des Baldachins leuchtete hier und da ein Stück blauen Himmels.

Mary und Dickon arbeiteten da und dort ein wenig, und Colin sah ihnen zu. Sie brachten ihm Dinge zum Beschauen — Knospen, die noch fest geschlossen waren, Knospen, die sich eben öffneten, Zweige, deren Blättchen grün sprossen, die Feder eines Spechtes, die im Gras gelegen hatte, die leere Eierschale eines Vogels, der vorzeitig ausgeschlüpft war.

Langsam schob Dickon den Rollstuhl durch den Garten und zeigte Colin alles, was der Frühling aus der Erde zauberte. Es war, als würde ein König durch sein Besitztum geführt, damit er den Reichtum sehe, den es enthielt.

»Ich hoffe, wir werden auch das Rotkehlchen sehen«, sagte Colin.

»Du wirst es bald oft genug sehen«, antwortete Dickon. »Wenn seine Jungen aus dem Ei schlüpfen, wird es dauernd hin und herfliegen müssen, um sie satt zu bekommen. Es wird Würmer herbeiholen, die fast so groß sind wie es selber. Der Lärm, mit dem es im Nest empfangen wird, macht es ganz schwindlig. Es weiß dann nicht, welchen Schnabel es zuerst stopfen soll. Mutter sagt, wenn sie ein Rotkehlchen beobachtet, das seine Jungen füttern muß, komme sie sich vor wie eine Dame, die nichts zu tun hat. Sie denke immer, es müsse vor Anstrengung schwitzen, obwohl man das natürlich bei einem Vogel nicht sehen kann.«

Die drei fingen darüber so laut zu lachen an, daß sie erschreckt den Mund mit den Händen bedecken mußten. Schon vor Tagen hatten sie Colin eingeschärft, daß sie in ihrem Garten nur flüstern oder mit gedämpfter Stimme reden durften. Er fand das wunderbar geheimnisvoll und tat sein Bestes, aber manchmal ist es schwer, nicht laut zu lachen. Jede Minute dieses Nachmittags brachte neue Wunder, und von Stunde zu Stunde wurde die Sonne goldener. Der Rollstuhl stand nun wieder unter dem Baldachin. Dickon setzte sich ins Gras und nahm seine Flöte hervor. In diesem Augenblick sah Colin etwas, das er bisher übersehen hatte.

»Da drüben steht ein sehr alter Baum«, sagte er.

Dickon schaute hin, und Mary schaute hin. Eine kleine Stille entstand.

»Ja«, sagte Colin endlich, und seine Stimme klang sehr sanft. »Die Zweige sehen ganz grau aus. Kein einziges Blatt ist daran. Der ist ganz tot, nicht wahr?«

»Ja«, gab Dickon zu. »Aber wenn die Rosen daran blühen, wird der Baum nicht tot aussehen. Dann wird er der hübscheste Baum in diesem Garten sein.«

Mary hing immer noch ihren Gedanken nach. »Es sieht aus, als wäre ein großer Ast abgebrochen«, sagte Colin. »Wer hat das wohl getan?«

»Das war vor vielen Jahren«, antwortete Dickon.

»Oh«, rief er plötzlich erregt, »das Rotkehlchen! Da ist es! Es hat für sein Weibchen nach Futter gesucht.«

Colin schaute fast zu spät hin, konnte aber eben noch einen Blick auf einen Vogel mit roter Brust werfen, der einen Wurm im Schnabel trug. Der Vogel zwängte sich in das Blättergewirr an der Mauer und war nicht mehr zu sehen. Colin lehnte sich lachend in seine Kissen zurück.

»Er kommt noch rechtzeitig zu ihr zum Tee«, sagte er. »Vielleicht ist es fünf Uhr. Ich würde auch ganz gern Tee trinken.«

»Ein Zauberer hat das Rotkehlchen geschickt«, sagte Mary hinterher heimlich zu Dickon. »Ich weiß es bestimmt.«

Sie hatten befürchtet, Colin würde weiter nach dem toten Baum fragen, dessen Ast vor Jahren abgebrochen war. Sie hätten nicht gewußt, was sie weiter sagen sollten.

»Wenn er wieder darauf zu sprechen kommt, müssen wir ein fröhliches Gesicht machen«, meinte Dickon.

»Ja, das müssen wir«, sagte Mary.

Aber sie hatte sich unbehaglich gefühlt, als Colin den Baum betrachtete. Sie überlegte, ob es wohl wahr war, was Dickon früher einmal dazu meinte. Er hatte seinen rostroten Schopf gerieben, und dann erschien ein heimliches Leuchten in seinen Augen.

»Mrs. Craven war eine sehr schöne junge Dame«, hatte er damals zögernd gesagt. »Mutter glaubt, daß sie immer noch in Misselthwaite ist und sich um ihr Kind kümmert. Alle Mütter, die aus dieser Welt gehen müssen, tun das. Sie kommen zurück und kümmern sich. Vielleicht war sie die ganze Zeit in diesem Garten und hat uns geholt, damit wir Colin hierherbringen.«

Mary dachte, er spreche von Zauberei. Davon hielt sie sehr viel. Im Stillen glaubte sie, daß Dickon zaubern konnte. Er übte aber einen guten Zauber aus, darum liebten ihn die Menschen so sehr. Sogar die Tiere wußten, daß er ihr Freund war. Sie hielt es durchaus für möglich, daß er im richtigen Moment, als Colin die verfängliche Frage stellte, das Rotkehlchen herbeigezaubert hatte. Der Zauber hielt den ganzen Nachmittag an und verwandelte Colin auf wunderbare Weise. Man konnte sich jetzt nicht vorstellen, daß er das unvernünftige Wesen gewesen war, das geschrien und um sich geschlagen und in seine Kissen gebissen hatte. Seine Blässe war fort. Er sah aus, als wäre er endlich aus Fleisch und Blut und nicht aus Elfenbein oder Wachs. Zwei- oder dreimal sahen sie, wie das Rotkehlchen für sein Weibchen Futter holte. Das erinnerte sie wieder an ihren Tee. Colin sagte, sie müßten ihn unbedingt gleich haben.

»Geh doch bitte ins Haus und bestelle, daß ein Diener einen Korb mit Tee und Gebäck in den Rhododendronweg bringt. Dort kannst du ihn ja mit Dickon abholen.«

Es war ein vorzüglicher Gedanke, der sich auch leicht durchführen ließ. Als das weiße Tischtuch auf dem Gras ausgebreitet war und heißer Tee, gebutterter Toast und Hörnchen bereitstanden, aßen sie mit großem Appetit. Vögel, die auf ihren geschäftigen Flügen vorbeikamen, hielten an und untersuchten gründlich die Krumen, die für sie abfielen. Nuß und Schale huschten mit einer kleinen Beute von Kuchen die Baumstämme hinauf. Ruß schleppte eine halbe Toastschnitte in einen Winkel, pickte darauf herum und machte mit heiserer Stimme Bemerkungen dazu. Zum Schluß schluckte die Krähe das ganze Stück mit großem Behagen hinunter.

Der Nachmittag ging zu Ende. Die Sonne warf lange Strahlen, die Bienen waren heimgeflogen, und Vögel flogen nur noch selten vorüber. Mary und Dickon saßen im Gras. Colin lag in seinen Kissen. Seine schweren Locken fielen ihm in die Stirn. Er hatte rosige Wangen. »Ich wünschte, dieser Nachmittag würde nie vergehen«, sagte er. »Morgen komme ich wieder, und übermorgen auch und — und jeden Tag, — immer wieder.«

»So wirst du jedenfalls genügend frische Luft bekommen«, sagte Mary.

»Das will ich auch«, erwiderte er, »Jetzt habe ich den Frühling gesehen, und ich werde auch den Sommer sehen. Jetzt werde ich alles wachsen sehen. Ich werde hier selber wachsen.«

»Bestimmt wirst du das«, sagte Dickon. »Es wird nicht lange dauern, dann läufst und gräbst du hier herum wie wir.«

Colin errötete vor Eifer. »Laufen!« sagte er. »Graben! Ich?«

Dickon sah ihn prüfend an. Weder er noch Mary hatten ihn jemals gefragt, ob mit seinen Beinen etwas nicht in Ordnung sei.

»Natürlich wirst du das tun«, wiederholte Dickon standhaft. »Du hast ja schließlich Beine wie andere Leute auch.«

Mary erschrak. Ängstlich wartete sie auf Colins Antwort.

»Eigentlich fehlt meinen Beinen nichts«, sagte er; »aber sie sind so dünn und schwach und zittern so, daß ich mich nicht traue, sie zu bewegen.«

Mary und Dickon atmeten erleichtert auf. »Wenn du keine Angst mehr hast, dann werden sie dich schon tragen«, lachte Dickon. »Und du wirst nun bald keine Angst mehr haben.«

»Glaubst du?« zweifelte Colin und lag eine Weile ganz still. Er schien nachzudenken.

Die Sonne sank tiefer. Es war die Stunde, da alles verstummt. Sie hatten einen aufregenden Nachmittag hinter sich. Colin schien die Stille als wohltuend zu empfinden. Selbst die Tiere bewegten sich nicht mehr um die Kinder herum. Die Krähe Ruß kauerte auf einem niedrig hängenden Zweig, ein Bein hochgezogen; sie döste vor sich hin.

Mitten in diese Stille hinein flüsterte Colin plötzlich erregt:

»Wer ist der Mann da drüben?«

Dickon und Mary sprangen auf die Füße.

»Welcher Mann? Wo?« riefen sie gleichzeitig.

Colin deutete auf die hohe Mauer.

»Dort«, flüsterte er, »dort drüben!«

Die beiden fuhren herum. Über der Mauer erblickten sie Ben Weatherstaffs empörtes Gesicht. Er stand auf den obersten Sprossen einer Leiter. Er schüttelte die Faust gegen Mary.

»Wenn ich kein Junggeselle wäre, und wenn du meine Tochter wärst, dann kriegtest du jetzt Schläge!«

Er stieg noch eine Sprosse höher, als ob er die Absicht hätte, in den Garten zu springen. Noch immer drohte er mit der Faust.

»Ich habe nie viel von dir gehalten«, begann er seine Standpauke. »Ich mochte dich nicht, als ich dich zum erstenmal sah, mit deinem zerknitterten Buttermilchgesicht. Und immer Fragen stellen! In alles die Nase stecken, wo sie nichts zu suchen hat. Ich weiß nicht, warum ich mich mit dir überhaupt eingelassen habe. Bloß weil Robin, der dumme Bursche —«

»Ben Weatherstaff«, rief Mary, um Atem ringend. Sie stand dicht unter ihm und rief zu ihm hinauf: »Ben Weatherstaff, es war ja gerade das Rotkehlchen — das mir den Weg gezeigt hat.«

Jetzt schien es, als wolle Ben Weatherstaff wirklich herunterspringen, so wütend wurde er.

»Du böses Kind«, wetterte er. »Für deine Schlechtigkeit willst du auch noch das Rotkehlchen verantwortlich machen!«

Plötzlich übermannte ihn die Neugier. »Wie um alles in der Welt bist du nur hier hereingekommen?«

»Das Rotkehlchen hat mir den Weg gezeigt«, wiederholte Mary tapfer. »Robin wußte natürlich nicht, was er tat, aber es war ganz bestimmt so. Und ich kann es dir nicht erklären, solange du mir mit der Faust drohst.«

Er ließ die Hand herunterfallen. Plötzlich starrte er über ihren Kopf hinweg auf etwas, das über den Rasen auf ihn zukam.

Beim ersten Redeschwall aus Weatherstaffs Mund war Colin so überrascht, daß er ganz still dasaß und wie gebannt zuhörte. Dann erholte er sich und sah Dickon gebieterisch an.

»Fahr mich dorthin«, befahl er. »Ganz nah zu diesem Mann hin!«

Und das war es, was Ben Weatherstaff erblickte, und sein Unterkiefer fiel herunter; ein Rollstuhl mit prächtigen Kissen und Decken kam auf ihn zu. Der Wagen sah aus wie eine Staatskutsche, weil ein junger Rayah darin saß, königlichen Grimm in seinen schwarzbewimperten Augen. Gerade unter Weatherstaffs Leiter hielt der Rollstuhl an. Es war wirklich kein Wunder, daß Ben Weatherstaffs Mund offen blieb.

»Weißt du, wer ich bin?« fragte der Rayah.

Ben Weatherstaff erstarrte. Seine alten rotgeränderten Augen hingen unverwandt an dem kleinen Gesicht vor ihm. Er schien einen Geist zu sehen. Er starrte und staunte und schluckte einen Kloß, der plötzlich in seiner Kehle steckte. Er sagte kein Wort.

»Weißt du, wer ich bin?« fragte Colin ungnädig. »Antworte!«

Ben Weatherstaff fuhr sich mit seiner knotigen Hand über Augen und Stirn. Dann antwortete er mit seltsam gebrochener Stimme.

»Wer du bist?« sagte er. »Ja, das weiß ich. Du siehst mich an mit den Augen deiner Mutter. Gott mag wissen, wie du hierherkommst. Aber du bist der arme Krüppel!«

Colin vergaß, daß er jemals einen schwachen Rücken gehabt hatte. Sein Gesicht wurde blutrot. Er richtete sich steil auf.

»Ich bin kein Krüppel«, schrie er wütend. »Ich bin kein Krüppel! Ich bin kein Krüppel!«

»Stimmt, das ist er nicht«, schrie Mary empört zur Mauer empor. »Er hat nicht einmal einen Buckel so groß wie ein Stecknadelkopf. Ich habe ihn untersucht! Es war nichts — rein gar nichts!«

Ben Weatherstaff fuhr sich wieder mit der Hand über die Stirn und starrte, als könne er nie wieder damit aufhören. Seine Hand zitterte, sein Mund zitterte, seine Stimme zitterte. Er war ein unwissender, taktloser alter Mann, und er konnte sich nur an das erinnern, was man ihm erzählt hatte.

»Du — du hast keinen krummen Rücken?« fragte er.

»Nein«, brüllte Colin.

»Du hast keine verkrüppelten Beine?« Ben Weatherstaffs heisere Stimme zitterte immer noch.

Das war zuviel. Die Kräfte, die Colin für gewöhnlich in einen Anfall hineinsteigerten, durchpulsten ihn jetzt in einer ganz neuen Weise. Noch nie hatte man ihn verdächtigt, verkrüppelte Beine zu haben. Und dieser Verdacht, den Ben Weatherstaff da aussprach, war mehr, als unser Rayah dulden konnte. Sein Ärger und sein verletzter Stolz ließen ihn alles andere vergessen. Er war erfüllt von einer nie gekannten, einer fast übernatürlichen Kraft.

»Komm her«, rief er Dickon zu. Er schleuderte die Decken von seinen Beinen.

»Komm! Sofort!«

Mary atmete erregt und fühlte, wie sie blaß wurde.

»Er kann es! Er kann es! Er kann es!« betete sie vor sich hin. Dann faßte Dickon nach Colins Arm. Die dünnen Beine kamen zum Vorschein. Die mageren Füße berührten das Gras. Colin stand — stand aufrecht und kerzengerade. Er wirkte merkwürdig groß. Er warf den Kopf zurück, und seine seltsamen Augen schossen Blitze.

»Sieh mich an«, rief er heftig. »Sieh mich an — du!«

»Er ist so gerade gewachsen wie ich«, schrie Dickon. »So gerade wie jeder andere Junge in Yorkshire.«

Was Ben Weatherstaff nun tat, überraschte Mary über die Maßen. Er schluckte und würgte und plötzlich liefen Tränen über seine verwirrten Backen. Er schlug die alten Hände zusammen.

»Ach«, brach es aus ihm heraus, »was doch die Leute alles erzählen! Du bist so dünn wie eine Latte und weiß wie ein Geist, aber nichts an dir ist krumm. Gott segne dich!«

Dickon hielt Colin fest am Arm, aber der Junge schwankte nicht. Er stand aufrecht und schaute Ben Weatherstaff ins Gesicht.

»Ich bin dein Herr«, sagte er entschieden. »Dies ist mein Garten. Daß du dich nicht unterstehst, darüber zu reden. Du steigst jetzt von deiner Leiter herunter. Miß Mary wird dich hierherbringen. Ich möchte mit dir sprechen.«

Ben Weatherstaffs verschrumpftes Gesicht war noch naß von Tränen. Er schien die Augen nicht von dem schlanken Jungen abwenden zu können, der mit zurückgeworfenem Kopf da unten stand.

»Ja, mein Junge«, flüsterte er. »Ja, mein Junge.« Und dann besann er sich plötzlich, griff nach der Art der Gärtner an seinen Hut und sagte: »Jawohl, Sir!« Damit stieg er gehorsam die Leiter hinunter und verschwand.

22. KAPITEL

Bei Sonnenuntergang

Als sein Kopf außer Sicht war, wandte sich Colin an Mary.

»Geh und such ihn«, befahl er. Mary flog quer durch den Garten auf das Tor zu.

Dickon betrachtete Colin prüfend. Rote Flecken brannten auf dessen Backen. Er sah erregt aus, aber er zeigte keine Schwäche.

»Ich kann stehen«, flüsterte er.

»Ich hab dir ja gesagt, daß du es kannst, sobald du keine Angst mehr hast«, antwortete Dickon. »Und jetzt hast du keine Angst mehr.«

»Stimmt«, sagte Colin.

Dann erinnerte er sich plötzlich an etwas, das Mary gesagt hatte.

»Bist du ein Zauberer?« fragte er streng.

Dickon lächelte vergnügt. »Nicht mehr als du. Du hast ja eben selbst gezaubert«, lachte er. »Es ist der gleiche Zauber, der diese Blumen aus der Erde treibt.« Er berührte mit seinen dicken Stiefeln einen Büschel Krokusse im Gras.

Colin blickte darauf hinunter.

»Ja«, sagte er, »eine größere Zauberei als diese gibt es nicht.« Er reckte sich hoch auf. »Ich werde jetzt zu dem Baum da gehen«, sagte er und deutete auf einen Baum, der etwa zwei Meter von ihm entfernt stand. »Ich gehe jetzt gleich, damit ich dort bin, wenn Ben Weatherstaff kommt. Ich kann mich dann an den Baum lehnen, wenn ich will. Erst wenn ich wirklich will, möchte ich mich wieder hinsetzen. Bring eine Decke vom Rollstuhl.«

Er ging auf den Baum zu. Obgleich Dickon seinen Arm hielt, ging er stetig und mit eigener Kraft. Am Baum angekommen, lehnte er sich mit dem Rücken dagegen. Aber er hielt sich noch immer wunderbar aufrecht und wirkte groß. Als Ben Weatherstaff durch das Tor in der Mauer kam, sah er ihn dort stehen, und im gleichen Moment hörte er, wie Mary etwas vor sich hin murmelte.

»Was sagst du?« fragte er leise, ohne den Blick von dem großen, schlanken Jungen dort drüben zu wenden.

Mary antwortete nicht. Sie hatte Colin im Geist beschworen: »Du kannst es! Du kannst es! Ich hab ja gewußt, daß du es fertigbringst!« Aber das sagte sie Ben nicht. Sie würde es nicht ertragen, wenn er vor Ben

Weatherstaff in die Knie ging. Doch Colin gab nicht nach. Sie fand ihn plötzlich wunderschön. Er richtete seine Augen auf Ben Weatherstaff.

»Sieh mich an«, befahl er wieder. »Hab ich einen Buckel? Hab ich verkrüppelte Beine?«

Ben Weatherstaff hatte sich so weit erholt, daß er fast mit seinem alten Gleichmut erwidern konnte:

»Nein, du hast weder das eine noch das andere. Was haben sie nur mit dir gemacht? Warum haben sie dich vor allen Leuten versteckt, als wärst du verkrüppelt oder nicht ganz gescheit?«

»Nicht ganz gescheit?« fragte Colin. »Wer behauptet das?«

»Viele Narren«, sagte Ben. »Die Welt ist voll von schwatzhaften Eseln. Warum haben sie dich eingeschlossen?«

»Weil jeder dachte, daß ich bald sterben müßte«, erklärte Colin kurz. »Aber ich werde nicht sterben!«

Er sagte es so entschieden, daß Ben Weatherstaff ihn von oben bis unten erstaunt betrachtete.

»Du und sterben! Nie im Leben! Dazu hast du viel zuviel Mut. Als ich sah, wie tapfer du deine Füße auf die Erde stelltest, da wußte ich, daß du in Ordnung bist. Setz dich jetzt ein bißchen auf die Decke, Master, und gib mir deine Befehle.«

Sein Benehmen war eine Mischung aus rauher Zärtlichkeit und verschmitztem Verständnis. Mary hatte ihm auf dem Weg hierher erklärt, daß Colin gesund werden würde, wenn er von nun an in diesen Garten käme. Man dürfte mit ihm nicht über Buckel oder Sterben reden.

Der Rayah ließ sich gnädig auf seine Decke nieder, die unter den Baum gebreitet worden war.

»Welche Arbeit verrichtest du in den Gärten?« forschte er.

»Alles was man mir zu tun befiehlt. Ich bekomme hier das Gnadenbrot — weil sie mich gern hatte.«

»Sie?« fragte Colin.

»Deine Mutter«, antwortete Weatherstaff.

»Meine Mutter«, sagte Colin und blickte Ben Weatherstaff ruhig ins Gesicht. »Das hier war ihr Garten, nicht wahr?«

»Ja, das war er.« Ben erwiderte den Blick. »Sie liebte ihn sehr!«

»Jetzt ist es mein Garten, ich liebe ihn auch. Ich will jeden Tag hierherkommen. Aber es muß unser Geheimnis bleiben. Mein Befehl lautet: Niemand darf erfahren, daß wir hier zusammenkommen. Dickon und meine Cousine haben in diesem Garten gearbeitet und ihn wieder lebendig gemacht. Ich werde gelegentlich nach dir schicken, damit du uns hilfst — aber du darfst nur kommen, wenn dich niemand sieht.«

Ben Weatherstaffs Gesicht verzog sich zu einem breiten Lächeln.

»Ich bin schon früher hierhergekommen, wenn niemand es sah«, sagte er.

»Wie?« rief Colin. »Wann?«

»Zum letztenmal vor zwei Jahren«, antwortete Ben Weatherstaff und rieb sein Kinn.

»Aber seit zehn Jahren hat niemand den Garten betreten. Es gibt ja kein Tor!« rief Colin verwundert.

»Ich bin Niemand«, sagte Ben trocken. »Und ich kam nicht durch das Tor. Ich kam über die Mauer. In den letzten zwei Jahren konnte ich das allerdings nicht mehr — wegen meines Rheumatismus.«

»Du bist hereingekommen, Ben, und hast die Bäume und die Rosen beschnitten. Ich habe mich immer gefragt, wer das getan haben konnte«, sagte Dickon.

»Sie liebte sie sehr — o ja!« sagte Ben Weatherstaff langsam. »Und war so jung und hübsch. *Ben,* sagte sie einmal lachend, *wenn ich einmal krank werden sollte oder weggehen muß, dann wirst du dich um die Rosen kümmern.* Als sie uns dann verlassen hatte, kam der Befehl, daß niemand in den Garten dürfe. Ich bin trotzdem hineingegangen«, sagte er grimmig, »bis mein Rheuma mich daran gehindert hat. Einmal im Jahr habe ich in ihrem Garten gearbeitet. Schließlich hat sie mir ihren Befehl zuerst gegeben.«

»Hier wäre nicht mehr so manches lebendig, wenn du das nicht getan hättest«, meinte Dickon.

»Ich bin froh, daß du das getan hast, Weatherstaff«, sagte Colin. »Ich bin auch sicher, daß du unser Geheimnis hüten wirst.«

»Das werde ich, Sir«, antwortete Ben Weatherstaff. »Und für einen alten, kranken Mann wird es viel leichter sein, durch das Tor hereinzukommen.«

Mary hatte ihren kleinen Spaten unter den Baum ins Gras gelegt. Colin streckte seine Hand aus und nahm ihn auf. Ein seltsamer Ausdruck trat in sein Gesicht. Er begann, die Erde aufzulockern. Seine dünne Hand war schwach, aber als er sah, daß sie ihn alle beobachteten — Mary voll atemloser Spannung —, da stieß er den Spaten in den Boden und hob ein Stück davon heraus.

»Du kannst es! Du kannst es!« murmelte Mary. »Ich sage dir, daß du es kannst!«

Dickon schaute voll Neugier zu, aber er sagte kein Wort.

Ben Weatherstaff fragte interessiert, ob Colin vielleicht etwas pflanzen wolle. »Wenn du willst«, sagte er, »hole ich dir eine Rose in einem Topf.«

»Ja, bitte«, sagte Colin, während er weitergrub. »Aber schnell, schnell!«

Ben Weatherstaff vergaß seinen Rheumatismus. Auch Dickon nahm nun seinen Spaten und half Colin, das Loch zu graben. Mary holte eine Gießkanne. Als Dickon das Loch genügend erweitert hatte, fuhr Colin fort, in der lockeren Erde zu stochern. Er schaute zum Himmel auf, rot von der ungewohnten Anstrengung.

»Ich möchte sie pflanzen, ehe die Sonne ganz untergeht«, sagte er.

Mary hatte das Gefühl, daß die Sonne absichtlich ein bißchen länger als üblich schien. Ben Weatherstaff brachte die Rose aus dem Gewächshaus herbei. Er stampfte über das Gras, so schnell er nur konnte. Auch er war jetzt ganz aufgeregt. Er kniete bei dem Loch nieder und nahm die Rose aus dem Topf.

»Hier, mein Junge«, sagte er und drückte Colin die Blume in die Hand, »pflanze sie ein, wie ein König einen Baum pflanzt, wenn er zum erstenmal in ein neues Reich kommt.«

Die dünnen, weißen Hände zitterten ein wenig, und Colins Gesicht wurde noch röter, als er die Rose in die Erde bettete und festhielt, bis Ben die Erde um die Wurzeln festgedrückt hatte. Mary lag auf den Knien und stützte sich auf ihre Hände. Ruß war näher gekommen, um zu sehen, was da vor sich ging. Nuß und Schale schwatzten aufgeregt von einem Kirschbaum herunter.

»Jetzt ist sie gepflanzt«, sagte Colin. »Und die Sonne verschwindet gleich hinter der Mauer. Hilf mir auf, Dickon. Ich möchte stehen, wenn sie untergeht. Das gehört zum Zauber.«

Dickon half ihm, und der Zauberer – wer immer es sein mochte – verlieh Colin die Kraft, lachend auf seinen beiden Füßen zu stehen, während die Sonne am Horizont verschwand und damit den herrlichen Nachmittag beendete.

23.

KAPITEL

Zauberei

Doktor Craven hatte schon eine Zeitlang im Hause gewartet, als die Kinder endlich heimkamen. Er hatte sich sogar schon gefragt, ob es nicht vernünftiger sein würde, jemand hinauszuschicken und die Gartenwege abzusuchen. Als Colin wieder in seinem Zimmer war, untersuchte der Arzt ihn sorgfältig.

»So lange hättest du aber nicht draußen bleiben dürfen«, sagte er. »Du darfst dich nicht überanstrengen.«

»Ich bin überhaupt nicht müde«, sagte Colin. »Es hat mir gut getan. Morgen gehe ich vormittags und nachmittags aus.«

»Ich weiß nicht, ob ich das erlauben kann«, antwortete Doktor Craven. »Ich fürchte, es wäre nicht klug.«

»Es wäre nicht klug, wenn Sie versuchen würden, mich zurückzuhalten«, sagte Colin ernsthaft. »Ich werde ausgehen.«

Selbst Mary hatte schon herausgefunden, daß Colin überhaupt nicht wußte, wie roh und ungezogen die Art war, in der er seinen Mitmenschen Befehle erteilte. Er hatte sein Leben wie auf einer einsamen Insel verbracht. Er war dort König gewesen und hatte seine eigenen Gesetze erlassen und niemanden gehabt, mit dem er sich vergleichen konnte. Mary war ähnlich gewesen; doch seit sie in Misselthwaite lebte, hatte sie allmählich erkannt, daß ihre Manieren sehr zu wünschen übrigließen. Und nach dieser Entdeckung fand sie es natürlich interessant, mit Colin darüber zu sprechen. Sie saß und starrte ihn unverwandt an, nachdem Dr. Craven gegangen war. Sie wollte, daß er sie fragte, warum sie ihn anstarrte. Und das tat er dann auch.

»Warum guckst du mich so an?« fragte er.

»Doktor Craven tut mir leid«, sagte sie.

»Mir auch«, sagte er ruhig, aber offenbar nicht unzufrieden. »Er wird Misselthwaite nicht erben, wie er es gehofft hatte, weil ich nicht sterben werde.«

»Deswegen tut er mir natürlich auch leid«, sagte Mary, »aber ich dachte an etwas anderes. Daß es für ihn schrecklich gewesen sein muß, zehn Jahre lang nett zu einem Jungen zu sein, der immer unhöflich ist.«

»Bin ich unhöflich?« fragte Colin ungerührt.

»Sicher«, antwortete Mary, während sie ehrlich darüber nachdachte. »Nie hat jemand gewagt, etwas zu tun, das dir nicht gefiel — weil du doch sterben würdest und all das. Du warst ja so ein armes Ding!«

»Aber jetzt«, verkündete Colin trotzig, »jetzt will ich kein armes Ding mehr sein. Ich will nicht, daß die Leute das denken. Heute nachmittag habe ich auf meinen eigenen Füßen gestanden.«

»Du hast immer deinen Willen durchgesetzt, und das hat dich so verschroben gemacht.«

Colin hob den Kopf und zog die Stirn kraus.

»Bin ich verschroben?« fragte er.

»Ja«, sagte Mary, »sehr sogar. Aber du brauchst jetzt nicht zornig zu werden«, fügte sie gelassen hinzu. »Ich war genau wie du, und Ben Weatherstaff ist es auch. Aber ich bin anders geworden, seitdem ich die Menschen lieben gelernt und den Garten gefunden habe.«

»Ich will nicht verschroben sein. Ich werde es mir abgewöhnen.«

Wieder legte Colin die Stirn in Falten. Dann aber begann er zu lächeln. »Wenn ich jeden Tag in den Garten gehe, werde ich aufhören, wunderlich zu sein. Dort ist ein Zauber am Werk, ein guter Zauber, weißt du. Ich bin sicher, daß es so ist.«

»Ich weiß es«, sagte Mary.

»Selbst wenn es kein Zauber ist«, sagte Colin, »können wir tun, als ob es so wäre. Irgend etwas ist dort — irgend etwas.«

Sie nannten es Zauber, und tatsächlich schien es so zu sein in den nun folgenden strahlenden Monaten. Was sich da nicht alles in dem Garten ereignete! Als erstes schienen die grünen Spitzen, die aus der Erde, dem Gras, den Beeten, ja sogar aus den Ritzen der Mauer sprossen, immer zahlreicher zu werden. Aus den Trieben entwickelten sich Knospen, die sich langsam entfalteten und sich blau, gelb oder rosa färbten.

In jener unbeschwerten Zeit, in der der Garten noch regelmäßig gepflegt wurde, hatte Ben Weatherstaff dafür gesorgt, daß buchstäblich jeder Spalt und jeder Winkel begrünt und verschönert wurde. Er hatte höchstpersönlich Mörtel aus den Fugen der Mauern gekratzt und sie mit etwas Erde gefüllt, so daß wunderschöne Kletterpflanzen daran emporranken konnten. Im Gras zeigten sich büschelweise Iris und weiße Lilien, und die Nischen und Lauben waren bald übersät mit den blauen und weißen Blüten von Rittersporn, Akelei und Glockenblumen.

Auch die Saat, die Dickon und Mary ausgeworfen hatten, ging auf, als hätten sich Feen aus dem Märchen darum gekümmert. Dutzende von Mohnblumen in allen Farben wiegten ihre Köpfe im Wind. Sie hatten in all den Jahren immer wieder neu ausgetrieben, als sei das ganz selbstverständlich, und schienen sich jetzt verwundert zu fragen, wer wohl die Neuankömmlinge seien, die da plötzlich im Garten ihr Wesen trieben. Den prachtvollsten Anblick aber boten die Rosen. Sie reckten ihre Köpfchen aus dem Gras, rankten rund um die Sonnenuhr, wuchsen an den Baumstämmen empor und ließen ihre Ausläufer von den Ästen und Zweigen herabhängen. Sie erklommen die Mauern und überzogen sie mit langen Girlanden und Vorhängen aus zahllosen Blüten. Von Tag zu Tag, ja von einer Stunde zur anderen wurden es mehr: Zuerst erschienen junge, frische Blätter, und dann bildeten sich Knospen — winzig klein zunächst, die anschwollen, als wohne ihnen eine magische Kraft inne, und schließlich aufbrachen und wohlriechende Blütenkelche entfalteten, die die Luft mit ihrem lieblichen Duft erfüllten.

Colin beobachtete alles. Jeden Morgen wurde er ausgefahren, und an Tagen, da es nicht regnete, verbrachte er viele Stunden im Garten. Er liebte auch die trüben Tage. Dann lag er im Gras und sah die Dinge wachsen, wie er sagte. Wenn man lange genug beobachtete, erklärte er, könne man sehen, wie sich die Knospen öffneten. Man könne auch die Insekten bei ihrer Arbeit betrachten. Manche machten wichtige Besorgungen und trugen winzige Teilchen von Stroh oder Federn oder Nahrung umher, andere kletterten an den Grashalmen hoch, von deren Spitze aus sie die Gegend erforschen konnten. Ameisen hatten ihre Art, Bienen, Frösche, Vögel, alle hatten ihre Art. Für Colin war es eine ganz neue Welt. Doch nicht nur in diesen aufregenden Entdeckungen zeigte sich der Zauber, der im Garten am Werk war. Was Colin am meisten zu denken gab, war die Tatsache, daß er einmal auf seinen eigenen Füßen gestanden hatte.

»Ich bin sicher, es muß sehr viel Zauberei in der Welt geben«, sagte er eines Tages zu Mary, »doch die Leute wissen einfach nicht, wie so ein Zauber wirkt oder wie man es anstellt, daß er in Kraft tritt. Vielleicht genügt es schon, wenn man anfangs sagt, daß sich wunderbare Dinge ereignen werden, so lange bis man erreicht, daß sie wirklich eintreten. Das müßte sich durch ein Experiment herausfinden lassen.«

Als die Kinder am nächsten Morgen in den geheimen Garten gingen, schickte Colin nach Ben Weatherstaff. Ben kam so schnell er konnte. Unser Rayah stand auf seinen Füßen unter einem Baum. Er sah sehr großartig, aber auch sehr anmutig aus, und er lächelte.

»Guten Morgen, Ben Weatherstaff«, sagte er. »Ich möchte, daß ihr euch in einer Reihe aufstellt, du und Dickon und Mary. Stellt euch auf und hört zu, denn ich habe euch etwas Wichtiges zu sagen.« Die drei standen in einer Reihe und warteten. »Ich will ein wissenschaftliches Experiment unternehmen«, erklärte der Rayah. »Wenn ich erwachsen bin, werde ich bedeutende wissenschaftliche Entdeckungen machen, und dieser Versuch bildet den Anfang dazu.«

»Jawohl, Sir!« antwortete Ben Weatherstaff sofort, obwohl er in seinem ganzen Leben noch nie etwas von wissenschaftlichen Entdeckungen gehört hatte.

Mary erging es ebenso, doch soviel war ihr mittlerweile bewußt geworden, daß Colin, mochte er auch etwas verschroben sein, vieles aus Büchern kannte und daß er die Gabe besaß, andere Menschen zu überzeugen. Wenn er einen mit erhobenem Kopf aus seinen merkwürdigen Augen so eindringlich anschaute, dann war man geneigt, ihm die unwahrscheinlichsten Dinge zu glauben, obwohl er erst knapp elf Jahre alt war. In diesem Augenblick strahlte er eine noch größere Überzeugungskraft aus, weil er sich anschickte, eine ebensolche Rede zu halten, wie Erwachsene es taten – ein faszinierendes Gefühl!

»Bei den großen wissenschaftlichen Entdeckungen, die ich machen werde, geht es um Zauberei«, fuhr er fort. »Ein Zauber ist etwas Großartiges, und außer einigen Leuten in alten Büchern weiß kaum jemand etwas darüber – abgesehen von Mary vielleicht, denn sie ist in Indien geboren, wo es Fakire gibt. Mag sein, daß Dickon sich auch ein wenig in magischen Dingen auskennt, aber vielleicht ist ihm das gar nicht bewußt. Er versteht es, Tiere und Menschen in seinen Bann zu ziehen. Ich hätte ihm niemals erlaubt, zu mir zu kommen, wenn er nicht diese Gabe besäße. Und was für Tiere gilt, gilt für Jungen ebenso, denn zwischen beiden gibt es keinen großen Unterschied. Ich bin sicher, daß allen Dingen ein Zauber innewohnt, nur können wir ihn nicht verstehen und in unsere Dienste nehmen wie den elektrischen Strom, Pferde oder die Dampfkraft.«

Diese Worte machten einen solchen Eindruck auf Ben Weatherstaff, daß er ganz aufgeregt wurde und nicht länger still stehen bleiben konnte. »Jawohl, Sir!« sagte er und straffte sich merklich.

»Als Mary diesen Garten entdeckte, machte er einen vollkommen leblosen Eindruck«, fuhr der Redner fort. »Dann begann irgend etwas, die Pflanzen aus dem Boden zu treiben und aus dem Nichts etwas zu schaffen. Von einem Tag auf den anderen gab es etwas vorher nicht Dagewesenes. Ich habe mich früher nie darum gekümmert, wie die Dinge entstehen, und das hat meine Neugier geweckt. Wissenschaftler sind immer neugierig, und ich werde auch ein Wissenschaftler, das steht fest. Ich frage mich fortwährend ›Was ist das? Welche Kraft ist hier am Werk?‹ Irgend etwas muß es da geben. Ich weiß nicht, wie ich es bezeichnen soll, also nenne ich es Zauberei. Ich habe noch nie die Sonne aufgehen sehen, so wie Mary und Dickon, und nach allem, was sie mir davon erzählt haben, bin ich sicher, daß auch dabei Zauberei im Spiel ist. Irgend etwas schiebt und zieht die Sonne nach oben. Seit ich hier im Garten bin, habe ich mir manchmal den Himmel durch die Blätter der Bäume hindurch angesehen und dabei ein unerklärliches Wohlgefühl gespürt, als schiebe und ziehe auch in meiner Brust etwas und lasse mich schneller atmen. Der Zauber hört niemals auf zu schieben und zu ziehen und Dinge aus dem Nichts zu erschaffen. Alles ist durch Zauberei entstanden, Blätter und Bäume, Blumen und Vögel, Dachse, Füchse, Eichhörnchen und auch die Menschen. So muß es überall um uns herum sein, in diesem Garten, eben überall. Der Zauber, der über diesem Garten liegt, hat mir geholfen, aufrecht zu stehen, und ich weiß, daß ich nicht sterben muß, sondern ein Mann werde. Ich werde versuchen, ein wenig von dem Zauber in meinen Körper aufzunehmen. Dort soll er schieben und ziehen und mich stark machen. Ich weiß zwar nicht, wie ich das anstellen soll, aber ich glaube, wenn ihr alle immer daran denkt und den Zauber durch die Kraft eurer Gedanken herbeiruft, wird es vielleicht gehen. Damals, als ich zum erstenmal versucht habe, auf meinen eigenen Füßen zu stehen, hat Mary immer wieder zu sich selbst gesagt: ›Du schaffst es, du schaffst es!‹, und ich habe es geschafft. Ich selbst mußte mich natürlich gewaltig anstrengen, aber ihr Zauber hat mir dabei geholfen, ebenso wie Dickons Zauber. Jeden Morgen und jeden Abend und sooft es mir tagsüber in den Sinn kommt, sage ich zu mir selbst: ›Der Zauber ist in mir. Der Zauber macht mich gesund. Ich werde genauso stark sein wie Dickon, ganz genauso!‹ Und das müßt ihr auch alle tun. Darin besteht mein Experiment. Wirst du mir helfen, Ben Weatherstaff?«

»Jawohl, Sir!« antwortete Ben Weatherstaff, »ganz bestimmt«. »Wenn ihr das tagtäglich so regelmäßig tut, wie die Soldaten exerzieren, dann werden wir bald sehen, was dabei herauskommt, und wir werden herausfinden, ob unser Experiment glückt. Man kann Dinge lernen, indem man sie sich immer und immer wieder laut vorsagt und darüber nachdenkt, bis sie einem schließlich in Fleisch und Blut übergehen, und ich glaube, mit der Zauberei verhält es sich nicht anders. Wenn ihr nicht aufhört, unseren Zauber zu beschwören und ihn um Hilfe zu bitten, wird er ein Teil von euch, und er wird bei euch bleiben und seine Wirkung tun.«

»Ich habe einmal gehört, wie ein Offizier in Indien meiner Mutter erzählte, manche Fakire sprächen immerfort die gleichen Worte, tausend und aber tausendmal hintereinander«, sagte Mary.

Dickon hatte dem Vortrag stehend gelauscht. Seine runden Augen hatten vor Freude geglänzt. Nuß und Schale saßen auf seinen Schultern. Er hielt ein langohriges weißes Kaninchen im Arm, das er die ganze Zeit über zärtlich streichelte. Das Kaninchen legte die Ohren an und genoß diese Behandlung sehr.

»Glaubst du, daß unser Experiment klappt?« fragte Colin den Jungen. Colin fragte sich oft, was Dickon wohl denken mochte, während er ihn selbst oder eines seiner Tiere versonnen lächelnd anschaute. Dickon lächelte auch jetzt, und zwar noch breiter als gewöhnlich. »Ja«, gab er zur Antwort, »ich glaube schon. Das ist dasselbe wie mit den Samenkörnern, wenn die Sonne auf sie fällt. Es funktioniert ganz sicher. Sollen wir jetzt anfangen?«

Colin strahlte, und auch Mary freute sich. Angeregt durch das, was er über Fakire und andere Magier in Büchern gefunden hatte, schlug Colin vor, sie könnten sich alle im Schneidersitz unter den Baum setzen, der über ihren Köpfen wie ein Baldachin seine Äste ausbreitete.

»Das ist fast so, als säßen wir in einem Tempel«, sagte er. »Ich bin ziemlich erschöpft und möchte mich jetzt gern ausruhen.«

»So geht das nicht«, warf Dickon ein, »du darfst jetzt nicht von Müdigkeit sprechen, das könnte den Zauber vertreiben.«

Colin wandte sich ihm zu und schaute ihn an. Er sah ihm direkt in seine unschuldigen, runden Augen. »Du hast recht«, meinte er dann, »ich darf an nichts als nur an den Zauber denken.«

Es machte einen sehr majestätischen und geheimnisvollen Eindruck, als sich die vier im Kreis auf den Boden setzten. Ben Weatherstaff hatte fast das Gefühl, er sei irgendwie in eine kirchliche Andacht geraten. Normalerweise beteiligte er sich nicht an dergleichen Veranstaltungen, aber dies war schließlich Sache des Rayah, und so erhob er keine Einwände, sondern er war im Gegenteil dankbar dafür, daß man ihn um seine Mithilfe gebeten hatte. Mary war förmlich hingerissen. Ihr war sehr feierlich zumute. Dickon hatte sein Kaninchen im Arm. Vielleicht hatte er den Tieren ein geheimes Zeichen gegeben, denn als er sich wie die anderen mit untergeschlagenen Beinen ins Gras setzte, kamen die Krähe, der Fuchs, die Eichhörnchen und das Lamm herbei und suchten sich alle einen Platz in der Runde, als täten sie das aus freien Stücken.

»Die Tiere sind gekommen«, sagte Colin ernst, »sie wollen uns helfen.«

Er sah wirklich prachtvoll aus, kam es Mary in den Sinn. Er hielt seinen Kopf hoch erhoben, als stelle er einen Priester oder etwas Ähnliches dar, und seine merkwürdigen Augen hatten eine wunderbare Ausstrahlung. Das Licht fiel durch die Blätter genau auf ihn herab.

»Wir wollen jetzt beginnen«, sagte er. »Sollen wir uns hin- und herwiegen wie die Derwische, Mary?«

»Ich kann mich nicht hin- und herwiegen«, entgegnete Ben Weatherstaff, »ich habe Rheuma.« »Der Zauber wird dich heilen«, gab ihm Colin zur Antwort, »wir warten damit, bis er seine Wirkung getan hat. Wir werden zunächst nur singen.«

»Ich kann auch nicht singen«, sagte Ben Weatherstaff etwas unwirsch, »ich hab's ein einziges Mal versucht, und da haben sie mich aus dem Kirchenchor hinausgeworfen.«

Niemand lachte. Alle befanden sich in einer viel zu ernsten Stimmung. Colin verzog nicht eine Miene. Er dachte an nichts anderes als den Zauber.

»Dann singe ich allein«, sagte er und fing an. Er sah dabei aus wie ein überirdisches Wesen. »Die Sonne scheint — die Sonne scheint. Das ist der Zauber. Die Blumen wachsen — die Wurzeln strecken sich. Das ist der Zauber. Leben und stark sein — das ist der Zauber. Er ist in mir. Er ist in uns allen. Er ist in Ben Weatherstaffs Kreuz. Zauber! Zauber! Komm und hilf!«

Er sang das viele Male, nicht gerade tausendmal, aber doch ziemlich oft. Mary hörte ganz gebannt zu. Ihr war, als sei dies alles befremdend und schön zugleich, und sie wünschte sich, Colin möge nie aufhören zu singen. Ben Weatherstaff begann zu dösen. Ihm war, als träume er einen recht angenehmen Traum. Das Gesumm der Bienen auf den Blüten ergab zusammen mit Colins Gesang eine wohlige, einschläfernde Geräuschkulisse. Dickon saß noch immer im Schneidersitz, eine Hand auf dem Rücken des Lämmchens. Das Kaninchen in seinem Arm war eingeschlafen. Die Krähe Ruß hatte eines der Eichhörnchen vertrieben, saß auf Dickons Schulter und schmiegte sich an ihn. Auch dem Vogel fielen die Augen zu. Schließlich beendete Colin seinen Gesang.

»Ich werde jetzt einen Rundgang im Garten machen — zu Fuß!«, verkündete er laut. Ben Weatherstaff schreckte auf, und auch die anderen erhoben sich.

Sie bildeten einen Zug. Es sah aus wie eine kleine Prozession. An der Spitze ging Colin, eingerahmt von Dickon und Mary. Hinter ihnen ging Ben Weatherstaff allein, dann folgten die Tiere, das Lamm und der Fuchs, das weiße Kaninchen. Die Krähe Ruß bildete den feierlichen Abschluß.

Die Schar bewegte sich langsam, aber mit Würde. Alle paar Meter machten sie eine Pause. Colin stützte sich auf Dickons Arm. Dann ließ er ihn wieder los und machte ein paar Schritte ohne jede Hilfe. Er hielt den Kopf hoch. Er gab nicht auf, ehe sie den ganzen Garten abgeschritten hatten.

»Ich hab's geschafft, ich hab's geschafft« triumphierte er.

»Was wird Doktor Craven sagen?« meinte Mary.

»Er wird überhaupt nichts sagen«, antwortete Colin, »denn er wird nichts erfahren. Niemand darf davon wissen, solange ich nicht stark ge-

nug bin, um zu laufen wie andere Jungen. Ich werde jeden Tag in meinem Rollstuhl heranfahren und auch darin zurückkehren. Ich möchte nicht, daß die Leute erneut hinter meinem Rücken flüstern. Ich will nicht, daß mein Vater davon erfährt, bevor der Versuch ganz gelungen ist. Wenn er eines Tages nach Misselthwaite zurückkommt, werde ich ganz einfach in sein Zimmer gehen und sagen: *Da bin ich. Ich bin wie andere Jungen. Mir geht es gut, und ich werde wachsen, bis ich ein Mann bin.*«

»Er wird denken, er träumt«, rief Mary. »Er wird seinen Augen nicht trauen.«

Colin strahlte vor Stolz. Er hatte sich überwunden. Er glaubte nun an sich selbst, an seine eigene Willenskraft. Das war der Sieg! Was ihn am meisten in seinem Willen bestärkte, das war der Gedanke an das Gesicht seines Vaters, wenn er seinen Sohn sehen würde, stark und gesund wie die Söhne anderer Väter.

»Er wird seinen Augen glauben müssen«, sagte er. »Ich möchte stark werden wie ein Athlet. Und ich möchte ein großer Entdecker werden.«

»In einer Woche wirst du boxen«, sagte Ben Weatherstaff. »Du wirst den Boxweltmeister besiegen.«

Colin sah ihn streng an.

»Weatherstaff«, sagte er, »du wirst respektlos. Du darfst dir keine Freiheiten herausnehmen, nur weil du in das Geheimnis eingeweiht bist. Ich werde nie ein Preisboxer werden. Aber ich werde ein Wissenschaftler, ein Entdecker werden. Das ist mein Ziel.«

»Verzeihung, Sir!« antwortete Ben und legte militärisch die Hand an die Mütze. »Ich hätte wissen sollen, daß das eine ernste Sache ist«, sagte er, zwinkerte aber mit den Augen. Man sah ihm an, daß er sich köstlich amüsierte.

24.
KAPITEL

Laßt sie lachen

Dickon arbeitete nicht nur in dem geheimen Garten. Um die Hütte im Moor lag ein kleines Stück Land, das mit einer Mauer von rohen Natursteinen eingefaßt war. Am frühen Morgen und noch spät nach Sonnenuntergang und an all den Tagen, da Mary und Colin ihn nicht sahen, arbeitete Dickon in diesem Garten. Er pflanzte und pflegte Beete mit Kartoffeln und Kohl, Gurken, Möhren und Kräutern. Er tat es für seine Mutter. Begleitet von seinen Tieren, wirkte er hier als kleiner Gärtner wahre Wunder. Während er grub und jätete, pfiff er alte Volkslieder aus Yorkshire und schwatzte mit Ruß oder Kapitän oder mit seinen kleinen Brüdern und Schwestern, die ihm bisweilen bei der Arbeit halfen.

»Wir würden niemals so gut zurechtkommen«, sagte Mrs. Sowerby, »wenn wir nicht Dickons Garten hätten. Bei ihm wächst alles in Fülle.

Seine Kartoffeln und seine Kohlköpfe sind zweimal so groß wie die anderer Leute. Und sie schmecken viel besser!«

Sooft sie ein wenig Zeit übrig hatte, ging sie zu ihm hinaus und plauderte mit ihm. Nach dem Abendbrot im Dämmerlicht war es am schönsten. Sie saß dann gern auf der niedrigen Steinmauer, schaute ihm zu und hörte sich an, was Dickon über den verflossenen Tag zu erzählen wußte. Diese Stunde liebte sie. Im Garten wuchs aber nicht nur Gemüse. Dikkon kaufte gelegentlich auch kleine Tütchen mit Blumensamen und säte ihren Inhalt zwischen die Stachelbeersträucher und sogar zwischen die Kohlköpfe. Er bepflanzte die Beetränder mit Reseda, Nelken und Stiefmütterchen. Er ließ ihre Früchte reifen und bewahrte die Samen auf. Jahr für Jahr verwahrte er Wurzeln und Knollen.

»Man muß die Pflanzen lieben, Mutter, damit sie gedeihen. Das ist das einzige, was man für sie tun kann. Sie sind wie die Tiere. Wenn sie durstig sind, muß man ihnen zu trinken geben. Wenn sie hungrig sind, brauchen sie Nahrung. Sie wollen leben, genau wie wir auch. Wenn sie sterben würden, hätte ich das Gefühl, ein schlechter Mensch gewesen zu sein.«

In diesen Dämmerstunden erfuhr Frau Sowerby, was sich im Herrenhaus Misselthwaite zugetragen hatte. Als erstes hörte sie, daß Master Colin plötzlich eine Vorliebe für Spaziergänge mit Mary hatte und daß ihm das Leben im Freien gut bekam. Die Kinder hatten beschlossen, daß Dikkons Mutter ihr Geheimnis erfahren dürfe. Daher erzählte Dickon seiner Mutter die ganze Geschichte mit all ihren aufregenden Ereignissen. Er schilderte, wie Mary den Schlüssel gefunden hatte; er sprach von dem Rotkehlchen und dem wintertoten Gesträuch. Er erzählte von Colins Mißtrauen, und wie sie ihn schließlich besiegt und in den Garten geführt hatten; er schilderte, wie plötzlich Ben Weatherstaffs ärgerliches Gesicht über der Mauer erschienen war. Die Geschichte von Master Colin, der über Nacht zu Kräften kam und auf den Füßen stand, erregte Frau Sowerby so sehr, daß ihr sanftes Gesicht abwechselnd bleich und wieder rot wurde.

»Bei Gott«, sagte sie, »es war ein Glück, daß das kleine Mädchen nach Misselthwaite kam! Es hat ihn gerettet. Er steht auf seinen eigenen Füßen! Und wir alle dachten, er sei ein schwachsinniger Junge, der keinen heilen Knochen hatte.« Sie stellte noch viele Fragen. Ihre blauen Augen blickten nachdenklich.

»Was sagt man im Herrenhaus dazu, wenn er sich wohlfühlt und nicht mehr klagt?« fragte sie.

»Sie wissen nicht, was sie denken sollen«, antwortete Dickon.

»Sein Gesicht verändert sich mit jedem Tag. Es ist runder geworden, es ist nicht mehr so spitz wie vorher und es ist auch nicht mehr so wächsern. Aber er gibt sich alle Mühe, sein ewiges Jammern unverändert durchzuhalten.«

»Wieso?« fragte Mrs. Sowerby.

Dickon kicherte.

»Damit sie nicht erraten, was inzwischen geschehen ist. Wenn der Doktor herausfände, daß Colin wirklich stehen kann, würde er es wahrscheinlich Mr. Craven schreiben. Colin möchte sein Geheimnis aber selber offenbaren. Er trainiert seine Beine jeden Tag, bis sein Vater heimkommt. Er will dann in das Zimmer von Mr. Craven gehen und zeigen, daß er so gerade gewachsen ist wie jeder andere Junge. Drum glauben er und Mary, daß es am besten ist, hin und wieder ein bißchen zu stöhnen, um die Leute an der Nase herumzuführen. Aber das ist nicht alles. Colin läßt sich immer in seinen Rollstuhl tragen. Dabei ermahnt er den Diener, sorgfältig mit ihm umzugehen. Er sieht möglichst hilflos aus und tut, als könne er nicht einmal den Kopf heben. Erst wenn wir außer Sicht sind, richtet er sich auf. Er und Mary haben viel Spaß zusammen. Wenn er jammert, sagt sie: *Armer Colin! Tut es dir so weh? Bist du denn so schwach?* Manchmal platzen sie fast heraus vor Lachen.«

»Je mehr sie lachen, desto besser für sie«, sagte Mrs. Sowerby und lachte selbst. »Lachen ist besser für Kinder als alle Pillen der Welt. Die beiden werden bestimmt bald dicker werden.«

»Das sind sie schon«, sagte Dickon. »Sie sind so hungrig, daß sie sich besorgt fragen, wie sie genug Eßbares erhalten, ohne aufzufallen. Colin sagt, wenn er noch mehr zu essen bestellt, glauben sie nicht mehr, daß er krank ist. Mary möchte ihm ja gern ihre Portion überlassen, aber Colin meint, dann würde sie wieder dünn, und sie möchten doch beide zugleich stark werden.«

Mrs. Sowerby lachte herzlich, während ihr diese Schwierigkeit klargemacht wurde. Und Dickon lachte mit ihr.

»Ich will dir was sagen, mein Junge«, meinte Mrs. Sowerby, als sie wieder zu Atem kam. »Ich denke gerade darüber nach, wie man euch helfen könnte. Wenn die beiden morgens in den Garten kommen, sollte für jeden von ihnen ein großer Krug voll frischer Milch bereitstehen. Ich backe ihnen ein knuspriges Landbrot oder Hafersemmeln mit Korinthen, wie ihr Kinder sie gern mögt. Nichts ist so gut wie frische Milch mit Roggen- oder Haferbrot. Damit können die beiden in der Zwischenzeit ihren Hunger stillen, bis sie zu Hause ihre gewohnten feinen Mahlzeiten bekommen.«

»Ach, Mutter«, rief Dickon, »du bist wirklich großartig! Du verstehst alles und findest immer einen Ausweg. Gestern waren die beiden ganz niedergeschlagen. Sie wußten nicht, wie sie mit ihrem Hunger fertig werden sollten.«

»Sie sind jung und wachsen schnell; außerdem erfordert das Gesundwerden Kraft und zusätzliche Nahrung. Sie sind wie junge Wölfe.«

Colin und Mary hatten sich in ihrem ganzen Leben noch nie so gut unterhalten. Der Gedanke, daß sie keinen Verdacht erregen durften, war ihnen eines Tages gekommen, als sie bemerkten, wie verwundert die Krankenschwester und Doktor Craven dreinblickten.

»Dein Appetit bessert sich gewaltig, Colin«, hatte die Schwester gesagt. »Früher wolltest du überhaupt nichts essen, und es gab so vieles, was du nicht mochtest.«

»Es gibt jetzt nichts mehr, was ich nicht mag«, hatte Colin geantwortete. Und als er dann sah, daß die Schwester ihn verwundert und neugierig ansah, hatte er sich gefragt, ob er nicht vielleicht zu gesund wirkte. »Auf alle Fälle mißfällt mir nicht mehr so viel«, hatte er einschränkend gesagt. »Das macht die frische Luft.«

»Vielleicht«, hatte sie geantwortete. »Trotzdem muß ich es Doktor Craven berichten.«

»Wie sie dich angestarrt hat«, sagte Mary, als die Schwester gegangen war. »Als ob sie etwas ahne.«

»Sie darf nichts entdecken. Keiner darf etwas ahnen«, flüsterte Colin.

Als Doktor Craven an jenem Vormittag gekommen war, hatte auch er erstaunt ausgesehen und allerlei Fragen gestellt, die Colin höchst unbequem und unnötig fand.

»Du bist oft im Garten?« hatte er gefragt. »Wo hälst du dich da eigentlich auf?«

Colin hatte es vorgezogen, sein uninteressiertes, hochmütiges Gesicht aufzusetzen.

»Niemand braucht zu wissen, wo ich mich aufhalte«, hatte er erwidert. »Ich bleibe dort, wo es mir gefällt. Jeder hat den Befehl, sich fernzuhalten. Ich möchte nicht beobachtet werden. Das wissen sie doch!«

»Du scheinst den ganzen Tag draußen zu sein. Aber ich habe nicht den Eindruck, daß es dir schadet. Die Schwester sagt, du ißt jetzt viel mehr als früher.«

»Vielleicht —«, hatte Colin gestammelt, »vielleicht ist es ein unnatürlicher Appetit.«

»Das glaube ich nicht. Es scheint dir gut zu bekommen. Du nimmst dabei zu und deine Farbe ist besser.«

»Vielleicht bin ich bloß aufgebläht und fiebrig.« Colin hatte versucht, eine düstere Miene aufzusetzen. »Menschen, die nicht lange leben, sind manchmal unberechenbar.«

Doktor Craven hatte den Kopf geschüttelt und Colins Ärmel zurückgestreift, um sein Handgelenk und seinen Arm zu fühlen.

»Du hast kein Fieber, und das Fleisch an deinem Arm ist fest. Wenn wir so bleiben, mein Junge, brauchen wir nicht vom Sterben zu reden. Dein Vater wird sehr glücklich sein, wenn er von dieser unerwarteten Besserung erfährt.«

»Ich will aber nicht, daß er davon erfährt«, hatte Colin wild gerufen. »Er wäre zu sehr enttäuscht, wenn er dann erfahren müßte, daß es wieder schlechter steht mit mir. Ich könnte ja wieder ein böses Fieber bekommen. Ich habe sogar das Gefühl, daß ich es bekomme, schon bald, jetzt schon vielleicht. Ich will nicht, daß meinem Vater Briefe geschrieben werden. — Ich will es nicht, hören Sie? Sie machen mich wütend, und Sie wissen, daß das für mich schädlich ist. Mir ist schon ganz heiß. Ich mag nicht, daß man Briefe über mich schreibt, so wenig wie ich mag, daß man über mich redet oder mich anstarrt.«

»Sei ruhig, mein Junge«, hatte Dr. Craven beschwichtigend gesagt, »ohne dein Einverständnis wird nichts über deinen Zustand geschrieben. Aber du bist zu empfindlich. Du darfst dir nicht selbst schaden und deine Besserung gefährden.«

Seither sagte Doktor Craven nichts mehr davon, daß er Mr. Craven schreiben wolle. Er warnte die Schwester, irgendeine Andeutung dieser Art vor seinem Patienten zu machen.

»Dem Jungen geht es bedeutend besser«, sagte er. »Seine Fortschritte sind fast nicht normal. Jetzt tut er aus freien Stücken das, wozu wir ihm vergeblich rieten. Trotzdem gerät er immer noch zu leicht in Erregung. Wir dürfen nichts sagen, was ihn aufregt.«

Mary und Colin waren nach der Unterhaltung mit Doktor Craven beunruhigt. Sie berieten aufgeregt miteinander. Und da wurde der Plan entwickelt, von jetzt an eine bestimmte Rolle zu spielen.

»Ich fühle mich jetzt fast verpflichtet, einen Anfall zu kriegen«, sagte Colin mißvergnügt. »Mir liegt aber nichts an einem Anfall. Ich fühle mich auch nicht elend genug, um ihn vorzutäuschen. Ich glaube fast, ich könnte beim besten Willen keinen mehr bekommen. Die Idee vom Buckel kommt mir schon gar nicht mehr in den Sinn, und es fällt mir enorm schwer, mir grauenhafte Sachen vorzustellen. Doch wenn sie wieder von einem Brief an meinen Vater sprechen, muß ich mir irgend etwas einfallen lassen!«

Er nahm sich vor, weniger zu essen. Aber es war nicht einfach, diesen großartigen Gedanken auszuführen, weil Colin jeden Morgen mit einem gewaltigen Appetit aufwachte. Auf dem Tisch neben seinem Sofa stand jeweils sein Frühstück, bestehend aus selbstgebackenem Brot, frischer Butter, nestfrischen Eiern, Himbeermarmelade und Schlagsahne. Mary frühstückte jetzt immer bei Colin. Wenn sie dann am Tisch saßen, sahen sie sich verzweifelt an, besonders wenn zarte Scheiben von gebackenem Schinken unter dem silbernen Pfannendeckel verlockende Düfte ausströmten.

»Ich glaube, heute essen wir alles auf, Mary«, sagte Colin schließlich. »Wir können ja beim Lunch etwas zurücklassen und einen Teil des Abendessens.«

Aber dann konnten sie sich doch nie entschließen, etwas stehenzulassen und zurückzuschicken. Die sauber geleerten Schusseln, die in die Küche zurückkamen, erregten dort einiges Aufsehen.

»Ich wünschte wirklich, die Schinkenscheiben wären ein wenig dikker. Und nur eine einzige Semmel! Davon wird doch kein Mensch satt«, sagte Colin.

»Es reicht höchstens für einen Sterbenden«, bestätigte Mary. »Keiner, der leben möchte, kommt damit aus. Manchmal habe ich das Gefühl, daß ich für drei essen könnte!«

An dem Morgen also, da Dickon — nachdem sie zwei Stunden zusammen im Garten gearbeitet hatten — hinter einem Rosenstrauch hervor zwei Kannen holte, von denen eine bis zum Rand mit frischer Milch gefüllt war, während in der anderen Korinthenbrötchen lagen, die so sauber und sorgfältig verpackt in blau und weiß gewürfelten Taschentüchern steckten — da nahm der Jubel kein Ende! Wie wundervoll war es, daß Mutter Sowerby an so etwas dachte! Was für eine nette, kluge Frau mußte sie sein! Wie gut waren die Korinthenbrötchen! Und die köstlich frische Milch!

»Sie ist eine Zauberin, genau wie Dickon«, sagte Colin. »Drum kommt sie auf Gedanken, die keinem anderen einfallen würden. Sie ist wirklich eine Zauberin. Sag ihr, daß wir ihr dankbar sind, Dickon. Außerordentlich dankbar.« Manchmal gefiel sich Colin darin, Redensarten von Erwachsenen zu gebrauchen. Es gefiel ihm so sehr, daß er noch ein Weilchen dabeiblieb. »Sag ihr, daß sie sehr großherzig gewesen ist, und daß unsere Dankbarkeit keine Grenzen hat.«

Dann aber vergaß er seinen Redeschwall und fiel über die Korinthenbrötchen her. Er trank in tiefen Zügen die Milch aus der Kanne, genau wie andere hungrige und durstige Jungen, die seit zwei Stunden nichts mehr zu sich genommen haben. Das Frühstück an diesem Morgen war die erste einer langen Reihe von köstlichen Mahlzeiten. Da Colin und Mary klar war, daß Mrs. Sowerby täglich ein gutes Dutzend Menschen satt kriegen mußte und daß man ihr nicht zwei weitere Esser zumuten durfte, kamen sie auf den Gedanken, ihr einen Teil ihres Taschengeldes zu schicken, damit sie Lebensmittel kaufen konnte.

Nahe bei der Stelle, an der Mary ihn zum erstenmal gesehen hatte, entdeckte Dickon ein Loch, das man zur Feuerstelle ausbauen konnte. Zwischen den Herdsteinen ließen sich großartig Kartoffeln rösten, und auf den Steinen konnte man sogar Eier backen. Im Feuer geröstete Kartoffeln waren für Mary und Colin etwas Neues. Mit ein bißchen Salz und Pfeffer und einem Stückchen Butter waren sie gerade die richtige Speise für einen Moorkönig. Außerdem waren sie billig und sättigten herrlich!

Jeden Morgen frühstückten die Kinder entzückt unter dem großen Pflaumenbaum. Nach der Mahlzeit machte Colin seine täglichen Gehübungen. Mit jedem Tag wurde er stärker und konnte länger gehen. Er dachte sich immer wieder neue Übungen aus, um seine Kraft zu erproben. Dickon brachte ihm etwas bei, das ihm besonders gut half.

»Gestern«, sagte er, nachdem er sich einen Tag lang nicht hatte blicken lassen, »bin ich für Mutter nach Thwaite gegangen. Und dort habe ich Bob Haworth getroffen. Er ist der beste Ringkämpfer weit und breit, außerdem kann er höher und weiter springen als alle anderen Jungen, und er ist auch der beste Hammerwerfer. Einmal ist er zu Fuß bis nach Schottland gewandert. Man nennt ihn hier in der Gegend einen Athleten, und als ich ihm einige Fragen stellte, dachte ich an Colin. Ich fragte: *Wie bist du zu deinen starken Muskeln gekommen, Bob? Hast du irgend etwas besonderes getan, damit du so stark werden konntest?* Er antwortete: *Jawohl, Kleiner, das hab' ich. Ein starker Mann, der einmal in Thwaite in einem Zirkus auftrat, hat mir gezeigt, welche Übungen ich mit Armen und Beinen machen muß, um jeden Muskel des Körpers zu stärken.*«

Dickon erzählte weiter, wie er Bob gefragt hatte, ob auch ein zarter Junge etwas tun könne, um kräftiger zu werden. »Bob«, sagte Dickon, »lachte nur und fragte, ob ich mich für einen zarten Jungen halte. Ich erklärte ihm, daß ich an einen anderen dachte, der lange krank gewesen war. *Für ihn würde ich gern die notwendigen Übungen kennenlernen,* sagte ich. Natürlich habe ich keinen Namen genannt. Freundlich wie Bob ist, hat er mir gleich die Übungen vorgemacht, und ich habe sie mir gemerkt.«

Colin hatte aufgeregt zugehört. »Würdest du sie mir zeigen?« fragte er. »Jetzt gleich?«

»Klar«, antwortete Dickon und erhob sich. »Bob sagt aber, man müsse langsam anfangen und nicht übertreiben, und sich nicht ermüden. Zwischendurch müsse man tief atmen und ruhen.«

»Ich werde vorsichtig sein«, versprach Colin. »Zeig mir, wie es geht! Dickon, du bist der größte Zauberer der Welt!«

Dickon stellte sich auf den Rasen und führte langsam eine Reihe von einfachen Freiübungen vor. Colin beobachtete ihn mit weit geöffneten Augen. Einige Übungen konnte er sogar sitzend machen. Danach stellte er sich auf die Füße und tat es Dickon nach. Mary folgte seinem Beispiel. Die Krähe Ruß flog von ihrem Ast herunter und holperte aufgeregt zwischen den dreien umher.

Von diesem Tag an gehörten Freiübungen mit zu den täglichen Pflichten. Colin und Mary konnten mit jedem neuen Tag ein bißchen besser turnen, und ihr Appetit wurde immer größer. Wäre der Korb von Dikkon nicht gewesen, der jeden Morgen hinter dem Busch stand, sie wären ganz einfach verloren gewesen. Aber die kleine Feuerstelle und Mrs. Sowerbys Spenden gaben so viel her, daß Mrs. Medlock und die Krankenschwester und Doktor Craven erneut verwirrt wurden. Man kann natürlich sein Frühstück achtlos stehen lassen und so tun, als möge man sein Mittagessen nicht, wenn man vollgefüttert ist mit gebackenen Eiern, heißen Kartoffeln, frischer Milch, mit Haferkuchen und Roggenbrötchen, Heidehonig und geschlagener Sahne.

»Jetzt essen sie fast nichts mehr«, stöhnte die Krankenschwester. »Sie werden an Unterernährung sterben, wenn wir sie nicht dazu bringen, mehr zu essen. Und dabei sehen sie gar nicht unterernährt aus.«

»Das ist es ja«, rief Mrs. Medlock empört. »Die beiden machen mich noch ganz fertig. Ein Paar junge Teufel! An einem Tag essen sie, als wollten sie bersten, und am anderen Tag kann der Koch die beste Mahlzeit auf den Tisch bringen, sie rümpfen nur die Nase. Nicht einmal einen Mund voll von dem jungen Geflügel und der herrlichen Sauce haben sie gestern zu sich genommen. Die Köchin hatte sich einen besonders guten Pudding für sie ausgedacht, und sie haben alles zurückgeschickt. Sie hatte fast geweint.«

Als Doktor Craven kam, untersuchte er Colin lange und sorgfältig. Sein Ausdruck war hilflos, als die Schwester ihm das Tablett zeigte, auf dem ein fast unberührtes Frühstück stand. Sie hatte es eigens beiseitegestellt, um es dem Arzt zu zeigen. Doktor Craven war zwei Wochen geschäftlich in London gewesen und hatte daher seinen Patienten eine Zeitlang nicht gesehen. Wenn junge Menschen gesunden, dann geht das schnell. Die wächserne Farbe war von Colins Haut gewichen. Ein warmer, rosiger Schein lag auf seinem Gesicht. Seine schönen Augen blickten klar. Die Wangen hatten sich gerundet und die dunklen Locken um Colins Stirn wirkten wunderbar seidig und lebendig.

»Ich bin beunruhigt zu hören, daß du nichts ißt«, sagte Dr. Craven besorgt. »Das ist nicht gut. Du wirst wieder einbüßen, was du an Gewicht zugenommen hast. Und du hast erstaunlich viel zugenommen. Vor kurzem noch hattest du doch so tüchtig gegessen?«

»Ich sagte Ihnen schon, daß mein Appetit unnatürlich war«, erwiderte Colin unbefangen.

Mary, die in der Nähe auf einem Stuhl saß, gab plötzlich einen Laut von sich, den sie so heftig unterdrücken versuchte, daß sie fast daran erstickte.

»Was ist los?« fragte Doktor Craven, sich nach ihr umwendend.

Mary wurde sofort wieder todernst. »Es war nichts. Nur ein Mittelding zwischen Husten und Niesen«, antwortete sie mit großer Würde. »Ich bekam es in die Kehle.«

»Ach«, sagte sie hinterher zu Colin, »ich konnte mich einfach nicht halten vor Lachen. Ich hatte die dicke Kartoffel vor Augen, die du vor einer Stunde in den Mund gesteckt hast. Und wie du in das Brötchen mit Marmelade und Schlagsahne gebissen hast.«

»Besteht die Möglichkeit, daß sich die Kinder heimlich etwas zu essen beschaffen?« fragte Doktor Craven die Hausdame.

»Ausgeschlossen! Es sei denn, sie graben ihre Nahrung aus der Erde oder pflücken sie vom Baum«, antwortete Mrs. Medlock. »Sie sind den ganzen Tag draußen und sehen keinen Menschen. Und wenn sie etwas anderes haben möchten, als ihnen aufgetischt wird, so brauchen sie es ja nur zu sagen.«

»Schön«, sagte Doktor Craven. »Solange ihnen das Fasten so gut bekommt, wie es den Anschein macht, brauchen wir uns ja nicht zu sorgen. Der Junge ist ganz und gar verwandelt.«

»Das Mädchen auch«, sagte Mrs. Medlock. »Sie ist geradezu hübsch geworden. Sie war nämlich das unerfreulichste, verdrießlichste Kind, und jetzt lachen sie und Colin dauernd wie ein paar kleine Verrückte. Vielleicht werden sie davon dicker!«

»Kann sein«, erwiderte Doktor Craven. »Lassen wir sie also lachen!«

25.

KAPITEL

Der Vorhang

Der geheime Garten entfaltete sich in einem Meer von Blumen und offenbarte jeden Morgen neue Wunder. Im Rotkehlchennest lagen Eier, und Robins Frau brütete sie aus. Sie wärmte die Eier sorgsam mit ihrer gefiederten Brust und ihren Flügeln. Anfänglich war sie ein bißchen aufgeregt gewesen, und Robin paßte deshalb mit ihr auf. Nicht einmal Dikkon näherte sich ihnen in diesen Tagen. Er wartete, bis das kleine Paar erkennen würde, daß von keinem der Kinder Gefahr drohte. Jedes wußte, daß für Robin und sein Weibchen eine Welt zusammenbrechen würde, wenn jemand ein Ei wegnähme oder verletzte. Zuerst hatte Robin Mary und Colin ängstlich beobachtet. Es kam ihm besonders seltsam vor, daß der Junge nicht auf zwei Beinen ging wie die anderen, sondern sitzend, in einem merkwürdigen Ding mit Rädern, in den Garten geschoben wurde. Außerdem besaß er die Angewohnheit, sich mit den Fellen wilder Tiere warmzuhalten. Das war natürlich von vornherein verdächtig. Als er dann anfing, aufzustehen und mit ungelenken Bewegungen im Garten umherzulaufen, versteckte sich Robin in einem Busch und beobachtete argwöhnisch, was da vor sich ging. Eines Tages erinnerte er sich an die Zeit, als er von seinen Eltern die Kunst des Fliegens erlernt hatte. Eigentlich hatte er sich dabei genauso unbeholfen angestellt. Vielleicht war es so, daß dieser Junge das Laufen erst lernen wollte und dabei auf die Hilfe der anderen angewiesen war. Aus einem geheimnisvollen Grund wußte er dagegen, daß er Dickon trauen konnte. Mit Dickon konnte man in der Rotkehlchensprache reden. Mit einem Rotkehlchen in der Rotkehlchensprache reden, ist dasselbe wie mit einem Franzosen französisch sprechen. Wenn Dickon mit Robin plauderte, benutzte er immer die Rotkehlchensprache. Drum fand Robin es weiter nicht schlimm, wenn der Junge mit den Menschen ein seltsames Kauderwelsch sprach. Das Rotkehlchen dachte, Dickon spreche so mit Menschen, weil sie die Vogelsprache nicht verstanden.

In dem Maße, als sich Robin und sein Weibchen an die drei Kinder gewöhnten, legte sich Ruhe über das Rotkehlchennest. Und die Tatsache, daß die Brut so sicher verwahrt war, als läge sie in einer Felsenhöhle verborgen, machte das Brüten zu einer angenehmen Beschäftigung, besonders wenn man dabei alle die seltsamen Dinge beobachten konnte, die im Garten vor sich gingen. An regnerischen Tagen empfand Robins Frauchen sogar Langeweile, weil niemand in den Garten kam. Daß Colin und Mary sich bei Regenwetter auch langweilten, konnte man nicht behaupten. Als eines Morgens der Regen in Strömen vom Himmel fiel, war Colin zuerst recht ungeduldig. Er mußte ja, um nicht aufzufallen, auf dem Sofa sitzenbleiben und durfte nicht umherlaufen. Zum Glück hatte Mary wieder einen guten Einfall.

»Colin«, sagte sie mit geheimnisvoller Miene, »weißt du eigentlich, wie viele Zimmer in diesem Hause sind?«

»Ungefähr tausend, vermute ich«, antwortete er.

»Es gibt ungefähr hundert, die kein Mensch benutzt. An einem Regentag habe ich einmal nachgeforscht und mir so viele angeschaut, wie ich nur wollte. Niemand weiß davon, obwohl mich Mrs. Medlock beinah ertappt hätte. Ich verirrte mich, und als ich umkehren wollte, war ich plötzlich am Ende des Flurs, an dem dein Zimmer liegt. Damals hörte ich dich zum zweitenmal schreien.«

Colin sprang vom Sofa auf.

»Hundert Zimmer, in die keiner geht?« fragte er, »das klingt so aufregend wie die Geschichte vom geheimen Garten. Ich schlage vor, wir gehen los und schauen sie uns an. Du könntest meinen Rollstuhl schieben, und niemand würde wissen, wo wir sind.«

»Genau das dachte ich auch«, sagte Mary. »Keiner würde wagen, uns zu folgen. Es gibt da übrigens Gänge, in denen du ruhig ein bißchen gehen könntest. In diesen Teil des Hauses kommt praktisch nie jemand, es würde also kaum auffallen, wenn du aufstehst. Wir könnten sogar unsere Freiübungen machen. Und auch ein indisches Zimmer gibt es. Drin steht ein Wandschrank mit vielen Elefanten aus Elfenbein. Das Haus hat alle möglichen Sorten von Zimmern.«

»Klingle bitte«, sagte Colin.

Als die Schwester kam, gab er ihr seine Befehle.

»Ich möchte meinen Rollstuhl haben«, sagte er. »Miß Mary und ich möchten uns den Teil des Hauses ansehen, der nicht benutzt wird. John kann mich bis zur Gemäldegalerie fahren, weil da ein paar Stufen sind. Dann kann er verschwinden und soll uns allein lassen, bis ich nach ihm schicke.«

Von diesem Morgen an verloren alle Regentage ihre Schrecken. Als der Diener den Rollstuhl bis zur Gemäldegalerie gefahren und die Kinder allein gelassen hatte, sahen Colin und Mary sich entzückt an. Mary vergewisserte sich, ob John sich tatsächlich entfernt hatte, dann stand Colin auf.

»Ich laufe jetzt von einem Ende der Galerie bis zum anderen. Dann werde ich springen, und dann schlage ich vor, daß wir Bob Haworths Freiübungen machen.«

All dies taten sie und noch vieles andere. Sie betrachteten die Gemäldegalerie und stießen auf das Bild des kleinen Mädchens im grünen Brokat, mit dem Papagei auf dem Finger.

»Alle diese Leute hier«, sagte Colin, »müssen Verwandte von mir sein. Das Mädchen mit dem Papagei ist sicher eine UrUrUr-Großmutter von mir. Sie sieht ein bißchen aus wie du, Mary. Eigentlich nicht so, wie du jetzt bist, aber so, wie du ausgesehen hast, als du hierher kamst. Jetzt bist du kräftiger und viel schöner.«

»Das gilt auch für dich«, sagte Mary, und beide lachten in unausgesprochenem Einvernehmen.

Sie gingen in das indische Zimmer und spielten mit den Elfenbeinelefanten. Sie fanden auch das Zimmer mit den rosenfarbenen Brokatvorhängen. Da war noch das Kissen, in welchem die Maus ihre Jungen versteckt hatte. Jetzt war das Nest leer. Die Kinder sahen sich viele Räume an und machten noch mehr Entdeckungen als Mary auf ihrem ersten Erkundungsgang. Sie fanden Korridore und Treppen und alte Bilder, die ihnen gefielen. Von manchen alten Gegenständen wußten sie nicht, wozu sie gebraucht worden waren. Es war ein spannender, unterhaltsamer Morgen. Das Gefühl, in einem Haus umherzuwandern, in dem sich noch viele andere Menschen aufhielten, die trotzdem meilenweit von ihnen entfernt zu sein schienen, war ziemlich aufregend.

»Ich freue mich riesig, daß wir hierher gekommen sind«, sagte Colin. »Nie hätte ich mir gedacht, daß wir in einem so großen, alten, seltsamen Haus leben. Ich finde es schön. Von nun an wollen wir es an jedem Regentag auskundschaften. Sicher entdecken wir jedesmal etwas Neues.«

Von den neuen Erlebnissen hatten sie heute einen so großen Appetit, daß sie das Essen, das sie in Colins Zimmer vorfanden, unmöglich zurückschicken konnte.

Die Schwester trug das Tablett in die Küche zurück und knallte es auf die Anrichte.

»Sehen Sie sich das an«, sagte sie zum Koch. »Dieses Haus ist voller Geheimnisse. Und am geheimnisvollsten sind die beiden Kinder darin.«

»Wenn sie sich jeden Tag derart dranhielten«, sagte der starke, junge Diener John, »wäre es kein Wunder, wenn sie bald doppelt so viel wiegen würden wie vor einem Monat. Ich müßte meine Stelle aufgeben, weil ich den Wagen nicht mehr schieben könnte!«

Am Nachmittag bemerkte Mary in Colins Zimmer eine kleine Veränderung. Sie sagte nichts, aber sie richtete die Augen fest auf das Bild über dem Kamin. Sie konnte es betrachten, weil der Vorhang zur Seite gezogen war.

»Ich weiß, du erwartest von mir, daß ich es dir erkläre«, sagte Colin, nachdem sie das Bild eine Weile angestarrt hatte. »Ich weiß immer, wann du von mir eine Antwort erwartest. Du wunderst dich darüber, daß der Vorhang zur Seite geschoben ist. Von jetzt an soll es so bleiben.«

»Warum?« fragte Mary.

»Weil es mich nicht mehr traurig macht, sie lachen zu sehen. Ich erwachte vor zwei Nächten im hellen Mondlicht und fühlte, daß ein Zauber in meinem Zimmer wirksam war. Ich konnte nicht anders, ich stand auf und zog an der Schnur. Sie lachte zu mir herunter, als ob sie glücklich darüber wäre, daß ich vor ihr stand. Plötzlich fand ich es schön, sie anzusehen. Jetzt will ich, daß sie mich immer anlacht. Vielleicht ist sie selbst eine Zauberin gewesen.«

»Du gleichst ihr so sehr«, sagte Mary, »daß ich manchmal glaube, ihr Geist habe sich in dich verwandelt.«

»Wenn ich von ihrem Geist wäre, würde mein Vater mich wohl lieben«, sagte er langsam.

»Möchtest du denn, daß er dich liebt?« fragte Mary leise.

»Ich habe den Gedanken, daß er mich nicht leiden kann, fast nicht ertragen können. Wenn er mich liebte, würde ich ihm von dem Zauber erzählen. Vielleicht würde es ihn glücklich machen.«

26.

KAPITEL

Es ist Mutter

Der Glaube an Zauberdinge beschäftigte die Kinder ungemein. Colin begann, allen Unterricht im Zaubern zu geben. »Ich tue das gern«, sagte er, »weil ich ein Wissenschaftler und Entdecker werden will. Dann muß ich Übung darin haben, Vorträge zu halten. Jetzt kann ich nur kurze Lektionen geben, weil ich noch sehr jung bin, und außerdem, wenn ich eine lange Rede hielte, würde Ben Weatherstaff einschlafen.«

Während Colin so unter dem Baum stand, betrachtete ihn der alte Mann voll tiefer Zuneigung. Colins Vortrag interessierte ihn ganz und gar nicht. Sein Interesse galt Colins Beinen, die von Tag zu Tag kräftiger wurden. Er betrachtete auch den Kopf des Jungen, sah, wie aufrecht er ihn trug, sah das Kinn, das noch vor kurzem so scharfgeschnitten war, und die Wangen, die sich schön gerundet hatten. Colins Augen leuchteten, wie das Augenpaar geleuchtet hatte, das Ben in seiner Erinnerung bewahrte: Oft

hätte Colin gern gewußt, woran der alte Mann dachte. Als Ben ihn wieder einmal so anschaute, fragte er ihn:

»Woran denkst du, Ben Weatherstaff?«

»Daran«, antwortete Ben, »daß du in dieser Woche mindestens drei Pfund zugenommen hast. Ich habe mir eben deine Schultern angesehen.«

»Das macht der Zauber — und Mrs. Sowerbys Brötchen, die Milch und noch andere Sachen«, sagte Colin. »Du siehst, das wissenschaftliche Experiment ist gelungen.«

An diesem Morgen kam Dickon zu spät, um Colins Vortrag zu hören. Als er den Garten betrat, war sein Gesicht vom Laufen gerötet und noch glänzender als sonst. Da nach dem Regen das Unkraut üppig zu wuchern begonnen hatte, machten die drei sich an die Arbeit. Nach einem warmen Regen gab es immer viel Arbeit. Die Feuchtigkeit, die den Blumen wohltat, stärkte auch das Unkraut, das ausgerissen werden mußte, ehe die Wurzeln zu kräftig wurden. Colin konnte jetzt ebensogut Unkraut jäten wie die anderen. Dabei durfte er erst noch seine gescheiten Reden halten.

»Der Zauber wirkt am besten, wenn man arbeitet«, dozierte er eben. »Man spürt es in den Knochen und Muskeln. Ich werde ein Buch über Zauberei schreiben. Ich will den Dingen auf die Spur kommen.«

Kaum hatte er dies gesagt, da legte er plötzlich seinen Spaten hin und richtete sich auf. Mary und Dickon dachten, er habe einen neuen Einfall. Er reckte sich zu seiner vollen Höhe auf und warf die Arme hoch. Seine eigenartigen Augen strahlten förmlich.

»Mary! Dickon!« schrie er. »Seht mich an!«

Erstaunt unterbrachen sie die Arbeit.

»Erinnert ihr euch an den ersten Morgen, an dem ihr mich hierhergebracht habt?«

Dickon betrachtete Colin prüfend. Da er ein Tierbeschwörer war, wußte er manches besser als andere Menschen, und aus diesem Wissen heraus sah er jetzt den Jungen mit gespanntem Interesse an.

»Ja, wir erinnern uns«, sagte er. Mary blieb stumm.

»Und jetzt, in dieser Minute«, fuhr Colin fort, »ganz plötzlich kam es mich an — als ich meine Hand mit dem Werkzeug arbeiten sah. Ich mußte mich aufrichten, um zu spüren, daß es wirklich wahr ist. Aber es ist wahr! Ich bin gesund — ich bin gesund!«

»Stimmt, das bist du«, sagte Dickon.

»Ich bin gesund! Gesund!« Wiederholte Colin wie im Traum. Er hatte es irgendwie schon immer geahnt, er hatte es gehofft und gefühlt und darüber nachgedacht. Aber in diesem Augenblick hatte es ihn plötzlich durchdrungen wie eine Art von Glauben, und dieser Glaube war so stark, daß er davon reden mußte.

»Ich werde leben — ewig leben!« rief er. »Ich werde viele, viele Dinge entdecken, vieles lernen über Menschen, Tiere und alles, was lebt. Ich bin gesund! Ich bin gesund! Ich möchte etwas tun. Ich möchte — ich möchte — Danke sagen!«

Ben Weatherstaff, der nicht weit von ihm an einem Rosenstrauch gearbeitet hatte, sah auf.

»Du könntest den Lobgesang anstimmen«, schlug er in trockenem Ton vor. Er hielt nicht viel von Lobgesängen und redete eigentlich nur so daher.

Aber Colin war sofort Feuer und Flamme. Er kannte keine Lobgesänge. »Was ist das?« fragte er.

»Dickon kann ihn bestimmt singen«, sagte Ben Weatherstaff.

Dickon lächelte. »Er wird in der Kirche gesungen«, erklärte er. »Mutter sagt, auch die Lerchen singen ihn, wenn sie am Morgen zum Himmel aufsteigen.«

»Wenn sie es sagt, muß es ein herrliches Lied sein«, antwortete Colin. »Ich bin nie in einer Kirche gewesen. Ich war immer zu krank. Sing, bitte, Dickon. Ich möchte den Lobgesang hören.«

Dickon zierte sich nicht. Er verstand das, was Colin empfand, besser als Colin selber. Er nahm seine Mütze ab und schaute im Kreis umher.

»Du mußt deine Mütze auch abnehmen«, sagte er zu Colin. »Und Ben auch. Und alle müssen aufstehen.«

Colin nahm seine Mütze ab. Die Sonne schien warm auf sein dichtes Haar. Er beobachtete Dickon. Ben Weatherstaff erhob sich mühsam vom Boden und entblößte seinen Kopf. Ein erstaunter, halb verlegener Ausdruck trat in seine Augen, als ob er nicht recht wisse, warum er das alles mitmachte.

Dickon stand unter den Bäumen zwischen den Rosensträuchern und begann mit seiner starken, schönen Jungenstimme das »Großer Gott, wir loben dich« zu singen.

Der alte Ben Weatherstaff stand ganz still. Sein Blick ruhte auf Colin. Der Junge sah nachdenklich und ergriffen aus.

»Ein sehr schönes Lied«, sagte Colin, als Dickon geendet hatte. »Ich liebe es. Ich glaube, es ist genau das, was ich meine, wenn ich von Zauber und von Danken rede.« Er schwieg eine Weile und dachte nach. »Vielleicht ist Gott der große Zauberer, an den ich die ganze Zeit gedacht habe. Wir können ja nicht immer gleich die richtigen Namen wissen. Sing es noch einmal, Dickon. Laß es uns versuchen, Mary! Ich möchte es lernen. Es ist mein Lied. Wie fängt es an? Großer Gott, wir loben dich —«

Und sie sangen es noch einmal, und zwar alle Verse. Mary und Colin sangen mit, so gut sie konnten. Bei der zweiten Strophe mußte Ben sich gewaltig räuspern. Bei der dritten fiel er mit solcher Kraft ein, daß es ganz wild klang. Bei der letzten Zeile des Liedes bemerkte Mary, daß es Ben wieder genau so ging wie damals, als er festgestellt hatte, daß Colin kein Krüppel war. Sein Kinn begann zu zittern. Er blinzelte und wischte immer wieder an seinen Augen herum. Seine lederharten Wangen waren feucht.

»Bis jetzt habe ich nie einen Sinn in dem Lobgesang gefunden«, sagte er heiser. »Aber man kann zur rechten Zeit seine Meinung ändern. Ich möchte wetten, Colin hat in dieser Woche sogar fünf Pfund zugenommen.«

Colin schaute über den Garten hinweg. Etwas schien seine Aufmerksamkeit zu fesseln. Sein Ausdruck war gespannt.

»Wer ist hier eben hereingekommen?« fragte er hastig.

Das Tor in der Efeuwand war leise aufgegangen. Eine Frau war eingetreten. Bei der letzten Zeile des Liedes hatte sie still lauschend dagestanden. Mit dem Efeu hinter ihr, in dem Sonnenlicht, das durch die Zweige fiel und ihren blauen Mantel aufleuchten ließ, sah sie aus wie eines der zartfarbigen Bilder in Colins Büchern. Sie hatte wundervolle Augen, die alles sahen. Ben Weatherstaff und Dickons Tiere und jede blühende Blume. Plötzlich war sie da. Dickons Augen leuchteten wie helle Laternen.

»Das ist meine Mutter!« rief er und lief quer durch den Garten auf sie zu.

Colin trat näher, und Mary schloß sich ihm an. Beide fühlten, wie ihre Pulse schneller schlugen.

»Das ist meine Mutter«, sagte Dickon wieder, als sie sich auf halbem Wege trafen. »Ich wußte, daß ihr sie kennenlernen wolltet, und ich habe ihr gesagt, wo die verborgene Tür zu finden ist.«

Colin streckte seine Hand aus. Er näherte sich ihr scheu, aber seine Augen verschlangen ihr Gesicht.

»Schon als ich noch krank war, wollte ich Sie so gern sehen. Sie und Dickon und den geheimen Garten. Noch nie habe ich mir so sehr gewünscht, jemanden kennenzulernen.«

Der Anblick des zu ihr erhobenen jungen Gesichts verwandelte ihr eigenes. Ihre Mundwinkel zuckten, ein Schleier schien sich über ihre Augen zu breiten.

»Mein lieber, lieber Junge«, sagte sie zitternd. »Mein lieber, lieber Junge«, sagte sie noch einmal. Sie sagte nicht »Master Colin«, nur »mein lieber, lieber Junge«. Aber Colin hörte es gern.

»Sind Sie erstaunt, mich so gesund zu sehen?« fragte er.

»Sie legte die Hand auf seine Schulter und lächelte, und der Schleier von ihren Augen verflog. »Ja, das bin ich«, sagte sie. »Und du siehst genauso aus wie deine Mutter.«

»Glauben Sie, daß das meinem Vater helfen wird, mich von jetzt an lieb zu haben?« fragte Colin verlegen.

»Aber ganz sicher, mein Junge«, sagte sie und gab ihm einen sanften, kleinen Klaps. »Er muß nach Hause kommen. Dein Vater muß sofort nach Hause kommen!«

»Susan Sowerby«, fiel Ben Weatherstaff ein und drängte sich näher heran, »sieh dir bloß die Beine des Jungen an. Noch vor zwei Monaten waren sie so dünn wie Trommelstöcke. Ich hatte von den Leuten sogar gehört, sie seien krumm und hätten keine Knie. Jetzt schau dir das an!«

Susan Sowerby lachte hellauf. »Es wird nicht mehr lange dauern, dann sind sie so stark wie die Beine anderer Jungen. Laßt Colin nur weiter spielen und im Garten arbeiten. Laßt ihn weiterhin tüchtig essen und viel gute, süße Milch trinken. Und bald wird es in Yorkshire kein besseres Paar Jungenbeine mehr geben. Das walte Gott!«

Sie legte ihre beiden Hände auf Marys Schultern und sah ihr mütterlich ins Gesicht.

»Und du auch«, sagte sie. »Du bist so tüchtig gewachsen wie unsere Elisabeth-Ellen. Ich möchte wetten, auch du siehst jetzt deiner Mutter ähnlich. Unsere Martha hat mir erzählt, daß Mrs. Medlock hörte, deine Mutter sei eine wunderschöne Frau gewesen. Du wirst wie eine Blume sein, wenn du groß bist. Gott segne dich, mein kleines Mädchen!«

Sie erzählte natürlich nicht, daß Martha damals nach Marys Ankunft an ihrem freien Tag nach Hause gekommen war und gesagt hatte, sie könne nicht glauben, daß ein so häßliches bleiches Kind eine so hübsche Mutter gehabt habe.

Mary hatte in all den Monaten nicht viel Zeit gehabt, sich um ihr Gesicht zu kümmern. Sie hatte nur bemerkt, daß sie anders aussah und daß ihr Haar sehr rasch gewachsen war. Aber als sie sich nun daran erinnerte, mit welchem Vergnügen sie damals in Indien die schöne Mem Sahib angesehen hatte, war sie sehr froh zu hören, daß sie ihrer Mutter eines Tages ähnlich sein würde.

Susan Sowerby spazierte mit ihnen durch den Garten. Sie erfuhr noch einmal die Geschichte von dessen Entdeckung. Jeder Busch und jeder

Baum, der wider Erwarten am Leben geblieben war, wurde ihr gezeigt. Colin ging an ihrer einen Seite, Mary an der anderen. Beide fühlten sich wohl in ihrer Nähe. Etwas Warmes, Tröstliches ging von ihr aus. Sie beugte sich über die Blumen und sprach mit ihnen, als wären sie Kinder. Die Krähe Ruß saß krächzend auf ihrer Schulter. Als die Kinder ihr von dem Rotkehlchen erzählten und vom ersten Flug der Jungen, lachte sie herzlich.

»Jungen Vögeln das Fliegen beizubringen, ist vermutlich so ähnlich, als ob man Kinder das Gehen lehrt. Aber ich glaube, ich wäre noch ängstlicher, wenn meine Kinder Flügel hätten statt Beine.«

»Glauben Sie an Zauber?« fragte Colin plötzlich. »Ich hoffe, Sie glauben daran.«

»O ja, mein Junge. Ich nenne ihn zwar anders, aber welche Rolle spielt schon sein Name. Ich bin sicher, man nennt ihn in Deutschland anders als in Frankreich. Hör du nur nie auf, an ihn zu glauben, dann kannst du ihn nennen wie du magst.«

»Heute ist es blitzartig über mich gekommen«, sagte Colin und sah sie groß an. »Plötzlich fühlte ich, daß ich mich verändert habe. Meine Arme sind stark geworden und meine Beine auch. Ich kann graben und aufrechtstehen. Ich bin aufgesprungen und wollte laut jubeln, damit jeder es hören konnte.«

»Der Zauberer hat gehört, wie du das Loblied gesungen hast«, sagte sie mit Überzeugung.

Frau Sowerby hatte einen Korb voll Speisen mitgebracht. Es war eine festliche Mahlzeit. Sie beobachtete, wie die Kinder aßen, und freute sich über ihren Appetit. Sie war sehr lustig und brachte die Kinder mit drolligen Geschichten zum Lachen. Sie selber konnte sich kaum halten vor Lachen, als sie ihr erzählten, wie schwierig es allmählich wurde, so zu tun, als wäre Colin noch immer ein Kranker.

»Wir müssen immer so viel lachen, wenn wir zusammen sind, Mary und ich«, erklärte ihr Colin. »Und das klingt natürlich nicht krank. Wir versuchen jedesmal, uns zu beherrschen, aber wir müssen einfach losplatzen, und dann klingt es noch schlimmer.«

»Ich kann mir vorstellen, daß ihr viel schauspielern müßt«, sagte Susan Sowerby. »Aber lange braucht ihr das nun nicht mehr. Mr. Craven kommt ja bald heim.«

»Wie?« rief Colin. »Warum glauben Sie das?«

Susan Sowerby lächelte. »Ich vermute, dein Herz müßte fast brechen, wenn er von anderen erfahren würde, daß du wieder gesund bist, nicht wahr?«

»Ich könnte es nicht ertragen. Ich denke mir verschiedene Möglichkeiten aus, wie ich es ihm sagen werde. Am besten wäre es wohl, wenn ich ganz plötzlich in sein Zimmer hineingehen würde.«

»Das wäre ein guter Anfang«, sagte Susan Sowerby. »Ach, mein Junge, wie gern würde ich sein Gesicht sehen! Er muß zurückkommen, dein Vater, und zwar bald!«

Sie besprachen noch eine Weile den Plan, einen Ausflug zur Moorhütte zu machen. Sie überlegten sich alles genau. Sie würden über das Moor fahren und die erste Mahlzeit draußen im Heidekraut einnehmen. Sie würden alle zwölf Kinder kennenlernen und Dickons kleinen Garten sehen. Zurückkehren würden sie erst, wenn sie sehr müde wären.

Schließlich stand Susan Sowerby auf, um ins Herrenhaus zu Mrs. Medlock zu gehen. Es war ohnehin an der Zeit, Colin ins Haus zurückzufahren. Aber bevor er in seinem Stuhl Platz nahm, stand er vor Mrs. Sowerby und schaute sie voll Verehrung an. Er faßte nach den Falten ihres blauen Mantels und hielt sie fest. »Ich wünschte, Sie wären meine Mutter — und Dickon mein Bruder.«

Susan Sowerby beugte sich über ihn und nahm ihn in ihre Arme. Der feuchte Schleier war wieder in ihren Augen.

»Lieber Junge«, sagte sie. »Deine eigene Mutter ist hier in diesem Garten, davon bin ich fest überzeugt. Sie kann gar nicht von hier fortgehen! Dein Vater muß zurückkommen. Er muß kommen!«

27.

KAPITEL

Im Garten

Seit der Entstehung der Welt werden in jedem Jahrhundert wundervolle Dinge entdeckt. Im letzten Jahrhundert wurden mehr Entdeckungen gemacht als in allen früheren Jahrhunderten zusammengenommen. Zuerst weigern sich die Menschen, an die erstaunlichen Erfindungen zu glauben. Dann fangen sie an zu hoffen, daß sie Wirklichkeit werden. Dann begreifen sie, daß sie Wirklichkeit geworden sind. Schließlich wundern sie sich, daß man nicht viel eher darauf gekommen ist.

Zu den neuen Dingen, auf die man kam, gehört die Einsicht, daß Gedanken so mächtig sein können wie elektrisch geladene Batterien — gut wie Sonnenlicht die einen, schlecht wie Gift die anderen.

Einem bösen Gedanken zu erlauben, daß er sich im Gehirn festsetze, ist genauso schädlich, wie wenn man einem Scharlachbazillus gestattet, in den Körper einzudringen. Wenn der Gedanke sich festsetzt, kann es geschehen, daß man ihn ein Leben lang nicht wieder los wird.

Solange Mary nur unangenehme Gedanken in ihrem Köpfchen umhertrug, Gedanken der Abneigung gegen ihre Mitmenschen und ihre dumme Überzeugung, daß nichts auf dieser Welt sie interessierte, war sie ein kränkliches und gelangweiltes Kind gewesen, das erbarmungswürdig wirkte. Als jedoch ihr Sinn sich langsam füllte mit Gedanken an ein Rotkehlchen, an eine Moorhütte voll Kinder, an einen mürrisch dreinschauenden, aber lieben, alten Gärtner und mit dem, was ein einfaches Hausmädchen aus Yorkshire erzählte, als sie über den Frühling und das, was er in dem geheimen Garten wirkte, nachzudenken begann, und als vor allem ein Junge aus dem Moor mit seinen Tieren Platz in ihrem Gemüt fand, da blieb kein Raum mehr für unangenehme Gedanken, die sie krank und blaß und müde machten.

Solange Colin in seinem Zimmer eingeschlossen bleiben wollte und nur an seine Angst und seine Schwäche und den Abscheu gegen seine Mitmenschen dachte und stundenlang über den Buckel und den nahen

Tod grübelte, war er ein nervöser Kranker gewesen, der sich seine Leiden nur einbildete. Er wußte nichts vom Frühling und vom Sonnenschein und ahnte auch nicht, daß er gesund werden und auf seinen Füßen stehen könne, wenn er nur den Versuch machte. Als aber neue Gedanken die alten, scheußlichen zu vertreiben begannen, da wurde ihm ein neues Leben geschenkt. Sein Blut strömte neubelebt durch seine Adern und versorgte ihn mit frischer Kraft. Ein kleines Wunder erlebt der Mensch, der die Vernunft aufbringt, böse oder traurige Gedanken sofort hinauszubefördern, um Platz zu schaffen für angenehme, zuversichtliche. Zwei gegensätzliche Dinge können nicht an der gleichen Stelle gedeihen. »Wo du eine Rose pflegst, mein Kind, da kann keine Distel wachsen«, sagt ein Sprichwort.

Während der geheime Garten zu neuem Leben erwachte und mit ihm zugleich zwei Kinder dem Leben neu geschenkt wurden, wanderte ein Mann weit entfernt durch die wunderschönen Fjorde und Täler Norwegens. Dieser Mann hatte sich nun schon seit zehn Jahren mit düsteren Gedanken durch das Leben geschleppt. Er war nicht tapfer gewesen. Er hatte nie versucht, das Düstere durch etwas anderes zu vertreiben. Er hatte die Verzweiflung mit sich herumgetragen, während er an blauen Seen entlang gewandert war. Er hatte auf den Spitzen der Berge im blühenden Enzian gelegen und seinen traurigen Gedanken nachgehangen. Schreckliches Leid war über ihn hereingebrochen, gerade als er überglücklich gewesen war. Seither herrschte in seiner Seele Dunkelheit und hinderte selbst den kleinsten Lichtstrahl, in sie einzudringen.

Er hatte sein Haus verlassen und seine Pflichten vernachlässigt. Wenn er umherreiste, war die Dunkelheit wie eine Wolke um ihn. Die fremden Menschen hielten ihn für einen Halbirren oder einen, der ein heimliches Verbrechen mit sich herumschleppte. Er war ein großgewachsener Mann mit einem abgehetzten Gesicht und mit gebeugten Schultern. Er war viel gereist seit dem Tag, da er Mary empfangen und von ihr erfahren hatte, daß sie gern ein bißchen Erde haben wollte. An den schönsten Plätzen Europas war es gewesen, aber nirgends länger als ein paar Tage. Er hatte die stillsten, abgelegensten Orte aufgesucht. Er war auf Berge geklettert, deren Spitzen in die Wolken ragten, und hatte auf andere Berge hinuntergeblickt, über denen die Sonne aufging. Sie standen in Licht getaucht und sahen so taufrisch aus, als wäre die Welt eben erst erschaffen worden.

Doch ihn selbst erreichte das Licht nie, bis sich eines Tages etwas Neues ereignete. Er befand sich in einem schönen Tal in Tirol. Er war lange gewandert, und nichts hatte seine Seele befreit. Schließlich hatte er

sich erschöpft auf einem Moosteppich am Rande eines Baches niedergelegt. Es war ein kleiner Fluß, der in seinem engen Bett lustig durch die süße, feuchte grüne Welt plätscherte. Der Mann sah, wie die Vögel herbeiflogen, sich niederbeugten und Wasser tranken. Dann putzten sie ihre Federn und flogen davon. Das Tal lag still da. Als er so saß und in das fließende Wasser blickte, hatte Archibald Craven plötzlich ein Gefühl, als würden seine Seele und sein Leib so still wie das Tal. Er saß und starrte in das von Sonnenlicht durchleuchtete Wasser. Nach einer Weile begannen seine Augen umherzuwandern. An einem Kissen aus blauen Vergißmeinnicht blieben sie hängen. Während er es betrachtete, fiel ihm ein, daß Jahre vergangen sein mußten, seit er solche Blumen gesehen hatte. Wie lieblich war der Anblick! Ein richtiges Wunder in Blau, wenn Hunderte von ihnen beieinander standen.

Er bemerkte nicht, wie dieser einfache Gedanke seine Seele ergriff und alle anderen Empfindungen aus ihr verbannte. Er fühlte nur, wie das Tal immer stiller wurde, während er auf die blauen Blüten starrte. Er wußte nicht, wie lange er schon dasaß und was wirklich in ihm vorging. Schließlich erhob er sich langsam, stand auf dem Teppich aus Moos, atmete ganz tief und wunderte sich über sich selbst. Irgend etwas schien sich in ihm gelöst zu haben. »Was ist das nur?« fragte er flüsternd. Er strich mit der Hand über die Stirn. »Mir ist plötzlich, als wäre ich am Leben!«

Er verstand sich selbst nicht, doch viel später, Monate später, als er wieder in Misselthwaite war, erinnerte er sich an diese Stunde, und er fand durch einen Zufall heraus, daß am gleichen Tag sein Colin im geheimen Garten gejubelt hatte: *Ich werde ewig leben!*

Die seltsame Ruhe blieb den ganzen Abend in ihm, und in der Nacht schlief er friedlich und fest. Danach verlor sich das Gefühl wieder. Er wußte noch nicht, daß man es festhalten kann. In der folgenden Nacht ließ er die dunklen Gedanken wieder in Scharen in sein Herz einziehen. Bald danach verließ er das Tal und nahm seine ruhelose Wanderung wieder auf. Aber seltsam: immer wieder kamen Minuten, ja halbe Stunden, in denen die dunkle Last aus irgendeinem Grund von ihm abfiel. In diesen Augenblicken fühlte er, daß er lebte, daß er kein toter Mann war. Langsam, ganz langsam, ohne die Ursache zu kennen, erwachte er zum Leben wie der geheime Garten.

Als der blendende Sommer sich in einen tiefgoldenen Herbst verwandelte, befand er sich am Comersee. Hier war die Landschaft so lieblich wie ein Traum. Er verbrachte die Zeit in einem Boot auf dem kristallklaren Wasser, oder er wanderte durch das sanfte, dichte Grün der Hügel, bis er müde war und schlafen konnte. Er schlief jetzt besser. Die alten, traurigen Träume quälten ihn nicht mehr. Vielleicht, dachte er, bin ich gesünder geworden.

Er begann an Misselthwaite zu denken und überlegte, ob er nicht heimfahren sollte. Dann fiel ihm sein Sohn ein. Er sah sich im Geist an dem Bett mit den vier geschnitzten Pfosten stehen. Was würde er empfinden, wenn er wieder in das weiße Gesicht sehen müßte, das schlafend dalag? Die langen dunklen Wimpern würden die festgeschlossenen Augen fast unheimlich einrahmen. Er schreckte vor dem Gedanken zurück. An einem wundervollen Tag war er so weit gewandert; bei seiner Rückkehr stand der Mond schon hoch und voll am Himmel. Die Stille am See und in den Wäldern war so herrlich, daß er noch nicht in die Villa, in der er wohnte, zurückkehren wollte. Er schritt auf eine kleine schattige Terrasse zu, die am Rande des Wassers lag. Auf einem Sessel nahm er Platz und atmete die köstlichen Düfte der Nacht ein. Er fühlte, wie die Einsamkeit ihn wieder überkam. Schließlich schlief er ein. Er begann zu träumen. Der Traum war so lebendig, daß er ihn nicht als Traum empfand. Er erinnerte sich später, daß er sich eingebildet hatte, ganz wach und munter zu sein. Er glaubte eine Stimme zu hören. Sie schien von weit her zu kommen. Aber er hörte sie ganz deutlich.

»Archie! Archie!« rief die Stimme. Und dann wieder, noch süßer und klarer: »Archie! Archie!«

Er war nicht einmal besondes überrascht. Die Stimme klang so echt. Und es kam ihm auch ganz natürlich vor, daß er sie hörte.

»Lilian! Lilian!« antwortete er. »Lilian, wo bist du?«

»Im Garten«, klang die Stimme, hell wie eine goldene Flöte. Dann war der Traum vorbei. Aber der Mann erwachte nicht. Er schlief sanft und tief die ganze Nacht hindurch. Als er aufwachte, war es Morgen. Ein Diener stand vor ihm. Er war Italiener und gewohnt, alle Merkwürdigkeiten dieses ausländischen Gastes stillschweigend hinzunehmen. Man kümmerte sich nicht darum, wohin er ging, wo er schlief, ob er im Garten umherirrte oder im Boot auf dem See lag. Der Diener hielt ein silbernes Tablett, auf dem einige Briefe lagen. Er wartete geduldig, bis Mr. Craven sie an sich nahm. Als der Italiener gegangen war, blieb Mr. Craven mit den Briefen in der Hand sitzen. Er schaute auf den See. Der seltsame Friede lag noch über ihm und noch etwas anderes — etwas wie Erleichterung.

Er erinnerte sich an den Traum.

»Im Garten!« sagte er sinnend. »Im Garten! Aber das Tor ist doch verschlossen und der Schlüssel tief vergraben.«

Als sein Blick dann auf die Briefe fiel, sah er, daß obenauf ein Schreiben aus England lag. Es kam aus Yorkshire. Die Schrift wirkte sehr schlicht; es war eine weibliche Handschrift, die er nicht kannte. Er öffnete den Umschlag. Gleich die ersten Worte, die er las, ließen ihn aufmerken.

»Lieber Herr,
Ich bin Susan Sowerby, die Frau, die einmal so frei war, Sie im Moor anzusprechen. Es war wegen Miß Mary. Jetzt möchte ich mir die Freiheit erlauben, noch einmal etwas zu sagen. Bitte, Sir, ich würde nach Hause kommen, wenn ich Sie wäre. Ich glaube, Sie sollten gern kommen. Nehmen Sie es mir nicht übel, Sir, ich glaube, Ihre Gattin würde Sie zu kommen bitten, wenn sie noch unter uns weilte.

Ihre gehorsame Dienerin
Susan Sowerby.«

Mr. Craven las den Brief zweimal, ehe er ihn in den Umschlag zurücksteckte. Er dachte wieder an seinen Traum.

»Ich werde nach Misselthwaite zurückfahren«, beschloß er. »Ich fahre noch heute.«

Wenige Tage später war er in Yorkshire. Auf der langen Eisenbahnfahrt hatte er häufiger an seinen Sohn gedacht als in all den Jahren zuvor. Zehn Jahre lang hatte er nur versucht, ihn zu vergessen. Jetzt gingen ihm, obgleich er nicht die Absicht hatte, an ihn zu denken, pausenlos Gedanken an Colin durch den Kopf. Er erinnerte sich an die Tage, da er wie ein Irrer getobt hatte, weil seine Frau gestorben war und das Kind lebte. Er hatte sich geweigert, den Jungen zu sehen, und als er sich endlich doch dazu entschloß, da war es ein so schwaches, elendes Kind, daß jederman prophezeite, es werde nur wenige Tage leben. Aber zur größten Überraschung aller vergingen die Wochen, und der Junge lebte weiter. Danach war man sicher, daß das Kind ein Krüppel werden würde.

Mr. Craven hatte kein schlechter Vater sein wollen, aber er hatte sich überhaupt nicht als Vater gefühlt. Er hatte Ärzte und Schwestern und Luxusgegenstände herbeordert, aber nie wirklich an Colin gedacht. Er hatte sich einfach in seinen Kummer vergraben.

»Vielleicht habe ich mich zehn Jahre lang nicht richtig benommen«, sagte er zu sich selbst, während ihn die Eisenbahn über Bergpässe und goldene Täler trug. »Zehn Jahre sind eine lange Zeit. Es mag zu spät sein, irgend etwas zu ändern. Viel zu spät! Was habe ich mir nur dabei gedacht?«

Colin hätte ihm bestimmt gesagt, daß der neue Zauber nicht richtig wirken könne, wenn man an den Anfang das Wort »zu spät« setzte. Aber davon wußte Mr. Craven nichts. Das mußte er erst noch lernen. Er überlegte, ob Susan Sowerby ihm wohl so mutig geschrieben habe, weil sie in ihrer mütterlichen Art begriffen hatte, daß der Junge kränker geworden war.

»Vielleicht dachte Susan Sowerby auch bloß, meine Gegenwart könne Colin gut tun und ihn aufrichten«, sinnierte er weiter. »Ich werde sie auf meinem Weg nach Misselthwaite aufsuchen.«

Als er seinen Wagen an der Hütte im Moor halten ließ, liefen sieben oder acht Kinder, die dort spielten, herbei. Mit kleinen Verbeugungen und höflichen Redensarten wurde ihm der Bescheid zuteil, daß ihre Mutter ans andere Ende des Moors gegangen sei, um einer Frau zu helfen, die ein Kindchen bekomme. Dickon, fügten sie unaufgefordert hinzu, sei zum Herrenhaus gegangen, um in einem der Gärten zu arbeiten; das tue er ja fast jeden Tag.

Mr. Craven besah sich die kleine Auswahl an gesunden, jungen Wesen mit ihren runden rotbackigen Gesichtern. Er konnte nicht anders, er mußte sich bekennen, daß die kleine Bande wirklich liebenswert aussah. Er lächelte ihnen zu und nahm ein Goldstück aus seiner Tasche. Er gab es Lisbeth-Ellen, weil sie die Älteste zu sein schien. »Teilt es unter euch«, sagte er.

Dann fuhr er weiter, während die Kinder hinter ihm jubelten. Die Fahrt durch das geheimnisvoll schöne Moor hatte etwas Beruhigendes. Warum kam es ihm so vor, als freue er sich auf das Nachhause-Kommen? Er war doch sicher gewesen, daß er so etwas nie mehr empfinden würde, so wenig wie die Freude an der Schönheit dieses Landes, dieses Himmels, an der Purpurpracht seiner Blüten. Und doch erwärmte sich sein Herz, als er sich nun dem großen alten Haus näherte, das sechshundert Jahre lang seine Familie beherbergt hatte. Wie hatte es ihn fortgetrieben, als er das letztemal weggefahren war! Mit Schaudern hatte er an die verschlossenen Zimmer gedacht und an den Jungen, der in seinem Bett mit den vier Pfosten und den schweren Brokatvorhängen lag.

Wie licht war sein Traum gewesen — wie wundervoll und klar hatte die Stimme ihm zugerufen: »Im Garten!«

»Ich werde versuchen, den Schlüssel zu finden«, sagte er zu sich. »Ich werde mich bemühen, das Tor zu öffnen. Ich muß es tun, wiewohl ich nicht weiß, warum!«

Als er im Herrenhaus eintraf, empfing ihn die Dienerschaft in gewohnter Weise. Seine Leute bemerkten sogleich, daß er besser aussah und nicht geradewegs in seine abgelegenen Zimmer ging, wo er sich für gewöhnlich aufhielt. Er begab sich statt dessen in die Bibliothek und bat Mrs. Medlock, ihm zu folgen. Sie war ein bißchen aufgeregt und verwirrt.

»Wie geht es Master Colin, Mrs. Medlock?« fragte er.

»Gut, Sir«, sagte sie. »Er ist irgendwie anders geworden.«

»Schlimmer?«

Mrs. Medlock errötete.

»Wirklich, Sir, weder Doktor Craven noch die Schwester wissen Genaueres, und ich auch nicht.«

»Wieso?«

»Um die Wahrheit zu sagen, Sir, es kann sein, daß Master Colin sich zum Guten oder zum Schlechten verändert hat. Sein Appetit ist völlig unbegreiflich — und seine Art —«

»Ist er wunderlicher — absonderlicher geworden?« fragte Mr. Craven, und seine Brauen zogen sich zusammen.

»Das ist es ja, Sir. Er ist sehr seltsam geworden, wenn man weiß, wie er früher war. Erst aß er nichts, dann begann er plötzlich schrecklich viel zu essen — und dann hörte das ebenso plötzlich wieder auf, und die Mahlzeiten wurden zurückgeschickt, so wie früher. Sie wissen selbst, Sir, daß er nie ins Freie wollte. Was wir mit ihm erlebt haben, wenn wir ihn in seinem Rollstuhl hinausbringen wollten, konnte einem das Zittern beibringen. Er pflegte sich in einen solchen Zustand hineinzusteigern, daß Doktor Craven sagte, er könnte es nicht verantworten, wenn man ihn dazu zwinge. Nun, Sir, nicht lange, nachdem er seinen schlimmsten Anfall gehabt hatte, bestand er plötzlich ohne jeden Grund darauf, daß Miß Mary und Susan Sowerbys Sohn, Dickon, ihn jeden Tag hinausbegleiteten. Dickon mußte den Rollstuhl schieben. Colin hat eine große Zuneigung zu Miß Mary und Dickon gefaßt. Dickon brachte ihm seine gezähmten Tiere, und, ob Sie es glauben oder nicht, jetzt will er jeden Tag vom Morgen bis zum Abend draußen sein.«

»Wie sieht er denn aus?« war Mr. Cravens Frage.

»Wenn er richtig essen würde, möchte man sagen, er sei kräftiger geworden — aber wir fürchten, daß er nur aufgedunsen ist. Er lacht manchmal so eigenartig, wenn er mit Miß Mary allein ist. Und dabei hat er doch nie gelacht. Doktor Craven möchte Sie sobald wie möglich sprechen, Sir. Er war in seinem ganzen Leben noch nie so unsicher.«

»Wo ist Master Colin jetzt?« fragte Mr. Craven.

»Im Garten, Sir! Er ist immer im Garten. — Allerdings darf sich ihm dort keiner nähern. Er fürchtet offenbar, daß jemand ihm zusieht.«

Mr. Craven hatte ihre letzten Worte kaum gehört.

»Im Garten?« fragte er. Nachdem er Mrs. Medlock entlassen hatte, stand er auf und wiederholte immer wieder: »Im Garten!« Plötzlich machte er kehrt, verließ das Zimmer und ging hinaus in den Garten.

Er ging an den Lorbeersträuchern vorbei zum Springbrunnen. Das Wasser funkelte in der Sonne, und ringsum blühten tausend bunte Herbstblumen. Mr. Craven schritt quer über den Rasen. Er erreichte den Weg, der an den Efeumauern entlangführte. Langsam nur bewegte er sich. Die Augen hielt er gesenkt. Er hatte das Gefühl, als würde er zu

dem Fleckchen Erde, das er so lange gemieden hatte, hingezogen. Je näher er kam, desto langsamer wurde sein Schritt. Er wußte, wo das Tor war, mochte es auch noch so dick von Efeu bewachsen sein. Aber er konnte sich nicht mehr genau erinnern, wo er damals den Schlüssel vergraben hatte. Zögernd blieb er stehen und schaute sich um. Dann fuhr er plötzlich auf und horchte. Träumte er?

Der schwere Efeuvorhang hing über dem Tor, der Schlüssel lag unter

den Sträuchern vergraben, seit zehn Jahren konnte kein menschliches Wesen den Garten betreten haben — dennoch bewegte sich dort etwas. Es hörte sich wie eilige Füße an. Und da waren Stimmen! Es klang, als ob sie lachten. Ein unterdrücktes Gelächter. Was, um Himmels willen, bedeutete das? Verlor er seinen Verstand? Und dann kam der Augenblick, da die Stimmen lauter wurden. Schnelle Schritte näherten sich dem Gartentor. Ein hastiges Atmen, ein wilder Ausbruch von Gelächter — und das Tor flog auf. Der Efeuvorhang wurde zur Seite gerissen! Ein Junge kam hervorgeschossen. Er war so in Eile, daß er den Mann vor sich nicht sah und ihn fast umrannte. Mr. Craven hatte eben noch zur rechten Zeit die Arme ausgebreitet, um den Jungen vor dem Zusammenprall zu bewahren. Als er ihn so in seinen Armen hielt und ihn erstaunt betrachtete, stockte sein Atem.

Der Junge war groß und hübsch. Er glühte vor Lebensfreude. Vom schnellen Lauf war sein Gesicht gerötet. Er warf das dichte Haar aus der Stirn und blickte mit großen Augen zu Mr. Craven auf. Die Augen lachten. Sie waren eingerahmt von langen dunklen Wimpern. Die Augen waren daran schuld, daß Mr. Craven um Atem rang.

»Wer? — Was?« stammelte er.

Alles war anders, als Colin es erwartet hatte. So hatte er es nicht geplant. An ein solches Zusammentreffen hatte er nicht gedacht. Und doch — so dahergelaufen zu kommen, als Sieger in einem Wettrennen — das war vielleicht viel besser als sein Plan!

Mary, die hinter ihm gelaufen kam, fand, er habe sich noch nie so stramm aufgerichtet wie jetzt.

»Vater«, sagte er. »Ich bin Colin! Du wirst es vielleicht nicht glauben. Ich kann es selber kaum begreifen. Ich bin Colin!«

Er verstand nicht, was sein Vater meinte, als dieser murmelte: »Im Garten! Im Garten!«

»Ja«, sprudelte Colin hervor, »es war der Garten! Und es war Mary und Dickon mit seinen Tieren und — der Zauber. Keiner weiß davon. Wir haben das Geheimnis für dich bewahrt. Wir wollten dir alles als erste erzählen. Ich bin gesund. Ich kann Mary beim Wettrennen schlagen. Ich werde ein Athlet!«

Er sagte es, wie gesunde Jungen so etwas sagen. Sein Gesicht glühte, seine Worte überstürzten sich im Eifer. Mr. Cravens Herz schlug heftig vor Freude. Colin streckte seine Hand aus und legte sie auf seines Vaters Arm.

»Bist du nicht froh, Vater?« fragte er. »Ich werde für immer und ewig leben!«

Mr. Craven legte die Hände auf die Schultern seines Sohnes und sah ihn an. Er war nicht imstande, ein Wort zu sprechen. Schließlich faßte er sich und sagte: »Bring mich in den Garten, mein Junge. Und erzähl mir alles.« So führten sie ihn hinein.

Der Garten war eine einzige, wilde, bunte Pracht. Überall wuchsen Lilien! Er erinnerte sich, wie sie sie gepflanzt hatten, seine junge Frau und er, damit sie in dieser späten Jahreszeit ihre Pracht entfalteten. Rosen kletterten an Bäumen und Mauern hoch. Der Sonnenschein vertiefte das Gold der Bäume. Man fühlte sich in einem mit Zweigen geschmückten goldenen Tempel. Der heimgekehrte Mann stand still, so wie es die Kinder getan hatten, als sie zum erstenmal hereingekommen waren.

»Ich dachte, hier würde alles tot sein«, sagte er.

»Das dachten wir auch, zuerst«, sagte Colin. »Aber das Leben war stärker.«

Dann setzten sie sich alle unter einen Baum — alle außer Colin. Er wollte stehen, während er seine Geschichte erzählte. Es war die seltsamste Geschichte, die Mr. Craven jemals gehört hatte. Von Zauber und gezähmten Tieren, vom geheimnisvollen Zusammentreffen um Mitternacht, von der Ankunft des Frühlings, von Ben Weatherstaff — von alledem berichtete Colin in kunterbuntem Durcheinander. Die gute Kameradschaft, die Schauspielerei und die Verstellung, die notwendig war, um das Geheimnis zu hüten — alles wurde erzählt. Mr. Craven lachte, bis ihm die Tränen kamen. Manchmal auch kamen ihm aber Tränen — nicht vom Lachen. Der Athlet, der Entdecker, der Wissenschaftler — sein Sohn! Ein liebenswürdiger, gesunder, junger Mensch!

»Und jetzt«, sagte Colin am Ende seiner langen Geschichte, »jetzt braucht das Geheimnis nicht länger gewahrt zu werden. Ich kann mir vorstellen, wie sie erschrecken werden und Anfälle bekommen, wenn sie mich sehen — aber ich will nie mehr in dem Rollstuhl fahren. Ich will mit dir zurückgehen, Vater — in unser Haus!«

Ben Weatherstaffs Pflichten erlaubten ihm selten, woanders als im Garten zu sein. An diesem Tag hatte er behauptet, er müsse Gemüse in die Küche bringen. Er war von Mrs. Medlock eingeladen worden, im Dienerzimmer ein Glas Bier zu trinken. Aus diesem Grund war er zur Stelle, als das aufregendste Ereignis, das Misselthwaite in dieser Generation erlebte, stattfand.

Eines der Fenster gab den Blick auf ein Stück Rasen im Vorhof frei. Da Mrs. Medlock wußte, daß Ben aus dem Garten kam, wollte sie wissen, ob er etwa zufällig seinen Herrn gesehen und ob Mr. Craven vielleicht seinen Sohn im Garten getroffen habe.

Ben nahm den Bierkrug vom Mund und wischte sich den Schaum mit dem Handrücken ab.

»Das wohl!« antwortete er mit einem bedeutsamen Ausdruck im Gesicht.

»Du hast beide gesehen?« fragte Mrs. Medlock.

»Beide!« entgegnete Ben Weatherstaff. »Ich wäre Ihnen dankbar für ein zweites Glas, Madam.«

»Zusammen?« fragte Mrs. Medlock und füllte den Bierkrug so hastig, daß er überlief.

»Zusammen, Madam!« Ben Weatherstaff trank die Hälfte des Biers in einem Schluck.

»Wo war Master Colin? Wie sah er aus? Worüber haben sie miteinander gesprochen?«

»Hab ich nicht gehört«, sagte Ben. Ich stand ja nur auf der Leiter und guckte über die Mauer. Aber das eine kann ich euch erzählen. Es haben sich Dinge ereignet, von denen ihr Hausleute keine Ahnung habt. Und was da zu erfahren ist, das werdet ihr bald erfahren.«

Zwei Minuten später, als er den Rest seines Bieres hinuntergeschluckt hatte, winkte er feierlich mit seinem Krug zum Fenster hin.

»Seht das«, sagte er. »Falls ihr neugierig seid — seht doch, was da über den Rasen kommt!«

Mrs. Medlock schaute hinaus, riß ihre Arme hoch und stieß einen Schrei aus. Alle Diener und Mädchen stürzten auf das Fenster zu. Die Augen fielen ihnen fast aus dem Kopf.

Über den Rasen kam der Besitzer von Misselthwaite geschritten. Er sah so aus, wie ihn die meisten von ihnen nie gesehen hatten. Ihm zur Seite, den Kopf hoch erhoben, ging mit lachenden Augen, stark und sicher wie jeder andere Junge in Yorkshire — Master Colin.